【现代中国藏学文库】

主　编　拉巴平措

共享式发展理论在拉萨的探索与实践

齐扎拉　著

中 国 藏 学 出 版 社

目 录

第一章　绪论 / 1

一、研究背景及目的 / 1

（一）研究背景 / 1

（二）研究目的 / 3

二、研究意义 / 5

（一）理论意义 / 5

（二）实践意义 / 6

三、研究框架 / 7

（一）技术路线 / 7

（二）研究内容 / / 8

四、数据来源及研究方法 / 9

（一）数据来源 / 9

（二）研究方法 / 10

五、创新点 / 11

第二章　文献述评 / 12

一、引言 / 12

二、国外研究文献综述 / 14

（一）共享式发展的概念界定 / 15

（二）共享式发展的度测 / 16

（三）共享式发展的促进机制 / 18

三、国内研究文献综述 / 19

（一）共享式发展的内涵 / 20

（二）共享式发展的意义 / 22

（三）共享式发展的度测 / 22

（四）共享式发展的促进策略 / 23

四、关于西藏共享式发展的综述 / 25

（一）全国援藏与西藏共享式发展 / 25

（二）西藏共享式发展的意义 / 26

（三）西藏共享式发展的成效 / 27

（四）西藏共享式发展的政策取向 / 27

五、国内外研究文献述评 / 28

（一）国外研究述评 / 28

（二）国内研究述评 / 28

第三章　西藏共享式发展的理论分析 / 31

一、共享式发展的内涵及特征 / 31

（一）共享式发展的内涵 / 31

（二）共享式发展的基本特征 / 34

（三）共享式发展的分类 / 34

二、与共享式发展相关概念辨析 / 36
（一）相关概念之间的区别 / 36
（二）相关概念之间的联系 / 39
三、西藏共享式发展的特殊内涵 / 39
（一）西藏共享式发展面临的特殊约束条件 / 39
（二）西藏共享式发展的内涵 / 43

第四章 西藏共享式发展的一般分析框架 / 46
一、西藏共享式发展的理论架构 / 46
二、理论架构一般内容的说明 / 49
（一）环境条件 / 49
（二）核心内容 / 52
（三）必备要素 / 55
（四）促进机制 / 57
三、西藏共享式发展的作用机理 / 59

第五章 规则共享与拉萨的实证分析 / 61
一、规则共享的一般理论分析 / 61
（一）规则共享的维度及内容 / 62
（二）规则共享的层次 / 63
（三）规则共享的推进机制 / 66
二、拉萨推进规则共享的实证分析 / 69
（一）加大财政投入，确保权利共享 / 69
（二）完善制度政策，确保公平共享 / 74
（三）加强民主法治，健全法治基础 / 82

三、拉萨市规则共享建设取得的成效 / 83
（一）非公有制经济对共享式增长的作用日益突出 / 83
（二）就业权利得到有效保障 / 87
（三）医疗服务和健康保障不断完善 / 88
（四）义务教育均衡发展取得成效 / 89
（五）法制建设不断完善 / 91

第六章　机会共享与拉萨的实证分析 / 94
一、机会共享的内容及维度 / 94
（一）机会的定义 / 94
（二）机会公平的内涵 / 96
（三）机会共享的基本要求 / 98
二、拉萨市机会共享的核心内容和实现路径 / 100
（一）机会供给是机会共享的前提 / 101
（二）机会配置是机会共享的关键 / 101
（三）机会公平是机会共享的核心 / 103
（四）机会保障是机会共享的要求 / 105
（五）机会共享的政策推进 / 105
三、拉萨市机会共享的供给增加 / 106
（一）外部支援增加了机会供给 / 106
（二）拉萨市自身创造的发展增加了机会供给 / 107
四、拉萨市推进机会共享的实践 / 114
（一）以教育公平推进机会共享 / 115
（二）促进就业机会共享 / 121
（三）推进公共健康服务机会共享 / 125

五、机会公平的度测 / 129
（一）教育机会公平度测 / 129
（二）财产收入公平度测 / 133

第七章 参与共享与拉萨的实证分析 / 139
一、参与共享的影响因素及机理 / 139
（一）参与共享的影响因素 / 139
（二）参与共享的影响机理 / 141
二、参与共享的实现战略 / 143
（一）创造就业机会 / 144
（二）能力提升 / 145
（三）就业机会保护 / 146
三、拉萨市参与共享的机会培育 / 147
（一）经济发展促进参与就业 / 147
（二）三大产业带动参与就业 / 150
（三）重点产业培育促进参与 / 158
（四）项目发展带动参与 / 168
四、拉萨市着力提升个体的参与能力 / 177
（一）全面加强农牧民技能技术培训 / 177
（二）综合实施就业培训和就业指导 / 181
（三）推动创业培训 / 182
（四）促进高校毕业生就业 / 184
五、机会保护 / 186
（一）开发公益性岗位，促进困难人群就业 / 186
（二）公益性岗位的共享效应 / 189

第八章　成果共享与拉萨的实证分析 / 192

一、成果共享的内涵及层次 / 192

（一）成果共享的内涵 / 192

（二）成果共享的层次 / 193

二、拉萨市成果共享的宏观层面：推进“五位一体”协调发展 / 194

（一）经济迈上新台阶，成果共享的物质财富大幅度增加 / 194

（二）文化事业不断发展，文化供给量日益增加 / 207

（三）生态环境保持良好，共享碧水绿树蓝天 / 209

（四）社会事业全面发展，公平共享公共服务 / 213

（五）民主法治不断完善，共享平等法治环境 / 214

三、以人为本成果共享 / 215

（一）城乡居民收入显著提高 / 216

（二）恩格尔系数呈下降态势 / 222

（三）居住条件不断改善 / 225

（四）文化娱乐生活日益丰富 / 228

（五）精准脱贫成效显著 / 230

四、拉萨公共服务满意度评价 / 236

（一）总体评价 / 237

（二）分指标评价 / 239

第九章　拉萨市共享式发展水平度测 / 243

一、拉萨共享式发展指标选取的原则 / 243

二、拉萨共享式发展指标体系的构建 / 244

三、拉萨共享式发展测度方法的选取 / 246

（一）赋权方法的分析与选取 / 247
（二）数据说明及来源 / 247
（三）权重确定 / 252
四、拉萨市共享式发展指数测算 / 258

第十章　结论与思考 / 263
一、结论 / 263
二、未来展望 / 269

Abstract / 273
参考文献 / 277
后 记 / 287

第一章　绪论

一、研究背景及目的

（一）研究背景

在全面建成小康社会进入决胜阶段之际，党的十八届五中全会在北京召开，会议提出共享发展的新理念，强调“必须坚持发展为了人民、发展依靠人民、发展成果由人民共享，作出更有效的制度安排，使全体人民在共建共享发展中有更多获得感，增强发展动力，增进人民团结，朝着共同富裕方向稳步前进[①]”。

共享发展理念是对民生公平正义的坚守。亚当·斯密 1759 年在《道德情操论》[②]中曾强调增长的道德意义，认为：“如果一个社会的发展成果不能真正分流到大众手中，那么它在道义上不得人心，而且有风险。”

长期以来，如何在推动经济发展的同时使发展成果更加公平地

① 中共十八届五中全会公报，2015 年 10 月 29 日。

②《道德情操论》从“同情心”出发，讨论了善恶、美丑、正义、责任等一系列概念，进而揭示出人类社会赖以维系、和谐发展的秘密。

惠及广大人民，是学术界及理论界关注和讨论的焦点问题。2007 年亚洲开发银行首先提出“共享式”的概念，最初表述为“共享式增长”（inclusive growth，后被翻译为“包容式增长”），即为倡导机会平等的增长，其最基本的含义是公平合理地分享经济增长的成果。

共享式增长的理念提出以后，日益被越来越多的发展中国家以及国际社会包括双边和多边国际组织接受与采纳。例如，印度政府一改过去 50 年中一直奉行的以减少贫困为中心的发展策略，将提高经济的增长速度和促进增长的共享性作为“十一五”发展的基本目标；泰国把实现公平增长作为政府发展努力的基本要素；越南的社会经济发展战略也体现了共享式增长的思想；亚洲开发银行制定的今后 10—15 年的基本战略由减少贫困扩展为支持发展中亚洲国家的共享式增长①；中国将科学发展观、和谐社会作为重要的经济发展理念，其本质和共享式增长具有一致性，2015 年中共十八届五中全会更是首次将“共享”发展写入“十三五”规划建议，突显了共享发展理念对推进中国经济社会发展和全面建成小康社会的重要性。

作为边疆民族地区，西藏的资源条件、经济基础和发展规模与内地省区相比有很多不同之处，存在很多差距，是我国经济发展比较落后的一个民族地区。而西藏无论在政治、经济，还是军事、生态上，都处于极其重要的战略地位。2015 年 8 月 24 日至 25 日，中央第六次西藏工作座谈会在北京召开②。会议强调要把维护祖国统一、加强民族团结作为工作的着眼点和着力点，把改善民生、凝聚人心作为出发点和落脚点，紧紧围绕民族团结和改善民生推动经济发展、促进社会全面进步，让各族群众更好共享改革发展成果，不断增强

① 郑长德：共享式增长理论研究进展，《山东经济》，2010（5）。

② 自 1980 年至今，中央从党和国家工作大局的战略高度专题研究西藏工作，先后召开了五次西藏工作座谈会。中央第六次西藏工作座谈会 2015 年 8 月 24 日至 25 日在北京召开。中共中央总书记、国家主席、中央军委主席习近平出席会议并发表重要讲话。

各族人民的发展参与度和获得感。

根据中央第六次西藏工作座谈会精神，西藏不宜强化生产总值导向，必须更加突出民生导向，树立共享式发展的理念。避免过度依赖政府再分配的手段来实现收入均等化的倾向。注重为农牧民创造更多就业岗位，增加共享的机会供给，提高机会的充裕性；注重教育、医疗等民生事业的改善，提高农牧民参与共享的能力；注重制度完善，增强共享的公平性；注重经济社会生态文化政治“五位一体”的协调发展。

可以说，在西藏推进共享式发展，具有更加重要的现实意义，不仅有利于西藏的发展与稳定，也有利于推动西藏全面建成小康社会目标的实现，而且对于维护祖国统一和国家安全都具有重大意义。

（二）研究目的

本书的研究目的如下：

1. 厘清共享式发展的内涵、特征

从已有研究看，国内外学者与世界性研究机构对共享式增长的概念内涵并没有形成统一的认识。而且“共享式发展”概念与“贫困减少”“基础广泛的增长”“益贫式增长”等概念之间存在交叉与模糊。本书拟在对相关概念辨析的基础上，对共享式发展的内涵、特征进行界定，以期明确共享式发展与“基础广泛的增长”以及“益贫式增长”等相关概念之间的区别和联系。

2. 剖析西藏共享式发展的特殊内涵及特征

在政治、军事、生态敏感的特殊约束条件下，西藏共享式发展有何特殊性？已有研究仅将共享式发展的概念照搬和移植到西藏共享式发展的分析中，缺乏对西藏共享式发展的特殊内涵的理论分析，无法反映西藏这一特殊区域对共享式发展理论的特殊需求。本书拟在对西藏面临的特殊约束条件进行分析的基础上，提出西藏共享式发展的特殊内涵及特征。

3. 提出西藏共享式发展的一般分析框架，明确西藏共享式发展的必备要素、影响机理和促进机制

西藏共享式发展，是一个涉及因素多，实现机理也比较复杂的过程。正因为这个过程复杂，而现实实践展开得尚不充分，人们对于共享式发展的认识处于模糊状态，许多问题有待进一步厘清。本文拟在对西藏共享式发展面临的内外部条件、核心内容、必备要素和促进机制分析的基础上，构建西藏共享式发展的一般分析框架，对于澄清共享式发展的认识，推动西藏共享式发展具有积极的意义。

4. 基于一般分析框架，对拉萨市共享式发展的实践进行实证分析

已有的西藏共享式发展研究文献大多是基于成果共享的视角，从理论层面进行的分析，缺乏从规则共享、机会共享、参与共享和成果共享的整体，对某一区域共享式发展的实践进行系统的分析。本书拟基于一般分析框架，从规则共享、机会共享、参与共享和成果共享的整体视角，对拉萨市共享式发展进行全面分析。

5. 构建拉萨市共享式发展的指标体系，并对拉萨市共享式发展水平进行度测

已有研究在指标体系和实证度测方面很少涉及，没有形成一套反映西藏特殊实际、具有西藏特点的共享式发展指标评价体系。本书拟在对拉萨市共享式发展实践进行全面分析的基础上，构建拉萨市共享式发展的指标体系，并对拉萨市共享式发展水平进行度测。

基于上述目的，根据既有理论研究和拉萨的实践，本书重点回答以下四个问题：

第一，在特殊约束条件下，西藏共享式发展有何内涵和特征?

第二，西藏共享式发展的影响机理和促进机制是什么?

第三，规则共享、机会共享、参与共享和成果共享在拉萨市共享式发展实践中是如何体现的?

第四，拉萨市共享式发展水平如何？怎样度测?

上述四个问题的解答既是对已有研究的发展，又是如何将“共

享式发展”理念付诸实践所需回答的理论问题，更是如何进一步推进拉萨及西藏共享式发展所需回答的政策问题。

二、研究意义

（一）理论意义

1. 有利于拓展共享式发展的理论视野

西藏特殊的发展条件和特殊的发展阶段需要对共享式发展的内涵进行拓展，使之更加符合西藏的实际和经济发展规律，本书在对西藏面临的经济、政治、文化、生态等特殊约束条件分析的基础上，提出西藏共享式发展的特殊内涵、特征，有利于拓宽共享式发展的理论视野。

2. 有利于丰富共享式发展理论内容

共享式发展包括的维度和形成机理是什么，相关研究还没有统一的认识，如何在厘清共享式发展形成机制的基础上，提出可靠可行的共享式发展战略，相应的经济政策、社会政策的系统分析还比较少见。本书在对西藏共享式发展面临的内外部条件、核心内容、必备要素和促进机制分析的基础上，构建西藏共享式发展的一般分析框架，对于澄清共享式发展的认识，丰富共享式发展理论内容具有积极意义。

3. 能够为共享式发展研究提供新的分析思路

已有的西藏共享式发展研究大多是基于成果共享的视角进行的分析，缺乏从参与共享和机会共享角度的过程分析，无法反映农牧民参与的程度和西藏自我发展能力提升对共享式发展的影响。本文基于拉萨市共享式发展的实践，从规则共享、机会共享、参与共享和成果共享的整体视角，对拉萨市共享式发展进行全面分析，能够为共享式发展研究提供新的分析思路。

（二）实践意义

1. 有利于推进西藏长足发展

推进长足发展，是改善西藏的生产生活条件，提高各族群众物质文化生活水平的前提和基础。和其他省份相比，西藏的经济发展较为落后，贫困程度较深，中央将西藏定位为“一个特殊的集中连片的贫困地区”[①]。如何进一步推进发展并使广大人民群众分享发展的成果，仍是西藏面临的重大课题之一。这就需要西藏进一步转变发展方式，树立共享式发展观，创造条件让广大群众特别是农牧民参与经济发展的过程，这不仅是西藏现实条件的必然要求，而且是实现西藏长足发展的必由之路。

2. 有利于推进西藏长治久安

推进长治久安，是西藏经济发展和社会进步的前提，是西藏各族干部群众的共同心愿，既是西藏共享式发展的内容之一，也是共享式发展的必须条件。达赖集团分裂祖国的活动，始终是西藏发展进步的最大障碍。共享式发展强调农牧民的参与和共享，有利于掌握主动、争取人心、强基固本，对确保西藏社会稳定、进而实现长治久安具有重要意义。

3. 有利于增强西藏自我发展能力

由于自然、历史等因素的影响，和内地居民相比，西藏群众特别是农牧民群众在受教育程度、自身素质、职业技能等方面尚存在着较大的差距。共享式发展不仅着眼于结果，更注重广大农牧民参与经济发展的过程，增强农牧民的自我发展能力的提升，能够为西藏经济发展注入强大的动力。

① 2011 年 11 月 29 日，中央扶贫工作会议召开，《中国农村扶贫开发纲要（2011—2020 年）》（下称《纲要》）随后公开发布。扶贫新战略的重点，部署在 14 个特殊片区，分别是西藏、四省（青海、四川、云南、甘肃）藏区、新疆南疆、六盘山区、秦巴山区、武陵山区、乌蒙山区、滇桂黔石漠化区、滇西边境山区、大兴安岭南麓山区、燕山－太行山区、吕梁山区、大别山区、罗霄山区。

4. 有利于推进西藏可持续发展

共享式发展强调经济、政治、文化、社会、生态“五位一体”协调发展，对于保护西藏生态环境，构建国家生态安全屏障，推进西藏经济自然和谐发展具有重要意义。

三、研究框架

（一）技术路线

技术路线是科学合理地解决研究问题的指导性框架，本书的技术路线如图 1–1 所示：

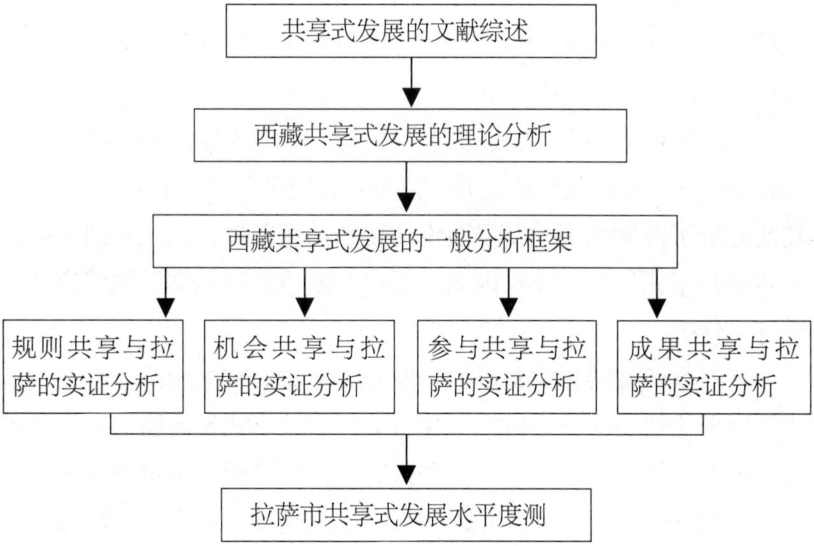

图 1–1　技术路线

基于上述技术路线，本书的研究思路如下：首先对已有研究文献进行梳理，接着对西藏共享式发展的内涵、特征、理论基础等进行一般的理论分析；在此基础上提出西藏共享式发展的一般分析框架；基于一般分析框架从规则共享、机会共享、参与共享、成果共享四方面对拉萨市共享式发展的实践进行全面分析；最后基于拉萨的实践，构建拉萨市共享式发展度测的指标体系，并对拉萨市共享式发展水平进行度测。

（二）研究内容

根据上述研究思路，本书共由 10 章组成。

第一章绪论。本章分析了论文的研究背景、目的及意义，提出了论文的研究思路及框架，并就研究方法和创新点进行了分析。

第二章文献综述。基于国外研究、国内研究以及西藏研究三大层面对已有研究文献进行梳理，从而厘清本文与现有研究之间的理论继承、完善和拓展关系，进而为提出本文的研究思路提供借鉴和启示。

第三章西藏共享式发展的理论分析。首先界定了共享式发展的内涵及特征，并对共享式发展与相关概念的区别和联系进行了辨析；其次分析了西藏共享式发展面临的特殊约束条件，在此基础上提出了西藏共享式发展的特殊内涵；最后就西藏共享式发展的理论基础进行了分析。

第四章西藏共享式发展的一般分析框架。首先厘清了西藏共享式发展理论架构的一般内容；其次就西藏共享式发展面临内外部条件、核心内容、必备要素和促进机制进行了分析；接着分析了西藏共享式发展的作用机理，并就西藏共享式发展过程中应处理好的几大关系做了说明。

第五章规则共享与拉萨的实证分析。首先对规则共享一般理论进行了分析，包括规则共享的维度及内容、规则共享的层次、规则共享的推进机制等；接着对拉萨市推进规则共享的实践进行了实证分析，包括投入推进、政策推进、民主法治建设三大层面；最后对拉萨市规则共享的成效进行了分析。

第六章机会共享与拉萨的实证分析。首先对机会概念、机会公平的内涵进行了界定，并对机会共享的基本要求进行了分析；接着对拉萨市机会共享的核心内容和实现路径进行了解析，并从机会创造与供给、教育机会共享、就业机会共享、医疗机会等层面对拉萨市机会共享的实践进行了分析；最后对拉萨市教育机会公平和财产收入公平的程度进行了度测。

第七章参与共享与拉萨的实证分析。首先分析了参与共享的影响因素和影响机理；其次，从创造就业机会、提升参与能力、保护就业机会三方面对参与共享的实现战略进行了理论分析；接着对拉萨市参与共享实践中的机会培育和能力提升进行了分析；最后就公益性岗位的提供和弱势群体就业机会的保护进行了分析。

第八章成果共享与拉萨的实证分析。首先对成果共享的内涵及层次进行了理论分析；其次从宏观视角，基于“五位一体”协调发展的层面对拉萨市成果共享的实践进行了分析；接着从微观视角，基于人民生活水平提升的层面对共享发展的成果进行了分析；最后对拉萨公共服务的满意度进行了分析。

第九章拉萨共享式发展的衡量指标和评价体系构建。在对拉萨市共享式发展实践分析的基础上，构建拉萨市共享式发展的指标体系，并对拉萨市共享式发展的程度进行了度测。

第十章结论与思考。总结已有研究，提出相应的对策建议。

四、数据来源及研究方法

（一）数据来源

本书的数据主要来源于三条渠道：一是通过实地调查，获得的本书所需的一手数据；二是通过《拉萨统计年鉴》《中国人口统计年鉴》《西藏统计年鉴》等统计资料，获得相关数据；三是从已有的研究文献中获得相应数据。在获得相关数据后，笔者根据研究目的进行了相应的整理、计算。

（二）研究方法

本书研究主要按照“提出问题—文献综述—理论框架—实证分析—结论建议—研究展望”的范式展开。具体研究过程中，主要采用定量分析与定性分析相结合、实证分析与规范分析相结合、文献研究与实地调研和案例分析相结合的方法。

1. 文献研究

在研究中，本书查阅了大量文献资料。文献搜索范围包括近五年来经济学、民族学、社会学以及公共管理等相关学科领域内的权威学术期刊，包括《中国藏学》《西藏研究》《民族研究》《经济研究》等。还包括有关共享式发展领域内近五年来出版的专著，并访问了大量相关网站。通过文献检索、阅读和分析，厘清共享式发展的已有研究文献，相关理论基础，提出共享式发展的内涵，并构建了西藏共享式发展的一般分析框架，以此作为本书的重要理论基础。

2. 案例研究

本书在理论分析的基础上，选择拉萨的实践案例，对其进行深入分析并得出初步研究结果。如对拉萨市教育城的分析、文成公主实景剧的分析等。

3. 规范研究与实证研究结合

本书在对拉萨市共享式发展的实践分析中，包含两个层次的研究：一是规范研究，首先勾勒出一般分析框架，即对规则共享、机会共享、参与共享、成果共享进行一般理论分析，包括各自的内容、维度、影响因素、促进机制等；二是实证研究，基于理论分析，对拉萨市的既有实践进行实证分析。

4. 定性与定量研究相结合

定性分析主要体现在，对共享式发展的内涵及外延、西藏共享式发展的特殊性、西藏共享式发展理论框架的构建分析中。定量分析则包括基尼系数计算、就业弹性测算、拉萨市共享式发展的指标体系构建等内容的分析。

五、创新点

1. 研究视角的创新

已有研究大多是基于成果共享的视角进行分析，缺乏从参与共享和机会共享角度的过程分析，无法反映农牧民参与的程度和西藏自我发展能力提升对共享式发展的影响。本书在厘清共享式发展内涵的基础上，进一步剖析了西藏共享式发展的特殊内涵，从规则共享、机会共享、参与共享、成果共享四大层面对拉萨共享式发展的实践进行了分析，突破了仅着眼于成果共享的分析视角。

2. 研究内容上的创新

已有研究仅将共享式发展的概念照搬和移植到西藏共享式发展的分析中，缺乏对西藏共享式发展的特殊内涵的理论分析，无法反映西藏这一特殊区域对共享式发展理论的特殊需求。本书立足西藏的特殊实际，构建西藏共享式发展的一般分析框架，着眼拉萨的既有实践，对特殊区域共享式发展的理论与实践进行了系统分析，并对拉萨市共享式发展的程度进行了度测。不仅能够为共享式发展理论添加新的内容，而且对推进西藏以及类似地区的实践提供参考。

3. 研究方法上的创新

已有的西藏共享式发展的研究大多停留在一般描述分析的层面。本书通过基尼系数计算、就业弹性测算、拉萨市共享式发展的指标体系构建、主成分分析等定量分析法对共享式发展情况进行深入分析，在研究方法上有所突破。

第二章　文献述评

本章将围绕第一章所提出的研究问题，对已有研究文献进行梳理，从而厘清本文与现有研究之间的理论继承、完善和拓展关系，进而为提出本文的研究思路提供借鉴和启示。

一、引言

共享式增长的英文为“inclusive growth”。由于 inclusive 又可以翻译成“包括的、包含的、包容性的”，因此国内许多学者也将“inclusive growth”翻译成“包容性增长”。此后，在包容性增长和共享式增长的基础上进一步提出包容性发展和共享式发展的概念。

本文使用“共享式发展”的概念，是出于以下几方面的考虑：

第一，就文本意义上看，共享和包容有着较大的区别。“共享”一词在现代汉语词典中的解释是“共同分享、共同或在一起享受或庆祝”，具有平等、普惠、公平之意。从实践的角度来看，共享所包括的内涵十分广泛，除了发展的成果共享之外，还包括发展前提和发展过程的共享，囊括经济、政治、社会、文化、生态等多个领域，涉及资源、权利、机会等多个方面。

“包容”一词在现代汉语词典中的解释是宽容、容纳的意思。单从字面上理解，“包容”是宽容、宽大、容纳之意，有时也指对负面的容忍。具体而言，“包容”可以分为三个层面：一是容忍并能够接受对立存在；二是宽容同时强调尊重与和谐；三是包容并积极处理相应的矛盾，实现共同发展。

表 2–1　共享和包容的文本意义

	汉语大辞典的解释	核心要义	与增长结合的理解
共享	“共同分享、共同或在一起享受或庆祝”	平等、普惠、公平之意	公平合理地分享经济增长
包容	宽容、宽大、容纳之意，有时指对负面的容忍	低层次是包容缺点，高层次是共同、共益、平等，兼容并蓄、共生共荣，共同发展，共同融合	单就字面理解容易被人理解或有意歪曲为在经济增长中要包容其负面性

因此，共享一词与“inclusive growth”内在要求的“公平、普惠”的特点更为贴切。

第二，共享式增长，其含义更贴近“inclusive growth”本来的意思。inclusive Growth 是亚行应对贫困挑战而提出的一个概念。Inclusive Growth 的原意是：“确保机遇公平的社会包容，并能构筑社会弱势群体的安全网，最终使发展成果得以共享。”尽管从字面翻译来看，“包容性增长”更接近“Inclusive Growth”的文本意思，但“包容性增长”，单就字面理解容易被理解或有意歪曲为在经济增长中要包容其负面性，如包容特权、垄断、腐败、不公平、两极分化等，这显然不符合“inclusive growth”的原意，“包容式增长”显得定义不清，概念模糊，易产生歧义性解释和概念转换。

“共享式增长”的翻译则准确地传达了英文原文的经济学、社会学含义，清晰易懂、简明扼要。因此笔者认为从“inclusive growth”所内在要求的“发展成果共享”的特点来讲，用共享式增长，其含义更贴近“inclusive growth”本来意思。

第三，“共享式发展”是对“共享式增长”概念的拓展和延伸。在经济学里，“发展”和“增长”是有着各自不同内涵的两个概念，其中“增长”强调数量的扩张和总量的增加；“发展”除了数量扩张外，还包括结构优化、质量提升以及效率改进。“共享式发展”是“共享式增长”概念的拓展和延伸。“共享式发展”所涵盖的内涵和外延比“共享式增长”要宽泛得多，代表的是更高质量和水平的增长。

综上所述，“共享式发展”不仅能避免“包容”文本意义上的歧义，更符合“inclusive growth”的原意，而且用发展代替增长体现了增长速度和发展质量相统一的理念。

二、国外研究文献综述

国外学者对共享式发展的研究始于 1997 年，但系统研究是在 2007 年亚洲开发银行明确共享式发展概念后。截至 2015 年 5 月 15 日，以“inclusive growth”为标题字段的 google（谷歌）学术搜索显示，共有论著 926 篇（部）（不包含引用）。

从研究视角看，国外学者多侧重于对策研究和实证研究。研究成果中，部分是 ADB（亚洲开发银行）、WB（世界银行）、APEC（亚太经济合作组织）等国际组织的调研报告或工作文献，部分是对发展中国家或某个区域的研究。

就研究重点，国外研究主要集中在共享式发展的概念和内涵界定、共享式发展的度测、推进共享式发展的策略等方面。

（一）共享式发展的概念界定[①]

共享式发展的概念源于社会排斥理论和诺贝尔经济学奖得主阿马蒂亚·森（Amartya Sen）的福利经济学理论[②]。目前，国外学术界尚未形成对共享式发展的统一定义，亚洲银行对共享式发展的官方解释为“倡导机会平等的增长，即贫困人口应享有平等的社会经济和政治权利，参与经济增长并做出贡献，并在分享增长成果时不会面临权利缺失、体制障碍和社会歧视的问题[③]”。

Chatterjee（2005）认为共享式发展是广泛参与并致力于减少贫困和社会排斥的过程。

Cook（2006）认为共享式发展是提升市场准入和降低交易成本的过程。

Ali & Son（2007）认为共享式发展是社会机会的益贫性增长。

Loutfy（2009）认为共享式发展是将边缘群体纳入发展行动的过程。

George，McGahan 和 Prabhu（2012）从弱势群体的角度提出，共享式发展是不能有效获得资源和机会的弱势群体，在经济福利以及社会福利上也得到增长。

Bisht，Mishra & Fuloria（2010）强调共享式发展是一个改善基础设施并提高可进入性的增长过程。

Kanbur & Rauniyar（2010）提出共享式发展需要从收入层面和非收入层面减少不平等性。

Ali & Zhuang（2007）认为共享式发展应该是“机会平等的增

① 共享式发展作为发展经济学的一个新概念，尽管受到学者的广泛且高度关注，但到目前为止并没有一个统一公认的定义。

② 阿马蒂亚·森（Amartya Sen）认为，不平等导致的阶层分化将越来越被社会所不能容忍，但解决该问题还是要从如何测度不平等开始，如何改善社会各阶层关系，如何进行收入分配，如何改善贫穷，为各阶层带来福祉，在现代人类社会中变得越来越重要。

③ 吴晓波、范轶琳，包容性增长研究述评 [J]，经济管理，2011（9）

长”。

表 2-2 归纳了部分国外学者对共享式发展概念的界定。

表 2-2　共享式发展概念比较

研究者	界定	过程或结果
Chatterjee（2005）	广泛参与、减少贫困和社会排斥	过程
Cook（2006）	提升市场准入、降低交易成本	过程
Ali & Son（2007）	社会机会的益贫性增长	结果
Loutfy（2009）	将边缘群体纳入发展行动	过程
George，McGahan 和 Prabhu（2012）	弱势群体提升社会福利和经济福利	过程和结果
Bisht，Mishra & Fuloria（2010）	改善基础设施、提升可进入性	过程
Kanbur & Rauniyar（2010）	减少不平等	结果
Ali & Zhuang（2007）	促进机会平等	过程
ADB（2007）	机会平等的增长	过程

虽然国外学术界尚未形成对共享式发展的统一定义，但从已有研究成果看，共享式发展的界定主要体现在过程公平和结果公平两个层面，并且越来越多的学者认为共享式发展是一个过程公平和结果公平共同作用的结果，即共享式发展不仅体现在参与能力与参与机会的提供上，而且体现在结果的共享上。

（二）共享式发展的度测

与成熟的经济发展指数研究不同，学术界对共享式发展的度测研究尚处于起步阶段，其中较具代表性的有 Ali & Son、Fernando、Rauniyar 和 Kanbur、Klasen 和 McKinley 等的研究。

Ali & Son（2007）基于社会机会函数的思想对共享式发展进行度测，认为就业和生产率、人的能力发展、社会保障是测量共享式发展的三项重要指标。

与 Ali & Son 观点类似，Fernando（2008）认为共享式发展应主要体现在促进就业、提升能力、提供保障三大方面。

McKinley（2010）将共享式发展划分为七个维度：一是经济增长；二是高效就业；三是基础设施；四是贫困；五是不平等；六是人的能力；七是社会保障。他在每一个维度下开发相应的指标，并运用指标体系对孟加拉国、柬埔寨、印尼、菲律宾和乌兹别克斯坦五国的共享式发展情况进行了实证分析。

表 2-3　共享式发展的度测指标

研究者	测量指标	着眼点
Ali&Son（2007）	①就业和生产率 ②人的能力发展 ③社会保障	就业 能力 制度
Fernando（2008）	①有效就业 ②把握机会的能力 ③提升参与生产和竞争的能力 ④提供卫生服务 ⑤良好的治理能力 ⑥安全保障	就业 能力 制度
Rauniyar&Kanbur（2010）	①经济增长 ②收益分享 ③就业与参与	就业
McKinley（2010）	①经济增长 ②高效就业 ③基础设施 ④贫困 ⑤不平等 ⑥人的能力 ⑦社会保障	就业 能力 制度

（三）共享式发展的促进机制

从已有研究看，国外学者对共享式发展促进机制的研究主要体现在两个层面和三个维度上。

两个层面主要是动态和静态层面。静态层面的促进机制主要体现在通过制度完善和体制创新实现成果的共享，其核心在于强调成果的分享。动态层面的促进机制则强调个人能力的提升，包括受教育水平的提升，技能的培训和改善等。

具体而言，实践中可以通过促进经济增长、强化机会公平、提供社会保障三方面维度推进共享式发展。

一是促进经济增长。Ali 和 Zhuang（2008）、Felipe 和 Hasan（2006）、Zhuang（2008）和 Fernando（2008）、Ali（2007）都强调经济增长在推进共享式发展的重要性。其中 Ali 和 Zhuang（2008）以及 Felipe 和 Hasan（2006）强调应该通过经济增长来创造就业机会。Zhuang（2008）和 Fernando（2008）认为，为促进经济增长，政府需要消除市场失灵和制度障碍，同时保护私有产权并完善相关法律促进私营经济的发展。Ali（2007）提出政府可以通过提高农业收入和加快城市化进程来推动经济增长。

二是强化机会公平。Zhuang（2008）认为可以通过教育、医疗卫生、社会服务的完善来提升贫困人口的素质和能力，从而确保其获得公平的机会。Ali 和 Yao（2004）以及 Rauniyar 和 Kanbur（2010）认为，政府不仅需要加大人力资本的投入，同时还应该加大对农村道路、电力、饮水供应等基础设施的投入。Bisht，Mishra 和 Fuloria（2010）提出，要确保资源的公平获取，促进共享式发展，政府需要提高道路、通讯和教育的可进入性。

三是提供社会保障。Zhuang（2008）提出政府需要给予贫困人口提供社会保障，以满足他们的最低生活需求。Holzmann 和 0rgensen（2000）认为社会保障不仅需要保障贫困人口的最低生活需求，而且还需要提高他们抵御风险的能力并最终实现脱贫。

Fernando（2008）认为社会保障有利于为弱势群体争取更好的发展机会。Rauniyar 和 Kanbur（2010）认为，劳动力市场政策、社会保险、社会福利以及儿童保护等都是社会保障的重要形式。

三、国内研究文献综述

国内学术界对共享式发展的关注主要是 2010 年以后（2008 年和 2009 年仅有 4 篇）。由于已有研究对共享式增长、包容性增长、共享式发展、包容性发展概念没有严格区分，涵义存在交叉、重复，甚至相互替代，为全面起见，笔者对共享式增长、包容性增长、共享式发展、包容性发展的研究情况进行了分别检索。表 2-4 显示了截至 2015 年 5 月，中国期刊全文数据库（CNKI）以“共享式增长”“共享式发展”“包容性增长”“包容性发展”为标题字段的检索情况。从检索的情况[①]看，目前国内学术界对共享式增长、包容性增长、共享式发展、包容性发展的研究主要集中在 2011 年、2012 年和 2013 年，其中尤以对包容性增长的研究为主，其次是对包容性发展的研究。2013 年以后，对共享式增长、包容性增长、共享式发展、包容性发展的研究大幅减少，2013 年—2015 年以“共享式增长”为标题字段的检索文献为 0，以“共享式发展”为标题字段的检索文献仅为 1 篇。

① 中国期刊全文数据库（CNKI）中，分别以共享式增长、包容性增长、共享式发展、包容性发展为标题字段进行检索。

表 2-4 已有研究文献检索统计

	2009	2010	2011	2012	2013	2014	2015
共享式增长	4	5	4	1	/	/	/
共享式发展	1	1	5	5	1	/	/
包容性增长	1	87	298	167	110	58	13
包容性发展	/	3	71	90	62	43	4

注：作者根据中国期刊全文数据库（CNKI）搜索结果整理

值得说明的是，本文对国内研究的文献综述，主要是基于对共享式增长、包容性增长、共享式发展、包容性发展综合分析基础上得出的。

原因在于：一是国内学者对共享式增长、包容性增长、共享式发展、包容性发展概念没有严格的区分，使用上存在相互交叉和相互替代。二是共享式增长、包容性增长、共享式发展、包容性发展都是对国外"inclusive growth"研究的继承和发展，内涵本质上并无明显差别。

（一）共享式发展的内涵

目前，国内学术界和理论界对共享式发展的概念及内涵进行了一定程度的探讨（见表 2-5）。总体而言，主要包括四种研究视角：

表 2-5 共享式发展内涵的研究维度

代表人物	定义	研究角度	基本内涵
林毅夫、庄巨忠	机会平等的增长	机会平等	强调通过经济增长创造机会，同时强调通过减少机会不平等来促进社会公平
汤敏、庄健	更加有利于穷人的增长	关注贫困和弱势群体	强调贫困和弱势群体分享经济增长的成果

续表

代表人物	定义	研究角度	基本内涵
杜志雄、马晓河	普惠式、开放性增长	全球视角	从国内层面看，共享式发展应该使民众尤其是低收入群体从增长中受益；从国际层面看，共享式发展是各国之间和谐共赢发展
俞宪忠、陈杰人	提供就业机会，推进公平发展	就业、制度、执政理念角度	实现弱势群体的充分就业，缩小贫富差距。改善和完善民生发展的制度

第一种视角认为共享式发展是“机会平等的增长”，强调通过经济增长创造机会，同时又强调通过减少机会不平等来促进社会公平（林毅夫等，2007；蔡荣鑫，2009；庄巨忠，2010；张梦涛，2011）。林毅夫等（2007）在《以共享式增长促进社会和谐》中将共享式发展界定为“机会平等的增长”，提出共享式发展战略是中国构建和谐社会的有效途径。蔡荣鑫（2009）认为，共享式发展核心在于机会平等和公平参与，关键在于如何使所有群体特别是贫困人口平等的参与到经济增长的过程，并合理分享经济发展的成果。

第二种视角强调对贫困和弱势群体的关注，认为共享式发展是更加有利于穷人的增长（汤敏，2010；庄健，2010；李程骅，2010）。汤敏（2010）认为，共享式发展的最核心要义在于经济增长让低收入人群受益，最好是让其多受点益。庄健（2010）认为，共享式发展不仅仅是单纯的经济增长，而应该在社会领域使人民群众享受到发展的成果。

第三种视角基于全球的范围，从国内外两个层面来界定共享式发展（杜志雄，2010；马晓河，2010；黄刚，2011）。杜志雄（2010）认为，就国内而言，共享式发展是一种“普惠式增长”，核心是创造丰富的物质条件，并实现公平分配。就国际而言，共享式发展是一种

“开放性发展”，强调不同国家和不同区域之间的互惠共赢。

第四种角度的界定则从就业、制度、执政理念等角度来界定共享式发展（俞宪忠，2010；陈杰人，2010；孙锡良，2010）。俞宪忠（2010）认为，共享式发展就是经济增长、人口发展和制度公平的有机协同。陈杰人（2010）提出，人民利益至上是共享式发展的核心，法律和政策的调节是共享式发展的关键。

（二）共享式发展的意义

国内学者从国内意义和国际意义两个层面对共享式发展的意义进行了研究。

对于共享式发展的国内意义。丁一凡和史晋川（2010）认为，共享式发展有利于处理好人与自然，经济增长与社会发展的关系，能够让更多人分享经济发展的成果。汝绪华（2011）认为，推进共享式发展，有利于消除贫穷，寻求经济与社会的协调发展。范永忠（2011）认为，共享式发展可以通过建立“以权利公平、机会公平、规则公平、分配公平”为主要内容的社会公平体系，消除参与共享以及分享成果的障碍，做到发展为了人民、发展依靠人民、发展成果由人民共享。

关于共享式发展的国际意义。黄刚（2011）认为，共享式发展的世界意义在于，赋予了经济发展更加积极和科学的内涵，是对和谐世界理念的进一步深化与发展。张峰和冯海波（2011）提出，共享式发展切中了许多国家特别是广大发展中国家面临的发展困境，有利于推进广大发展中国家的可持续发展，具有重要的世界历史意义。

（三）共享式发展的度测

随着对共享式发展关注程度的日益提升，国内学者开始注重对共享式发展评价和度测方面的研究，研究成果主要体现在：

黄君洁（2013）选取经济增长速度与质量、机会能力及权利的均等性、资源开发利用及环境保护等 7 个子指标，并将 7 个子指标分解成 77 个具体指标，对共享式发展程度进行度测。

刘晗、任保平（2011）从经济增长和民生贡献的角度，筛选出十大指标，对中国 31 个省市的共享式发展进行了度测。

魏婕、任保平（2011）利用模糊隶属度综合评价法，立足前提包容、过程包容、结果包容三个层面，选取 35 个指标，度测了中国改革开放以来 32 年间的共享式发展。研究表明，改革开放以来，中国的共享式发展指数呈基本平稳状态，但总体水平偏低。

马文强、任保平（2012）利用 1998 年至 2009 年的数据对经济增长的共享度进行了度测，并对影响包容度的各种因素进行了实证分析。姜明伦等（2012）使用理论遴选和层次分析的方法，构建起包括 4 个维度、7 个层面和 13 个具体指标的指标体系，对中国的包容性增长进行度测。结果表明，中国共享式发展指数进步很大，但总体水平仍有待进一步提升。

吕立（2012）以长沙市为例，利用模糊隶属度综合评价法，选取包括经济增长、权利获得、机会公平、福利普惠及文化包容在内的 20 个具体指标，对长沙 2001 年—2009 年各年份的包容性水平进行了度测。

肖卫东、詹琳（2010）利用模糊隶属度综合评价法，从开放经济和宏观层面出发，对共享式发展进行了度测。

（四）共享式发展的促进策略

对于共享式发展的促进策略，国内研究主要涉及理顺分配机制、开发人力资源、完善制度保证、转变政府职能等方面。

一是促进共享式发展离不开收入分配政策和财政金融政策的完善。蔡继明（2011）指出，推进共享式发展要坚持“效率优先，兼顾平等”的原则。初次分配时要讲效率；二次分配时要兼顾平等，努力推动弱势群体福利水平的改善；三次分配时要讲爱心，提倡先富阶层增强社会责任感。王志刚（2011）指出我国税收政策要符合包容性增长的要求，注重扩大内需、公平收入分配以及促进就业。王蔚（2011）认为共享式发展的实现，离不开共享式金融体系的支撑，并从金融体系改革方面提出了促进共享式发展的策略。朱春奎（2012）强调通过收入分配机制和就业政策的完善促进经济机会的最大化。

二是促进共享式发展需要进一步转变政策职能。胡洪彬（2011）认为目前推进共享式发展尚面临着观念、能力、制度以及政府职能方面的障碍，推进共享式发展，需要进一步强化科学的发展理念，完善相应的制度，促进政府职能转变。高举（2010）认为，为推动共享式发展，乡镇政府需要完善相应“服务”，通过乡镇政府从“行政管理型”向“服务型”转变，从“全能政府”向“有限责任”政府转变。汪海霞（2011）认为，要实现“共享式发展”，政府需要完善公共服务和社会保障，在增加公共服务和基础设施投入的同时，构建以机会公平为核心内容的社会保障体系，同时加强政策和制度的公平性以及改善收入分配。

三是促进共享式发展需要转变经济发展方式，推进制度创新。葛笑如、孙亚忠（2011）认为，实现真正的共享式发展和社会的公平正义，离不开经济发展方式的转变、经济结构的优化、收入分配体制的改革、公共服务的完善以及社会保障体系的建设。陈洪娜（2011）认为，实现共享式发展需要制度的不断创新，具体而言，包括市场竞争制度的完善、产权制度的完善，创新制度的完善等。

四是促进共享式发展需要开发和提升人力资本。程恩富（2008）指出，要实现共享式发展，需要按照总书记提出的“四项建议”，着力加强四个方面的工作：一是推进人力资源的优先开发；二是充分就业发展战略的实施；三是提高劳动者的素质和能力；四是可持续发展的社会保障体系的构建。陈柳钦（2011）认为，推进共享式发展，必须去“GDP”化，优先开发人力资本，推进公共服务均等化以及深化收入分配制度改革。

四、关于西藏共享式发展的综述

共享式发展不仅是推进西藏长足发展和长治久安的题中应有之义，也是西藏实现长足发展和长治久安的必然要求。近年来，国内学者将共享式发展的理论与西藏的实际相结合，对西藏共享式发展进行了一定的研究，但仍处于起步阶段。

中国期刊全文数据库（CNKI）搜索结果显示，截至2015年5月，篇名包含“西藏”以及“共享型”标题字段的论文有5篇，其中2009年1篇、2010年1篇、2011年3篇。篇名包含“西藏”以及“包容性”标题字段的论文有11篇，都发表于2011年之后，其中2011年3篇、2012年3篇、2013年1篇、2014年3篇，2015年1篇。11篇文章中有期刊论文9篇，报纸文章2篇。

国内研究“西藏共享式发展”著作很少，仅见杨涛所著的《西藏产业互动的共享式增长效应研究》（旦增伦珠、周炜编的“西藏长足发展与全面建设小康社会研究丛书”之一，中国藏学出版社，2013年）。

从研究视角看，已有文献研究主要集中在全国援藏与西藏共享式发展，西藏共享式发展中教育、医疗事业的发展，西藏共享式发展的政策取向、共享式发展取得的成效等方面。

（一）全国援藏与西藏共享式发展

全国对口支援西藏，是党中央、国务院从党和国家工作全局高度作出的重大战略决策，是中央治藏方略的历史性突破。中央政府通过国家财政支出、政策倾斜以及中央机构和其他省（市）的援助，为西藏经济发展创造了条件。

李中锋、杨明洪（2009）认为西藏发展带有明显的“共享型经济”特征。一方面，中央政府通过国家财政支出、转移支付方式，使西藏获得发展所需的相应生产要素，有利于推动经济发展；另一方面，全国援藏可以为西藏农牧民提供大量参与及就业机会，使当地的农牧民受益。

李国政、彭红碧（2010），基于“全国援藏”的视角，对西藏共享型经济发展方式的路径选择进行分析。文章指出，“全国援藏”是共享型发展方式的重要路径载体，中央政府和对口援藏单位构成了“中央关心、全国支援”的援藏体系的组成部分，在西藏共享型经济社会发展中的作用是毋庸置疑的。

周兴维（2011）认为，在西藏和平解放、完成民主改革后的较长一段时期，因为复杂的大国政治因素和国内政治因素，西藏共享型发展思路一直没能诉诸明确的制度安排和机制设计，直至改革开放，今天我们所说的西藏共享型发展思路才以“中央西藏工作座谈会”这个准制度规范的形式予以明确。

（二）西藏共享式发展的意义

毛阳海（2011）阐述了在西藏倡导共享式发展对于促进扶贫开发的重要意义。文章认为，西藏地处生态特别脆弱的青藏高原，有众多民族聚居，是“集中连片”的特殊贫困地区和重要的边疆地区，各区域之间、城乡之间发展很不平衡，在西藏倡导共享式发展增长，具有更加重要的意义。

尕藏才旦、图登克珠、汪丽（2012）认为西藏“共享式发展”战略意义在于“GDP”的纵向递增，进而推进社会、文化事业的全面发展。西藏“共享式发展”不仅需要广大农牧民的平等参与和公平分享，而且需要政治、经济、社会、文化、环境、民生等方面的平衡推进。

（三）西藏共享式发展的成效

郑长德（2009）对西藏民主改革以来经济共享式发展取得的成效进行了分析，文章认为，西藏民主改革以来，西藏经济取得了较快的发展，不仅经济发展速度加快，而且高增长速度长达几十年，经济增长成果惠及西藏各族人民和各个地区，经济增长成果被广泛共享。

李中锋、翁仕鹏（2012）对西藏公益性岗位包容效应进行了研究，文章指出："公益性岗位是适应现阶段西藏经济发展水平和就业困难群体就业能力的有效渠道，并已经成为西藏居民新增就业的重要途径。"

李中锋（2011）基于教育的视角对西藏共享式发展成效进行了分析。文章认为 1980 年以来，国家实施了教育援藏，教育对口援藏，不断提高农牧民子女义务教育"三包"标准，援助内地西藏班（校），促进了西藏义务教育稳步发展，促进了西藏共享全国优质教育资源。西藏教育事业的全面发展，充分体现了共享型发展特征，为西藏居民更好地接受教育、提高文化素质创造了条件。

此外，李中锋（2011）还立足公共医疗方面，对西藏共享式发展成效进行了分析。文章对 1980 年以来西藏医疗卫生事业的发展情况进行了回顾和总结，认为西藏公共卫生医疗的发展充分体现了"共享型发展"的特征。

（四）西藏共享式发展的政策取向

梁爽、崔先维（2012）就西藏包容性增长理念与西藏发展公共政策取向进行了探讨。文章认为包容性增长理念强调经济增长的包容性和社会发展的宽容性，与西藏追求长治久安和长足发展的目标具有高度一致性。文章归纳了西藏包容性增长的公共政策理念指向的三个维度：一是社会公平公正；二是社会均衡发展；三是缩小社会差距，促进社会和谐。

五、国内外研究文献述评

（一）国外研究述评

由前文可知，国外学者对共享式发展理论的研究成果较为丰富，他们先后对共享式发展的概念、度量方法、实现途径等内容进行了较为深入的研究。但是，至今仍存在一些困扰共享式发展和战略实施的不利因素。

首先，学者与世界性研究机构对共享式发展的概念内涵并没有形成统一的认识，而且“共享式发展”概念与“贫困减少”“基础广泛的增长”以及“益贫式增长”等概念之间存在交叉，定义模糊。

其次，共享式发展的度测也没有形成一套公认的评价标准，对共享式发展策略选择和实施上还有待进一步细化。

最后，将共享式发展理论与各地实践相结合的实证研究尚不多见，特别是对于中国的实证研究更为缺乏。

（二）国内研究述评

1. 内地研究述评

学者就共享式发展的概念、度测、推进机制等方面的内容进行了研究，对于推进共享式发展理论与中国实际的结合，推动共享式发展理论的完善起到了积极作用。

但由于与国外理论研究相比，国内对共享式发展研究起步较晚，2010 年以后才引起政府和学者的广泛关注，研究上还有以下问题值得注意：

一是没有厘清共享式发展与相关概念间的关系，共享式发展与相关概念之间存在交叉、重复，甚至直接用益贫式、包容性发展的概念代替共享式发展。混淆了发展的共享性与增长包容性和增长的益贫性这三种经济发展理念。没有对共享式发展概念的内涵进行彻底的理解分析，不利于对共享式发展的实际情况作出准确地判断。

二是共享式发展的包括维度和形成机理是什么，相关研究还没有统一的认识，如何在厘清共享式发展的形成机制基础上，提出可靠可行的共享式发展战略，相应的经济政策、社会政策的系统分析还比较少见。

三是已有研究从经济学视角研究的较多，缺乏从“经济、政治、文化、社会、生态”五位一体的层面进行系统性、综合性的研究。

四是已有研究大多只是宽泛地停留在定性描述层面。尽管部分学者构建了共享式发展的度测指标体系，但是在指标选择和权重确定上还存在着较大的差异。如何确定共享式发展的指标体系，并为共享式发展的度测确定一套科学严谨的方法，是今后研究需要进一步思考的问题。

2. 西藏研究文献述评

就西藏共享式发展的研究文献看，国内学者主要围绕全国援藏与西藏共享式发展、西藏共享式发展的重要意义、西藏共享式发展取得的成效以及推进西藏共享式发展的公共政策取向等内容进行了分析，这些研究对于完善特殊区域共享式发展的理论，推进西藏共享式发展具有重要的作用，同时也为西藏共享式发展进一步研究提供了重要的参考和借鉴。但以下问题仍值得进一步思考和完善：

一是已有研究仅将共享式发展的概念照搬和移植到西藏共享式发展的分析中，缺乏对西藏共享式发展的特殊内涵的理论分析，无法反映西藏这一特殊区域对共享式发展理论的特殊需求。

二是已有研究大多是基于成果共享的视角进行分析，缺乏从参与共享和机会共享的角度的过程分析，无法反映农牧民参与的程度和西藏自我发展能力提升对共享式发展的影响。

三是已有研究在指标体系和实证度测方面很少涉及，没有形成一套反映西藏特殊实际、具有西藏特点的共享式发展指标评价体系。

此外，西藏特殊的发展条件和特殊的发展阶段需要对共享式发展的内涵进行拓展，使之更加符合西藏的实际和经济发展规律，已有的对西藏共享式发展策略选择和实施上的研究也有待进一步细化和深入。

第三章　西藏共享式发展的理论分析

本章在对已有研究文献综述的基础上，首先对共享式发展的一般内涵及特征进行了分析；随后基于西藏经济社会发展的特殊约束条件，重点对西藏共享式发展的特殊内涵进行了界定；最后就西藏共享式发展的理论基础进行分析。

一、共享式发展的内涵及特征

（一）共享式发展的内涵

自“共享式发展”概念提出[①]以来，国内外学者从不同角度对其进行了界定，但是由于研究视角和研究目的的差异，学术界对“共享式发展”概念的理解尚存在着一定的差别。

在文献综述部分中，笔者列举了国内外机构及学者对“共享式发展”内涵的阐述，有的强调过程公平，有的强调结果公平，也有学者认为“共享式发展”是过程公平和结果公平的统一；在研究视角上，有的立足国内，有的立足国外，也有从国际和国内两个视角

① 共享式增长作为发展经济学的一个新概念，尽管在国际上受到高度关注，但到目前为止并没有一个统一和公认的定义。

来分析的。

由于共享式发展是一个涉及经济、政治、社会等多个领域的综合性概念，需要从系统论的角度对其进行多维度解读。正如让·皮埃尔·莱曼所言："共享式增长"是个可能难以捉摸的术语，对它的解读不能局限于传统发展观所表现的某一单一的维度上，应当从多元维度对其进行分析。

在借鉴和吸收已有研究成果的基础上，基于多元维度的视角，本文将共享式发展概念界定为：

共享式发展是以经济可持续发展为前提，以增加机会供给、保障机会公平、促进机会获得为核心，以制度完善为保障，以推进协调、普惠、共享发展成果为目标的新的发展模式。

其核心要义在于通过就业和增长促进机会创造，通过制度完善保障机会公平，通过能力提升促进机会获得，通过救助和保护给予弱势群体机会保障。

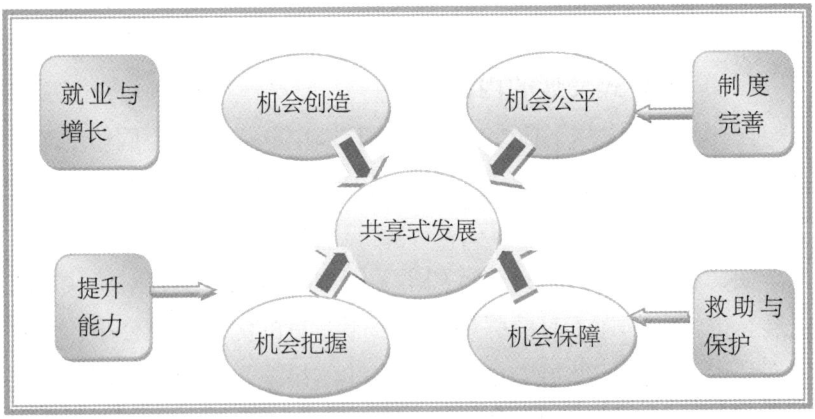

图 3-1　共享式发展的核心要义

基于这样的认识，本文认为共享式发展的内涵主要包括以下几点：

1. 共享式发展是促进就业和发展的高效增长

经济增长是一切发展的基础，共享式发展需要以经济增长为基础，因为贫困的减轻、不平等的消除以及民众的发展都离不开较快的速度、有效的经济增长。

在推进共享式发展中，不仅需要发展速度的提升和经济总量的扩张，同时需要经济结构的优化与改善，经济效率的改善，需要通过高效率和促进就业的发展，为民众提供更多参与共享的机会。

2. 共享式发展是促进机会平等的公平性增长

机会平等的核心在于公平，强调民众在享受经济、政治以及社会权利方面的一致性和公平性，旨在消除经济发展过程中的社会排斥。促进机会平等的公平性增长，需要通过制度完善给每个人创造接触机会和利用机会的制度公平，从政策和制度上消除由于个人的背景和所处环境不同所造成的不平等。

3. 共享式发展是促进成果普惠的分享型增长

十八届五中全会指出："坚持共享发展，必须坚持发展为了人民、发展依靠人民、发展成果由人民共享，使全体人民在共建共享发展中有更多获得感。"[①] 共享式发展强调发展成果人人共享，这是共享式发展的终极目的，这就要求在推进共享式发展过程中，既要把"蛋糕"做得更大，也要分配得更加公平，让群众有更多获得感和幸福感。

4. 共享式发展是科学、可持续的增长

共享式发展与科学发展观和可持续发展具有内在一致性。一方面，共享式发展强调科学、协调发展理念，着力推动"经济、政治、

---

① 中共十八届五中全会公报，2015 年 10 月 29 日。

社会、文化、生态”五位一体协调发展，推进人与自然，经济与社会的和谐发展。另一方面，共享式发展强调可持续发展理念，注重资源的节约利用和有序开发，既注重现在，也着眼于未来，强调环境保护，推动经济发展方式转变，实现增长的可持续性。

（二）共享式发展的基本特征

第一，人本性。“以人为本”是共享式发展的核心理念，推进“人人参与、人人尽力、人人享有”的共享式发展，不仅是共享式发展的出发点，也是共享式发展的落脚点。

第二，公平性。共享式发展不仅注重制度公平和机会公平，而且注重参与公平，公平性是共享式发展的基石，也是体现共享式发展程度和社会公平正义的重要尺度。

第三，系统性。共享式发展是一项复杂的系统工程，涉及多个领域和环节，需要处理好经济发展与政治民主、民生改善、文化需求和生态环境的关系，推进“经济、政治、社会、文化、生态”五位一体的协调发展。

第四，可持续性。共享式发展强调将当前发展与未来发展的需要相结合，不以牺牲子孙后代的利益换取当代人的发展，强调在推进经济发展的同时，确保人口、资源与环境的可持续性发展。

第五，共享性。共享是发展的意义和目的所在，没有共享，经济增长毫无意义。“共享式发展”的本质是发展的均衡、公平与普惠，对于解决目前我国发展中面临的问题具有极其重要的指导价值。

（三）共享式发展的分类

对应不同的经济发展水平，共享式发展呈现出不同的结果。在经济发展低水平阶段，物质产品匮乏，如何解决温饱成为首要的关注焦点，在此阶段，“平等、共享和参与”的理念主要表现如何对物质产品进行更公平合理的分配，这是一种低水平的共享。

而进入经济发展高水平阶段后，物质财富日益丰富，此时人们的追求更多的体现在精神享受的价值体现层面，如果在这一阶段，能够体现“公平、参与、共享”，实现经济社会和谐发展，这是一种高水平的共享。但是如果经济处于高水平阶段，收入差距却日益拉大，发展机会不公，各方不能实现平等、共享和参与，则仍是一种低水平的共享。

表 3-1 列出了共享式发展程度与经济发展水平和收入差距水平的关系，由此我们将共享式发展分为“低水平的共享式发展”和“高水平的共享式发展”两类。

表 3-1　共享式发展的分类

	经济发展水平	收入差距水平	共享程度
低水平共享式发展	低	低	高
	高	高	低
高水平共享式发展	高	低	高

1. 低水平的共享式发展

“低水平的共享式发展”包括两个层面：

一是经济发展水平低、收入差距水平低，但是共享程度高的共同贫穷阶段。在此阶段，由于经济发展水平低，社会物质财富不足，整体社会处于贫穷落后阶段，不同区域、不同行业、不同群体之间的收入差距水平较低，具有共同贫穷的特征。如中国 1978 年前实行的计划经济体制和社会产品统一的分配方式，尽管兼顾了不同区域、不同群体的利益，但实际上是一种低水平的共享式发展。

二是经济发展水平高，收入差距水平高，共享程度低的阶段。随着经济的高速发展，物质产品不断丰富，但是城乡之间、地区之间的收入差距日益拉大，不同群体在教育、医疗、社会保障等方面存在着较大的差距，机会不公的现象大量存在，仍属于低水平的共享式发展。

2. 高水平的共享式发展

高水平共享式发展不仅需要“做大蛋糕”，也需要“分好蛋糕”。当前，我国 GDP 总量已经超越日本成为全球第二大经济体，国家的不断强大已经使我国足以支撑更高层次的共享式发展。但是仅仅有物质基础还不够，高水平的共享式发展还要求缩小不同区域之间、城乡之间、不同行业之间的收入差距，要求创造有利于公平竞争的环境，提高机会的公平性。

因此，本文分析的共享式发展是指高水平的共享式发展，探讨的是高水平共享式发展的新要求和新模式。

二、与共享式发展相关概念辨析

就笔者所查阅的文献来看，目前与共享式发展直接相关且容易混淆的概念有“基础广泛的增长”（Broad-based growth）和“益贫式增长”（pro-poor growth）。

已有的研究没有将有基础广泛的增长、益贫式增长和共享式发展进行严格的区分和界定，使用上存在着交叉、重复和模糊。笔者认为，对共享式发展、基础广泛的增长、益贫式增长进行辨析，不仅有利于厘清三者之间的关系，而且有利于进一步明确共享式发展的内涵，为推进共享式发展提供理论依据。

（一）相关概念之间的区别

1. 关注人群不同

“基础广泛的增长”和“益贫式增长”主要关注贫困人口。“共享式发展”（inclusive growth）立足全体人民，但也对贫困人群给予重点关注。作为发展经济学的一个新概念，不同学者对共享式发展有不同的诠释，多数学者认为利益共享是共享式发展的核心价值观，关注对象是全体人群，强调在共享过程中所有人的机会均等，但是由于贫困人口在发展中处于弱势地位，因此共享式发展除了立足全体人群外，也主张在发展中给予贫困人口更多的机会倾斜。

2. 关注贫困的类型不同

“基础广泛的增长”（Broad-based growth）关注收入贫困，包括绝对收入贫困和相对收入贫困，不仅关注一般生存所需的物质产品供给，而且关注能力素质、资源状况等影响人们基本生活水平的因素。

“益贫式增长”（pro-poor growth）主要关注能力贫困，即从能力和权利缺乏角度关注财富分配不平。

“共享式发展”认为，机会不平等是导致结果不平等的最主要因素。因此，共享式发展主要关注权利贫困，即从权利贫困、社会排斥的角度关注机会不平等。

3. 增长理念不同

“基础广泛的增长”强调扩展穷人的就业机会，主张建立以市场为导向的劳动密集型发展模式，以最大化利用劳动力资源。

“益贫式增长”强调扩展穷人的经济机会，主张建议市场与非市场导向相结合的有利于穷人的增长模式，使得穷人在增长中收益更多，从而减少贫困和改善财富分配不公的状况。

“共享式发展”强调人人参与、人人尽力、人人共享，主张构建一种机会公平的、有效、协调和可持续的增长模式，重点在于保障规则公平、参与机会和成果共享。

4. 减贫战略不同

“基础广泛的增长”着眼扩展就业和能力提升的减贫战略：①为穷人和弱势群体提供更多就业机会；②增加教育等公共服务的投入，提高穷人的人力资本。

“益贫式增长”着眼扩展经济机会：①提升穷人的人力资本，并使其获得更多的回报；②获得更多的权利，从而保障经济机会的增加；③完善社会保障制度，使穷人更好地利用经济机会。

共享式发展着眼机会与增长相辅相成的共享式发展战略：①加强培训，提升人力资本；②完善制度设计和政策制定，体现机会公平；③完善社会保障体系，使民众特别是弱势群众得到有效防护。

5. 内涵不同

基础广泛的增长强调要将贫困人口吸纳到经济增长过程之中，并主张通过提供就业机会和提升获益能力来促进贫困人口分享经济发展的成果。

益贫式增长强调经济增长能使穷人得益，并为他们提供机会以改善经济处境。White 和 Anderson（2000）把“益贫式增长”定义为贫困人群的收入增长高于社会平均收入增长。

共享式发展是一种以增加机会供给、保障机会公平、促进机会获得为核心，以制度完善为保障，以推进协调、普惠、共享发展成果为目标的新的发展模式。

表 3-2　基础广泛的增长、益贫式增长和共享式发展的比较

	基础广泛的增长	益贫式增长	共享式发展
增长理念	重点在于扩展穷人的就业机会	强调扩展穷人的经济机会	强调人人参与、人人尽力、人人共享，主张构建一种机会公平的、有效、协调和可持续的增长模式
核心要义	强调通过经济增长减少贫困人口	强调要形成一种使穷人能参与经济增长并从中获益，以及增加自身人力资本投资的良性循环机制	以增加机会供给、保障机会公平、促进机会获得为核心
关注对象	贫困人群	贫困人群	全体人群，但也对贫困人群给予重点关注

续表

	基础广泛的增长	益贫式增长	共享式发展
政策焦点	①为穷人和弱势群体提供更多就业机会；②增加教育等公共服务的投入，提高穷人的人力资本	①提升穷人的人力资本，并使其获得更多的回报；②获得更多的权利，从而保障经济机会的增加；③完善社会保障制度，使穷人更好地利用经济机会	①加强培训，提升人力资本；②完善制度设计和政策制定，体现机会公平；③完善社会保障体系，使民众特别是弱势群众得到有效防护

（二）相关概念之间的联系

除了上述区别外，“基础广泛的增长”“益贫式增长”和“共享式发展”也存在一定的共通之处：

首先，经济增长中最不容易获益的是贫困人群，共享式发展应该对贫困人群给予重点关注，并致力于推动贫困人口分享经济发展的成果。因此，共享式增长应该是益贫式的。

其次，无论是基础广泛的增长、益贫式增长，还是共享式发展，都体现着“以人为本”的理念，都以实现人的发展为出发点和落脚点。

最后，基础广泛的增长、益贫式增长和共享式发展都是以经济发展为前提的，经济发展为摆脱贫困、创造机会提供了基础和可能。

三、西藏共享式发展的特殊内涵

（一）西藏共享式发展面临的特殊约束条件

相对于其他区域而言，西藏自治区是一个有着特殊生存环境的地区。西藏发展不仅面临着人民群众日益增长的物质文化需要同落后的社会生产之间的主要矛盾，而且还存在着各族人民同以达赖集团为代表的分裂势力之间的特殊矛盾。

1. 自然环境特殊

西藏自治区位于青藏高原西南部，全区面积仅次于新疆自治区和内蒙古自治区，约占全国总面积的 1/8。高寒缺氧是西藏恶劣自然环境的突出表现。全区 122.84 万平方公里国土面积，海拔 5000 米以上区域占 34%，海拔 4000 米以上的区域占 85.1%，海拔 3000 米以上的区域占 94.1%。由于高寒缺氧，西藏大部分区域的大气含氧量只有内地的 60%。生活在西藏的学者这样概括："缺氧对生产的最大威胁在于其对劳动力的制约，它不但影响劳动者的发挥，也限制了脑力的发挥，还严重影响人的健康。"[①]

表 3-3 西藏自治区所辖地域不同海拔高度构成

海拔高度（米）	> 5000	4000–5000	3000–4000	2000–3000	2000–1500	< 1500	水域
占西藏面积比例（%）	34	51.1	8	2	0.9	2	2

资料来源：郎维伟，二元视角下的西藏特点及其问题分析 [J]，西南民族大学学报（人文社会科学版），2012（12）。

2. 文化独特——藏传佛教影响深远

历史上的西藏是一个"政教合一"的地方，绝大多数藏族人信仰宗教，藏传佛教影响深远。宗教文化已渗透到西藏的各个领域，涵盖了人与自然、人与社会、人与人、人与自身等多个方面，从人的出生那一刻起就被这种有形和无形的文化所浸染[②]，农牧民对宗教领袖具有较深的敬畏情感。"常态化的宗教节庆活动、念经祈祷、远

① 白玛朗杰、孙勇主编：学者视野下的西藏发展探讨 [M]，西藏藏文古籍出版社，2011 年。

② 贺能坤：教育在西藏发展稳定中的作用初探 [J]，《贵州民族研究》，2013（2）。

程朝拜是当地农牧民选择的业余生活或文化生活方式”[①]。因此，西藏社会经济的发展始终应以尊重其文化为前提。

3. 政治敏感

维护西藏地区的和平与稳定，促进西藏地区的发展，对于我国具有重要的政治意义。自和平解放以来，国际上一部分与中国敌对的势力经常借西藏问题攻击中国，西藏的一举一动，直接关系着中国在国际上的影响，关系着中国的稳定和发展。与此同时，由于达赖集团长期在国外进行分裂活动，西藏发展过程中又时刻要面临着与达赖集团争人心、保稳定的斗争。

4. 国家安全屏障，战略地位重要

西藏战略地位极其重要，边境线长 4000 多公里，是我国西南边疆的重要门户和屏障。现有边境县 21 个，占 71 个县级单位的 29.6%，边境乡 91 个[②]，其所处地理位置在地缘政治中是近代以来一直被关注的焦点地区，时刻面临反蚕食斗争，担负着保证国家领土完整、国家安全的重任。

5. 生态脆弱

青藏高原号称“世界第三极”，生态环境极其脆弱，西藏生态环境的变化不仅会危害西藏自身生态安全，而且将直接影响中国乃至亚洲的生态安全，对整个亚洲甚至北半球的气候都有着举足轻重的调节作用。因此，西藏生态的可持续发展是非常重要的，西藏地区的生态保护问题不仅是中国各级政府的工作重心，而且是国内外关注的焦点问题。

① 郎维伟：二元视角下的西藏特点及其问题分析 [J]，《西南民族大学学报》（人文社会科学版），2012（12）。

② 西藏自治区统计局、国家统计局西藏调查总队编：西藏统计年鉴 2013[M]，中国统计出版社，2013 年。

6. 经济落后

受特殊的自然、地理环境的制约，西藏自我积累和发展能力不足，西藏最大的产业一农牧业，对财政经济的贡献率不高，西藏财政自给能力一直处于较低水平。2001 年至 2014 年间，财政自给能力指数①仅维持在 6.24%—13.28%，90% 左右的财政支出需要中央政府补贴，西藏实现社会经济发展目标所需资源的数量与有效供给之间存在着巨大缺口。

图 3-2　西藏财政自给能力指数

其次，西藏农牧民人均纯收入与全国相比也存在着差距，由图 3-3 知，2001 年至 2014 年间，西藏农牧民家庭人均纯收入始终低于全国平均水平，且这种差距呈上升趋势，2001 年西藏农牧民家庭人均纯收入比全国数差 962 元，2014 年则上升到 2533 元。

① 本文用财政自给能力指数来反映西藏财政对中央财政转移支付的依赖状况，本文计算公式为：本级财政收入 / 本级财政总支出。

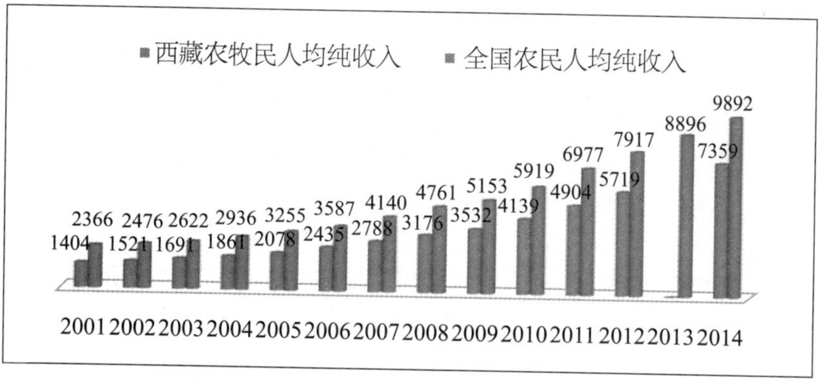

图 3-3　西藏与全国农村居民家庭人均纯收入的差距

（二）西藏共享式发展的内涵

综上所述，西藏经济社会发展面临着不同于其他地区的特殊约束条件，特殊的经济社会发展环境，决定了西藏的共享式发展除了具有共享式发展的一般要义外，还具有特殊的内涵。

鉴于西藏经济社会发展的特殊性，笔者认为，西藏在推进共享式发展中应突出“夯实一个前提，避免两种倾向，突出四个注重”。

一个前提是：以推进西藏经济可持续发展和社会稳定为前提，这是由西藏主要矛盾和特殊矛盾长期并存的现实决定的。

避免两种倾向：一是避免只顾高速度的增长而忽视增长的共享性的倾向；二是避免过度依赖政府再分配的手段来实现收入均等化的倾向。

四个注重是：一是注重为农牧民创造更多就业岗位，增加共享的机会供给，提高机会的充裕性；二是注重教育、医疗等民生事业的改善，提高农牧民参与共享的能力；三是注重制度完善，增强共享的公平性；四是注重经济社会生态文化政治“五位一体”的协调发展。

鉴于此，结合国内外学者对西藏共享式发展及相关问题的已有研究，笔者将西藏共享式发展定义为：

西藏共享式发展是以经济可持续发展和社会稳定和谐为基础，以机会共享为核心，以参与共享为动力，以规则共享为保障，以成果共享为目标，推进“经济、政治、文化、社会、生态”五位一体全面、协调、可持续发展的新的发展模式。

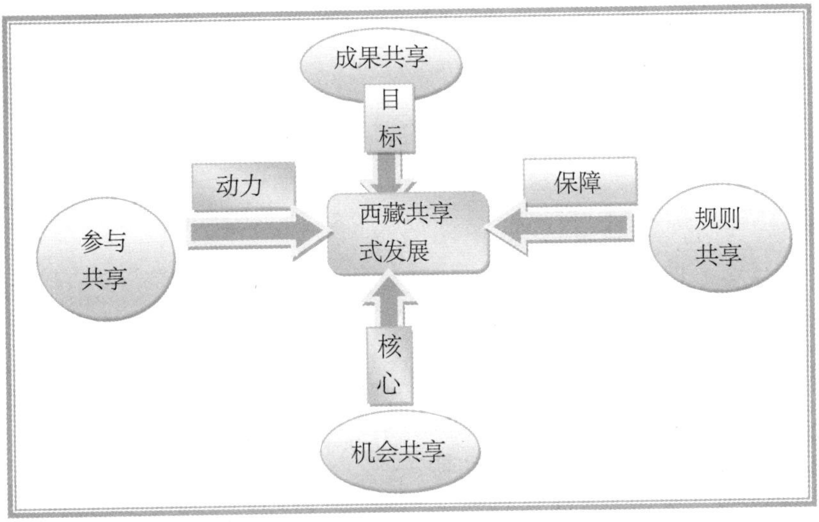

图 3-4　西藏共享式发展的核心要义

具体而言，西藏共享式发展的内涵主要包括以下几点：

第一，经济可持续发展和社会稳定是共享式发展的基础。机会的充裕需要以经济发展为前提和基础，只有通过不断高效的经济发展创造更多的就业，农牧民才有参与的机会。社会稳定是发展的基础，只有社会稳定，共享式发展才有可能实现。

第二，机会共享是共享式发展的核心。强调机会平等就是要通过消除农牧民和城镇居民背景不同所造成的机会不平等，从而缩小结果的不平等。

第三，共享式发展的动力是参与共享。参与能够为共享式发展提供动力，要通过提高农牧民获取机会和参与共享的能力，带动更多的农牧民参与到经济发展的过程中来，通过自身的努力，分享经济发展的成果。

第四，规则共享是共享式发展的保障。建立公平的政策和制度环境，是消除社会不公、创造公平竞争的重要保障。推进共享式发展需要制定公平的竞争规则，创造公平的竞争环境，使广大农牧民的权利得到最广泛的尊重和保护。

第五，成果共享是共享式发展的目标。成果共享即要让农牧民分享到经济和社会发展的成果，主要表现在农牧民生活水平的提高、社会保障制度的健全，医疗、教育等民生事业的改善等方面。

总之，西藏共享式发展既有共享式发展的普遍特征，即人本性、公平性、系统性、可持续性、共享性，又有其自身的特殊约束性，即受自然地理、文化、政治、国家安全屏障、生态环境、经济等条件影响。经过上述分析，得出西藏共享式发展定义为：以经济可持续发展和社会稳定和谐为基础，以机会共享为核心，以参与共享为动力，以规则共享为保障，以成果共享为目标，推进“经济、政治、文化、社会、生态”五位一体全面、协调、可持续发展的新发展模式。基于西藏是国家的安全屏障这一特殊的战略地位，还可以认为是推进“经济、政治、文化、社会、生态、安全”六位一体全面、协调、可持续发展的新发展模式。

第四章　西藏共享式发展的一般分析框架

共享式发展，是一个涉及因素多，实现机理也比较复杂的过程。正因为这个过程复杂，而现实实践开展得尚不充分，人们对于共享式发展的认识处于模糊状态，许多问题有待进一步厘清。因此，构建西藏共享式发展的一般分析框架，对于澄清共享式发展的认识，推动西藏共享式发展具有积极意义。

一、西藏共享式发展的理论架构

明确西藏共享式发展的理论架构，需要从四个维度厘清以下问题：一是西藏共享式发展面临的内外部条件如何？二是西藏共享式发展的核心内容有哪些？三是西藏共享式发展的必备要素有哪些？四是如何建立西藏共享式发展的促进机制？

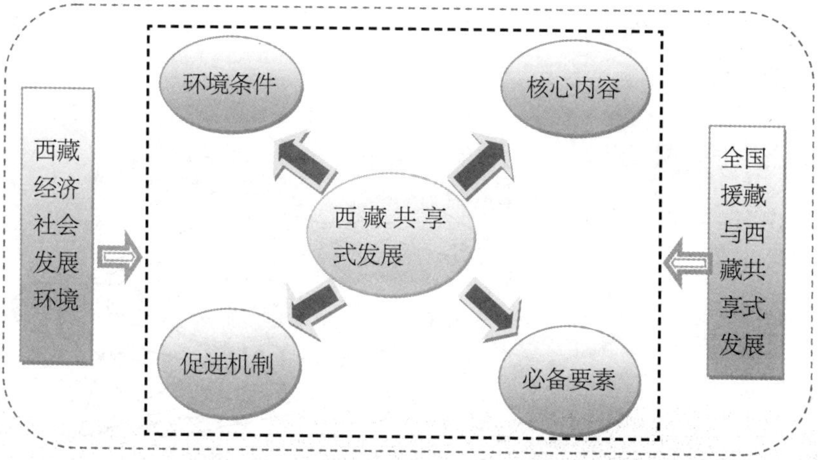

图 4-1　西藏共享式发展的理论架构

从西藏共享式发展面临的内外条件看，全国援藏是西藏共享式发展的外在推动力，为西藏发展提供资金支持、技术支持和人才支持，是推动西藏共享式发展不可或缺的外部力量，同时也是共享式发展理念在特殊区域的典型实践。西藏自我发展能力的提升则是共享式发展内生驱动力，只有立足西藏自身的资源、经济、社会条件，不断提升自我造血功能，夯实自我发展能力，才能为西藏共享式发展提供强大的内在动力。

从西藏共享式发展的核心内容看，包括规则共享、机会共享、参与共享、成果共享四大方面。四大方面之间相互影响，相互促进，共同推动西藏共享式发展。

从西藏共享式发展的必备要素看，包括制度要素、人力资本要素、物质资本要素和资源要素，它们是西藏共享式发展的必备条件。

从共享式发展的促进机制看，主要包括投入机制、分配机制、动力机制和保障机制。其中投入机制主要是资金、劳动力等各种要素的投入；分配机制主要是各种投入要素在不同区域之间、不同行业之间、不同人群之间的配置；动力机制主要是发挥参与者的积极性和创造性；保障机制主要是政策和机制体制的完善，社会保障体系的建设等。

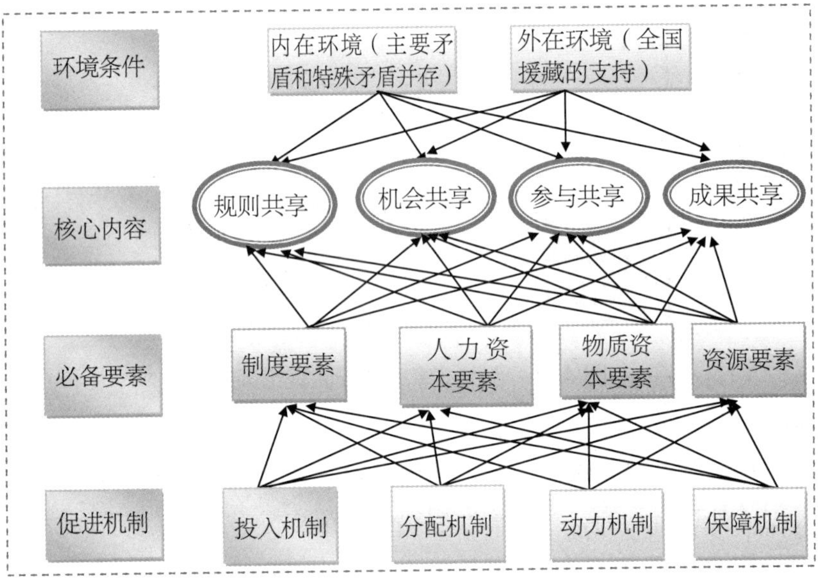

图 4-2　西藏共享式发展的理论框架的基本内容

由图 4-2 可知，西藏共享式发展理论框架的内在逻辑是：

首先，从西藏共享式发展面临的内部和外部环境出发，分析西藏自身所面临的经济社会环境以及全国援藏对共享式发展的影响。

其次，分析西藏共享式发展的核心内容，包括规则共享、机会共享、参与共享和成果共享。这些核心内容不仅是西藏共享式发展的题中应有之义和战略任务，而且是影响西藏共享式发展能否实现的重要环节。

再次，分析西藏共享式发展的必备要素，包括制度要素、人力资本要素、物质资本要素和资源要素。

最后，根据这些必备要素，提出西藏共享式发展的促进机制，进而推进西藏共享式发展。

二、理论架构一般内容的说明

（一）环境条件

1. 西藏经济社会发展的内部环境

西藏共享式发展离不开对其内部经济社会发展环境的深刻认识，认识的关键在于把握西藏经济社会发展的阶段性特征。

2015 年 8 月 24 日至 25 日，中央第六次西藏工作座谈会在北京召开，习近平总书记强调，“依法治藏、富民兴藏、长期建藏、凝聚人心、夯实基础，是党的十八大以后党中央提出的西藏工作重要原则”[①]。西藏发展不仅面临着人民日益增长的物质文化需要同落后的社会生产之间的主要矛盾，而且面临着是各族人民同以达赖集团为代表的分裂势力之间的特殊矛盾。

当前，西藏工作正处在打好扶贫攻坚战、如期实现全面小康的决定阶段，加紧生态功能区建设、增强自我发展能力的重要阶段，保持持续稳定和全面稳定、走向长治久安的关键阶段，聚焦改进作风、全面夯实基层基础的强化阶段，呈现出新的明显特征。

（1）从发展水平的阶段性特征看。西藏民主改革特别是改革开放以来，西藏经济社会持续快速发展，城乡面貌发生翻天覆地的变化。2014 年，实现全区生产总值（GDP）920.83 亿元，全区居民人均可支配收入 10730 元，其中，城镇居民人均可支配收入达 22016 元；农村居民人均可支配收入 7359 元。2014 年末城镇居民人均居住面积 28.9 平方米，农牧民人均居住面积达到 33.8 平方米[②]。但由于发展起步较晚，基础薄弱，西藏经济社会发展水平仍然远远落后于内地省市。不仅如此，西藏内部城乡之间、区域之间也存在着较

① 2015 年 8 月 24 日至 25 日，中央第六次西藏工作座谈会在北京召开。中共中央总书记、国家主席、中央军委主席习近平在会上发表重要讲话。

② 资料来源：西藏自治区统计公报，2014 年。

大的差距，其中城乡差距突出表现在收入水平、公共服务、社会保障等方面；区域差距突出表现在不同区域由于区位条件、发展基础、经济结构等方面导致的发展水平的差异。

（2）从发展条件的阶段性特征看。近年来，西藏交通、能源、水利、通信等基础设施条件有了大幅改善，2014 年末公路总通车里程 75470 公里,其中有铺装路面总里程 11707 公里[①]。但由于西藏幅员面积大，农牧区的道路、通信、电力、水利等基础设施建设仍严重滞后，不利于经济社会发展。由于西藏运输距离远、地理环境等因素的影响，西藏的发展成本远远高于内地。

（3）从发展环境的阶段性特征看。西藏空气稀薄，气压低，含氧量少，平均空气密度为海平面空气密度的 60%—70%，高原空气含氧量比海平面少 35%—40%。气象灾害种类多，发生频率高，干旱、洪涝、雪灾、霜冻、冰雹、雷电、大风、沙尘暴等灾害性天气频繁发生。区内生态环境十分脆弱，一旦破坏，很难恢复。总体投资软环境较差，投资的体制机制尚有待进一步完善。

（4）从发展能力的阶段性特征看。西藏民主改革特别是改革开放以来,西藏的经济社会发展水平得到了极大的提高，但同时也存在着一些不容忽视的问题，特别是自我发展能力仍然相对不足，突出表现在财政自给力弱、经济增长以投资拉动为主、投资率居高不下、经济社会城乡“二元现象”严重以及人力资源匮乏等方面。思想意识方面，市场经济意识和商品意识还很薄弱，发展的内生动力不足。区位高学历和专业技术人才匮乏，人力资源素质有待进一步提升。

上述西藏经济社会发展阶段性特征，不仅是西藏共享式发展的必然要求，而且是制约西藏共享式发展的客观因素，西藏的共享式

① 资料来源：西藏自治区统计公报，2014 年。

发展必须立足于上述内在特征，着力于推进长足发展和长治久安。

2. 全国援藏的外部环境

由于自然、历史、社会、文化等多方面因素的影响，西藏发展面临着与其他省市的巨大差距，这不仅不利于西藏社会的长治久安，也不利于民族团结和祖国统一。鉴于此，在国家强力主导下，促进西藏经济社会发展已成为当前中央治藏方略的重中之重，由此形成了“全国援藏”的供给模式①。

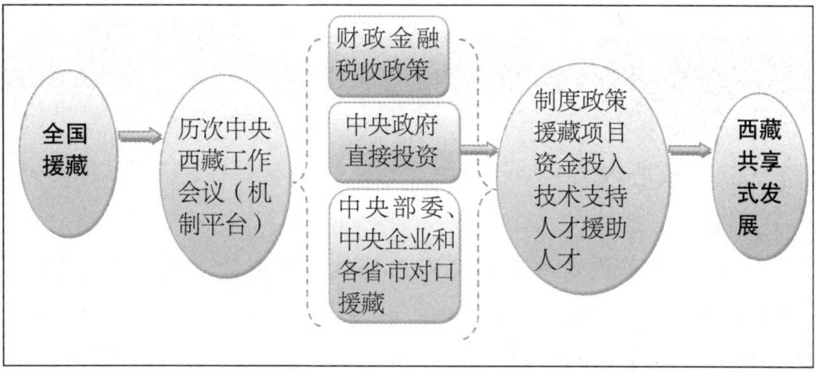

图 4-3　全国援藏对西藏发展的作用机理

“全国援藏”对西藏共享式发展的作用机理是：通过历次中央西藏工作会议的机制平台，实施财政、金融、税收等特殊优惠政策，统筹中央政府的直接投资和中央部委、中央企业和各省市对口援藏，从制度政策、援藏项目、资金投入、技术支持、人才援助等方面对西藏发展给予强大的外驱动力，使西藏得以共享经济发展的成果。

针对西藏经济社会发展的现实，中央政府不仅通过财政、金融、

① 自 1951 年和平解放以来，在中央关心、全国支援下，西藏形成了以中央支持为主、对口支援为重要力量的“全国援藏”的区域发展战略。

税收优惠政策直接减轻其负担，同时给予西藏巨额的财政转移支付，以解决其财政收支入不敷出的问题。与此同时，中央部委、中央企业以及承担对口支援的相关省市，也通过资金扶持、项目建设、人才支援等多种方式加大对西藏的援助力度。这些援助形成的“合力”，推动了西藏经济社会的长足发展，西藏人民的生活水平有了大幅提高。

可以说，西藏经济社会运行的特征带上了深刻的共享型发展方式的烙印，即在国家的强力支持下，西藏及广大藏族群众能够从发展中受益，能够摆脱市场机制自发运行所带来的负面影响，进入到正常的发展轨道。“全国援藏”是共享型发展方式的重要载体，在西藏共享型经济社会发展中的作用是毋庸置疑的。

（二）核心内容

1. 规则共享

西藏的共享式发展离不开规则共享，规则共享的核心是公平。公平意味着对于规则设定的流程以及待执行的流程是：一、透明的，有弹性的、可矫正的；二、有代表性的，不会对任何一方造成歧视或者偏袒；三、严格按照法律、合同条文执行（Luo，2007）。在共享式发展的过程中，强调执行过程中的透明，互动性，每个个体拥有自由的、平等的参与权，信息知情权、分享权，参与竞争的个体对于参与规则能够获得详细的了解，并能和相关方进行持续的互动，参与规则的制定和执行被严格遵守并被大多数人所接受。

2. 机会共享

机会共享是指社会中的每一个个体，不论其家庭出生、社会背景、发展环境如何，都有同等的享受权利的机会、参与的机会和发展的机会。

西藏的机会共享主要表现为社会成员，无论是城镇居民还是农牧民，都能够平等的享受政治参与、资源利用、教育培训、劳动就业等方面的机会。

3. 参与共享

共享的前提是共建，使广大农牧民参与西藏共享式发展的过程，是西藏共享式发展的重要内容和必然要求。参与共享的过程不仅是使农牧民富裕的过程，也是西藏提升自我发展能力的过程。长期以来，鉴于特殊的区情，国家给予了西藏发展大量的支持，但在进一步发展中，西藏要避免过度依赖二次分配手段而忽视自我发展能力提升的情况，要充分调动农牧民自我发展的积极性，提高农牧民在共享式发展中的主动性。

一方面，参与共享的前提是要有参与的机会，因此需要通过经济发展，通过产业结构的优化和调整，为农牧民提供更多的就业岗位；另一方面，在有机会的前提下，要使参与成为可能，还必须提高农牧民参与的素质和能力，破解“有机会无能力”的困境，这需要提升农牧民的人力资本素质、技术水平和经验。

4. 成果共享

成果共享是西藏共享式发展的目标。西藏共享式发展，需要增强成果的广泛共享性和共享的公平性，确保农牧民获得最低限度的福利水平，提高农牧民的生活水平。

坚持成果共享，必须坚持富民兴藏的基本原则。西藏经济发展起步晚、底子薄、积累少、实力弱，总体发展水平、基本公共服务水平、城乡居民收入水平仍然较低，产业支撑能力不足，财政自给能力弱，与全国发展差距大。坚持富民兴藏，需要牢牢把握改善民生、凝聚人心这个出发点和落脚点，在西藏地区继续实施特殊的财政、税收、投资、金融等政策，大力推动西藏地区经济社会发展。要大力推进基本公共服务，突出精准扶贫、精准脱贫，不断增强各族群众的发展参与度和获得感，让各族群众更好地共享改革发展成果。

5. 核心内容间的影响机制

共享式发展的四项核心内容之间不是相互独立的，而是互相影响，相互作用的。

其中规则共享是前提和基础，只有使广大群众特别是农牧民群众拥有公平、共享的制度规则和发展环境，才能使参与共享、机会共享和成果共享成为可能。

机会共享是核心，机会共享通过减少社会排斥和提高社会流动性，为农牧民提供教育、就业以及健康的机会，保障群众的公平参与，进而推动成果共享。

参与共享是动力，只有使广大群众参与到共享式发展战略中，分享发展的过程，才能使共享式发展有可持续的基础和动力，参与共享是西藏增强自身发展能力，推动成果共享的必然要求。

成果共享是目标，宏观层面上，共享式发展是推进经济、政治、文化、社会、生态五位一体全面协调可持续发展；微观层面上，共享式发展的出发点和落脚点是"以人为本"，只有使广大群众分享发展的成果，才能为西藏的繁荣稳定打下坚实的基础。

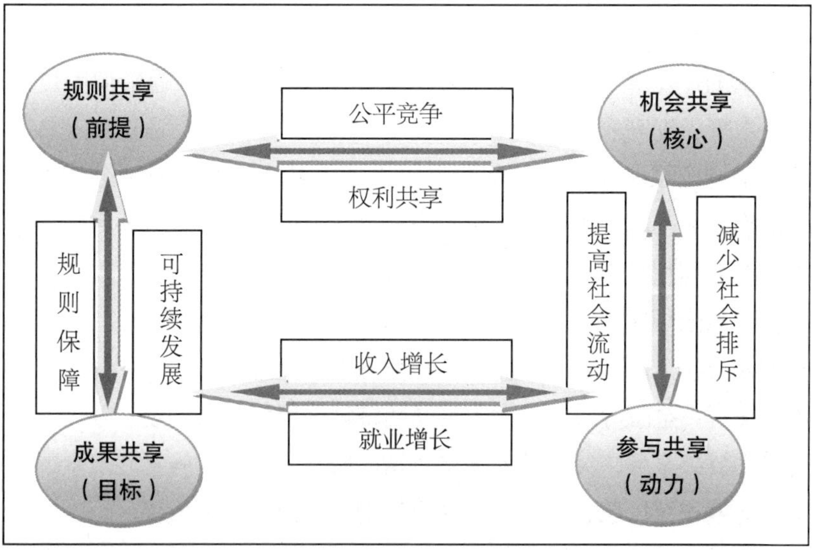

图 4-4　共享式发展各个维度的相互作用方式

（三）必备要素

1. 制度要素

制度要素主要是指影响西藏共享式发展的各种制度安排。新制度经济学认为制度是社会游戏的规则，是人们创造的、用以约束人们相互交流行为的框架，从而减少环境中的不确定性，减少交易成本，保护产权，促进生产性活动。对于制度的重要性，学者有诸多论述，缪尔达尔（1968）认为制度是“贫困陷阱”的一个重要原因。纳克斯（1953）提出“贫困恶性循环理论”，认为制度缺失造成投资的资金供给和产品需求不足而限制了资本的形成，使发展中国家由于资本缺乏而长期陷于贫困之中。Wolf（1955）用“亲情系统型贫困陷阱；”和“邻近效应”说明非正式制度同样具有重复博弈的特征和陷入贫困陷阱的动力。

制度对共享式发展的影响是多方面的，是实现共享式发展的重要因素（Ali，Yao，2004；Rauniyar，Kanbur，2010）。任何个人都是嵌入在特定的制度环境中，其行为必然受到所处制度框架的制约和影响（邻国庆、悦昌红，2010）。有效的制度环境有助于个人获取公平的竞争规则，享受机会的公平，实现平等的参与竞争，并获得更多的成长机会。

有效的制度安排是实现共享发展的关键路径。“共享”的实现不能仅仅依靠思想教育和理论宣传，更需要在具体实践中付诸有效行动。“共享发展”理念的实现，归根到底需要有效的制度安排作为坚实后盾。如何协调多元力量之间的利益关系，消解社会转型带来的消极影响，是推进共享发展过程中需要解决的关键问题。只有以制度的权威引领和推动改革进程，以制度的权威保障和巩固发展成果，才能有力地破除利益藩篱、疏浚矛盾淤积、凝聚改革共识、保障社会和谐。

2. 物质资本要素

物质资本要素不仅包括储蓄、贷款、借债、工资和报酬等金融资本，也包括道路交通、运输工具、住房、饮水与卫生设施、能源、通讯、生产工具、种子、肥料、农药等物质条件。

物质资本不仅是实现经济增长和发展的物质基础与条件，也是其他资本的物质基础。无论是人力资本还是社会资本，都要依靠一定量的物质资本来实现积累。

在推动西藏共享式发展过程中，物质资本要素是共享式发展的核心要素，集中体现在推动经济发展的能力，影响经济发展的水平和质量。对西藏而言，当前技术进步对收入增长的贡献率偏低，物质资本在推动经济社会发展中仍具有不可替代的巨大作用。

3. 人力资本要素

人力资本（Human capital）是指劳动者受到教育、培训、实践经验、迁移、保健等方面的投资而获得的知识和技能的积累。由于这种知识与技能可以为其所有者带来工资等收益，因而形成了一种特定的资本——人力资本。

人力资本要素主要通过影响农牧民的自生能力，进而影响参与共享。能力因素，是弱势群体实现共享性增长的重要因素。对于弱势群体而言，个人能力是关乎生存的最重要的维度，是决定个人共享式增长的关键所在。个人能力的提升，使贫困人群能够更有效的识别机会并整合资源（Bowman，Ambrosini，2003），从而更平等的参与市场竞争，并从经济增长中获益。

因此，推进西藏共享式发展需要特别重视科技教育资源、人力资本的培育，提升农牧民对本地资源进行转化和合理配置的能力，提升农牧民把握发展机会的能力。

4. 资源要素

资源要素包括土地和产出、水和水产资源、树木和林产品、生物多样性和环境服务等。

西藏资源丰富，蕴藏着巨大的经济潜力，为共享式发展提供了资源基础。随着国家战略开发重点的西移，西藏潜在的资源优势将逐渐变为现实的经济优势，造福于西藏人民，对促进西藏乃至全国的发展，对实现各民族共同繁荣、共同发展，将发挥重要的作用。

（四）促进机制

1. 投入机制

投入机制主要是各种要素资源的投入比例和结构，要素的投入机制是共享式发展的重要推动力。只有相应的资金、劳动力、资源的投入，才能推动经济的发展，创造就业的岗位，实现农牧民的参与和发展成果的共享。

2. 分配机制

分配机制主要指各种资源要素在不同区域、不同群体、不同行业之间的配置。分配机制不仅是影响机会共享的重要因素，而且是推进机会共享的主要手段。通过资源合理的分配与再分配，使不同区域、不同群体、不同行业的农牧民能够共享发展的机会。

3. 动力机制

动力机制为西藏共享式发展提供动力源泉。动力机制的核心在于提高共享式发展中参与主体的积极性和主动性。

对政府而言，就是为民众提供公平的竞争环境和安全的制度结构。对企业而言，主要是通过市场培育和产业发展为个人提供更多的就业机会。对个人而言，是通过自身能力素质的提高，积极参与共享式发展。

4. 保障机制

要让共享式发展从理念变成现实，就必须构建一整套有利于实现共享式发展的制度与政策体系。通过制度建设和政策设计，保障民众能够公平的享受权利，公平的获得就业的机会，公平的参与竞争，同时通过保障机制的建设，给予民众特别是弱势群体以安全防护。

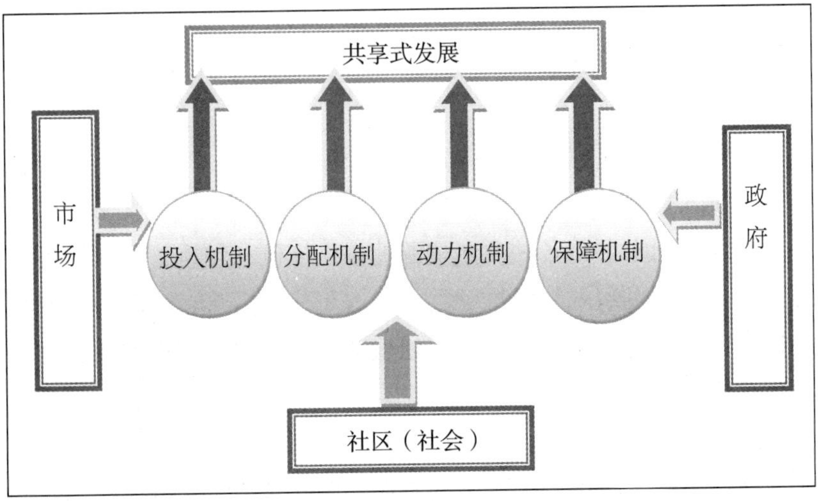

图 4-5　西藏共享式增长的实现机制

在推进投入机制、分配机制、动力机制和保障机制运行过程中，市场、政府和社会都需要发挥各自不同的功能。

其中，政府应发挥关键作用，因为健全的、科学的、有效的共享式发展政策体系，是推进共享式发展的基础和保障。政策的目标在于，通过公平的政策设计，推动形成人人参与、人人受益的氛围，实现规则共享、机会共享、参与共享和成果共享。为此，政府需要从以下三方面着力：

（1）加大对教育、医疗等方面的投入，提升社会成员的人力资本素质和能力，以增加他们获得参与机会的能力。

（2）健全和完善制度设计，提高规则的公平性，保障社会成员的公平竞争，消除由于机会不公而带来的成果不公。

（3）建立健全社会保障体系，加大社会保障的投入力度，为社会成员特别是弱势群体构建起基本生存网，加强社会保险、社会救助、社会福利的衔接和协调，健全社会救助体系，发展社会福利事业和慈善事业[①]。

三、西藏共享式发展的作用机理

西藏共享式发展是各共享内容、匹配要素、实现机制相互作用，相互影响的过程。其中规则共享、机会共享、参与共享和成果共享是共享式发展的核心内容，四方面既相互独立地发挥作用，又相互影响、相互作用，其协调性越高，越能更好地促进西藏共享式发展。

同时，要推动规则共享、机会共享、参与共享和成果共享的更好实现，还需要一定的匹配要素，包括必要的物质资本要素、人力资本要素、制度要素和资源要素。而且这些匹配要素之间也是相互作用、互相影响的。其中，资源要素是前提，物质资本要素是基础，人力资本要素是动力，制度要素是保障。

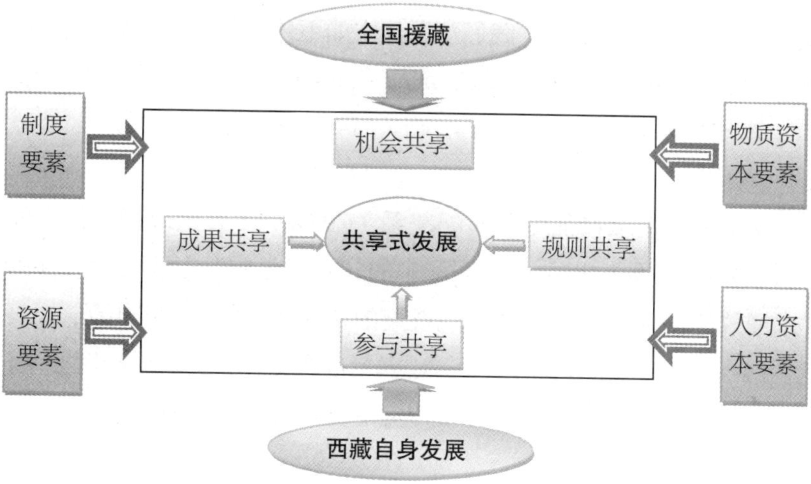

图 4-6　西藏共享式发展的作用机理

① 杜志雄、肖卫东、詹琳：包容性增长理论的脉络、要义与政策内涵[J]，《中国农村经济》，2010（11）。

推进西藏共享式发展，关键在于整合制度要素、物质资本要素、人力资本要素和资源要素等要素条件，推动规则共享、机会共享、参与共享、成果共享协同发挥作用，这就要求我们充分认识“木桶原理”，避免“短板限制”。

“木桶原理”即指，一只木桶能盛多少水并不取决于桶壁上最长的那块木板，而恰恰取决于最短的那块，比最低的木板高出的部分是没有意义的，高出越多，浪费越大，要想提高木桶的容量，就应该设法加高最短的那块木板的高度，这是最有效也是唯一的途径。在推进西藏共享式发展过程中，规则共享、机会共享、参与共享、成果共享如同木桶的木板，共享式发展的程度如同木桶的容量，而木桶的容量——共享式发展的程度，取决于木桶中最短的木板——共享式发展的核心内容。即只有规则共享、机会共享、参与共享、成果共享作用一致，才能使共享式发展的程度取得最大，从而避免“短板限制”。

分析上述配置机理，我们可以建立如下体现其机理的数学模型：

$\delta(y)=Min\{\delta(x_1), \delta(x_2), \delta(x_3), \delta(x_4)$（4−1）

$\delta(y)=Min\{\delta(\mu_1), \delta(\mu_2), \delta(\mu_3), \delta(\mu_4)$（i=1，2，3，4）（4−2）

其中：

δ（·）表示特征（即匹配关系）；$Min\{\cdot\}$ 表示取最小值，即西藏共享式发展过程中内容匹配中的“木桶效应”以及实现条件的“木桶效应”；y 表示西藏共享式发展的实现，x_1 表示规则共享，x_2 表示机会共享，x_3 表示参与共享，x_4 表示成果共享，μ_1 表示制度要素，μ_2 表示物质资本要素，μ_3 表示人力资本要素，μ_4 表示资源要素。

第五章　规则共享与拉萨的实证分析

根据党的十八届五中全会精神，坚持共享发展，关键是作出更有效的制度安排，加紧建设对保障社会公平正义具有重大作用的制度。要让发展成果更多更公平地惠及全体人民，归根到底要通过制度来落实，有了公平正义的制度，共享发展才有坚实的根基。本章着眼规则共享这一核心内容，在对规则共享进行一般理论分析的基础上，就拉萨推进规则共享的实践进行实证分析。

一、规则共享的一般理论分析

汉语大辞典对“规则”的解释是：(1)规定出来供大家共同遵守的制度或章程。(2)行为模式、准则。调整社会关系，具体规定权利和义务以及具体后果的准则，或者说是对一个事实状态赋予一种确定的具体后果的各种指示和规定。

从实践来看，规则是一个很大的概念，包括了所有的法律、政策、制度、规定等。一般而言，规则是经过慎重考虑，经过一定的程序产生的，用于规范人们的行为。

（一）规则共享的维度及内容

规则共享的核心是规则公平，规则公平是社会运行的基本法则，它的着眼点是制度公平。任何社会主体，在法律和规则面前一律平等，任何组织、任何个人都应按同一尺度、同种规则，进行同等对待，而超越了规则，就形成了“潜规则”和“特权”，会严重破坏公平。

具体而言，规则公平包括两方面维度要求，一是内容上的要求，二是形式上的要求。

表 5-1　规则共享的维度要求

	维度	构成内容
规则共享	内容上的要求	适用对象是无差别的
		权利义务是无差别的
		保护及惩罚是无差别的
	形式上要求	规则的建构程序是公平的
		规则的适用是公开且平等的
		规则公平体现了时间维度的要求

1. 规则共享内容上的要求

（1）规则适用的对象是无差别的。其基本要义包括在于规则对于所有社会活动主体都具有适用性和内在一致性，不存在超越规则的个体，在规则下人人平等。

（2）规则设定的权利和义务是无差别的。其基本要义包括社会中的每个成员，都平等地享受规则所赋予的权利，同时平等地承担规则所要求履行的义务。

（3）规则对权利及义务的保护和惩罚是无差别的。其基本要义在于，对于社会成员而言，在规则范围内活动，每个人均受到相同程度的保护，但当超越规则或不履行义务时，受到的惩罚和代价也是一样的，不存在对权利及义务的保护和惩罚的差异性。

2. 规则共享形式上的要求

（1）规则建构的程序是公平的。构建的程序公平要求在规则的构建过程中，每个人都有充分表达意见和机会的渠道，社会成员参与表决的权利是平等的。

（2）规则是公开而准确的。首先，对个体而言可以利用公开而准确的规则信息，合理选择适合自己的行动方案。其次，由于规则是公开和准确的，社会成员可以预期自己的行为结果，并知晓自己的行为代价。最后，在公开而准确的规则下，有利于公众对个体的社会活动进行监督。

（3）规则共享体现了时间维度的要求。规则公平不仅要求体现在同一时间维度上的公平，而且需要体现历史性，即不仅要对当代人体现公平性，也要对子孙后代体现公平性。

（二）规则共享的层次

保证规则及制度的公平是共享式发展的制度基础，而竞争过程中对相关规则和制度的有效执行是共享式发展的体现和保障，亦是实现共享式发展的重要因素（Ali，Yao，2004；Rauniyar，Kanbur，2010）。任何个人都是嵌入在特定的制度和规则环境中，其行为必然受到所处制度框架的制约和影响（邻国庆、悦昌红，2010）。有效的制度环境有助于个人更为平等地参与竞争，并获得更多的成长机会。

从实践活动看，规则共享主要体现在三个层次：一是行业之间的规则共享，二是群体之间的规则共享，三是个体之间的规则共享。

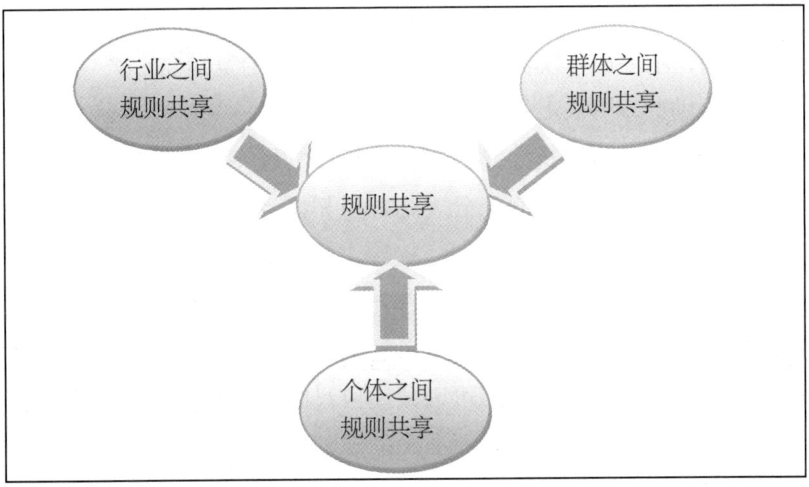

图 5-1　规则共享的三个层次

1. 行业之间的规则公平和共享

主要表现为不同行业、不同企业之间享有相同的竞争规则，拥有平等的竞争机会，享有同等的公共服务。消除由于社会结构、体制、机制引发的社会资源占有的不公平，地方保护政策的阻碍，等等。

在我国，行业间规则公平和共享的障碍，主要表现为公有制经济和非公有制经济间的公平问题。由于计划体制和传统观念的影响，非公有制经济的发展还面临着一些困难和问题，主要是还没有完全获得一个与国有经济平等竞争、一视同仁的法治环境、政策环境和市场环境，非公有制经济尤其是私营经济在实际的市场竞争中处于不公平的地位。

具体体现在：一是垄断行业和受地方政府保护的企业在社会资源的占有上拥有绝对的优势，以非市场定价的方式获得了巨额的垄断利润；二是市场经济条件下行政权力对经营活动的干预；三是小企业、个体经营生存困难，难以获得政府的实际支持等。

实现规则公平的路径在于：充分扩大规则制定的主体范围，广泛接受社会成员的意见，同时畅通表达的机制和渠道，积极回应不同主体的利益需求，使规则在权利设定方面实现公平。同时集中在继续推进市场化改革，发挥市场机制在资源配置中的决定性作用，打破行政垄断，减少政府控制的公共资源，铲除腐败滋生的土壤。

2. 群体之间规则公平和共享

中共十六届三中全会的重大理论突破之一，就是第一次明确提出要建立有利于逐步改变城乡二元结构的体制。可以认为，城乡二元体制改革从此被正式提上了议事日程。这是关系到贯彻科学发展观、完善社会主义市场经济体制、协调社会发展、促进社会进步、让广大农民共享发展与改革成果的重大举措，具有深远的历史意义。[①]

当前，群体之间的规则公平和共享主要是城乡居民之间，特别是农民、农民工是否有与城市人口同等的社会保障、是否会受到区别性的对待。当下比较突出的就是对农民和农民工群体的歧视，主要表现在由户籍制度引发的工作提供、社会保障和农民工子女的受教育等方面。

因此，推进群体机会公平，需要重视社会保障制度的完善对促进地区发展的作用，加大农村教育事业的投入，制定向农民工子女倾斜的政策以确保他们的受教育机会得到充分保证。

3. 个人之间规则公平和共享

主要是个人能否享受平等的受教育权利、就业权利和医疗权利，意味着让每个人不因地位、身份、财产的不同而有不公正的际遇，每个社会成员都享受法律所规定的同等的义务和权利。

对个人而言，规则共享的直接体现就是权利公平。所谓“权利公平”就是指基本权利不能因为出身、职业、财富等不同而区别对

① 厉以宁：论城乡二元体制改革，《北京大学学报》（哲学社会科学版），2008（2）。

待，不管居住在城市还是农村，不论从事的是什么职业，在政治、经济、文化各个领域享受的权利应该是平等的。

就其内容来说，权利公平要求废除基于出身、背景、职业、财产、民族、身份等的附加条件的现实，社会对所有成员提供“一视同仁”的发展机会，使所有成员有平等的机会，在平等的起点上融入社会。

就其实现过程来说，一方面要通过法律和制度来保障和维护所有公民的权利，给予所有公民无差别的救济与保障；另一方面，促进司法公开、公平、公正，充分保障每个成员的选择权、参与权和监督的权利。

表 5-2　不同层面规则共享的内容及维度

	主体	内容及维度
行业之间规则公平和共享	垄断行业、非垄断行业之间 民营企业与国有企业之间 大中型企业和小微型企业之间	竞争规则公平 竞争机会平等 公共服务共享
群体之间规则公平和共享	城市居民与农村居民之间 农民工群体与城市居民之间城乡贫困人口、失业和下岗工人与其他居民之间	政治参与 就业和提升 子女教育 社会保障
个体之间规则公平和共享	各地区人口	发展权利 医疗权利 教育权利 就业权利

（三）规则共享的推进机制

推进规则共享就是要通过打破垄断、放松管制、减轻税负和重视教育等措施减少社会排斥，增强各类经济主体自生能力。需要在推进规则共享过程中发挥国家层面（制度和政策）、区域层面（资源和经济结构）和个人层面（自生能力）的作用。

通过加大投入、政策促进以及民主法治，不断完善公共服务、建立健全体制机制、完善法治保障，促进社会成员共享改革发展的成果。

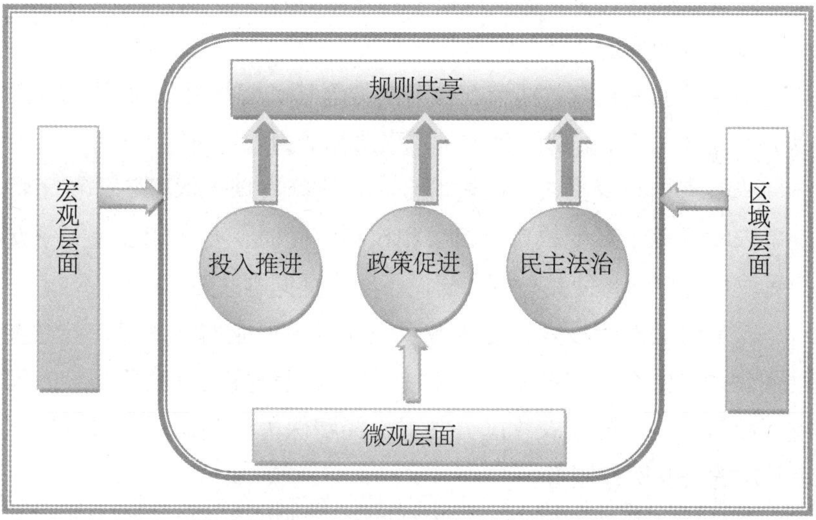

图 5-2　规则共享的推进机制

应当从宏观层面（制度和政策）、区域层面（资源和经济结构）和个人层面（自生能力）分层次解决制度缺陷与各种社会问题。

（1）在宏观层面，应该改革和完善排他性、冲突性与歧视性的相关制度（户籍、医疗和教育），提高经济包容、社会包容、政治包容、文化包容和环境包容的程度。

（2）在地区层面，则应扩大资源开发力度、提高资源使用效率、增强对外来资源的吸引力和加快经济结构调整，实现结构优化将是贫困治理的主要战略选择。

（3）在微观层面，要注重个人自生能力的增强和统筹城乡发展的效果，个体能力决定了城乡居民等经济主体自发性和自适性改善贫困的动力，“造血”比“输血”更为有效。共享式发展只有从上述三个层面依靠经济增长、社会包容和自生能力才能有效解决制度性贫困问题。

2. 推进机制

为推进规则共享，需要从以下几方面努力：

（1）投入推进

主要是加大教育、医疗、社会保障等基本公共服务的投入力度，以提供民众尤其是弱势群体的基本素质和能力。

一是增加教育投入，推进城乡教育均衡发展，保障每个孩子特别是农牧区孩子享受教育的机会和权利。同时，要保障农民工子女接受教育的权利，使其与城市居民子女享受同等政策。

二是增加医疗投入，促进城乡医疗卫生事业均衡发展，针对农牧区公共卫生医疗体系薄弱的现状，财政医疗投入资金要适度向农牧区倾斜，建立健全农牧区公共卫生经费保障机制，保障农牧民享有基本的公共医疗服务。

三是增加基础设施投入，统筹城乡基础设施建设。将农牧区基础设施建设纳入城市长远发展规划，加大农牧区道路、水利、通信等基础设施投入，改变农牧民生产生活条件。

（2）政策促进

政策促进旨在通过制度完善和政策设计，消除不同群体、不同行业、不同地域的差别性制度和政策，消除歧视，营造公平的竞争环境和发展环境。

由于历史的原因，长期以来分割的城乡二元结构不利于城乡要素的平等交换，城乡居民在教育、医疗、社会保障等公共服务上存在着巨大差距，不利于推进共享式发展。针对这种情况，要推动制度完善和政策设计，打破分割的城乡二元结构，改革户籍制度，统筹城乡教育、医疗、养老等公共服务，促进城乡要素特别是劳动力要素合理流动，使城乡居民共享改革发展的成果。

（3）民主法治

国民经济的运行必将在有法可依、违法必究的大前提下前进[①]。民主法治建设是一个国家、一个地区经济社会发展的基础性工程和重要的保障。同时，也是一个国家和地区综合环境、综合形势的缩影。加强民主法治建设，不仅对一个国家、一个地区经济社会各项事业的发展具有重要的支撑作用，而且对于推进共享式发展具有重要意义。

在推进共享式发展过程中，必须以民主法治保障公民权利常态化。人生而平等，享有不可剥夺的公民基本权利，需要革除民众尤其是贫困人口和弱势群体的权利贫困和所面临的社会排斥[②]。当然，公民权利的实现不是一蹴而就的，而是有一个历史的发展过程。应当切实推进民主和法治建设，拓宽公民参与国家政治、经济、社会等各项活动的渠道，健全民众利益表达机制，增强民众保护自身权益的权利和能力，保障公民权利的真实性、有效性、公平性和常态化。只有这样，才能为机会均等和公平创造不可或缺的前提条件。

二、拉萨推进规则共享的实证分析

（一）加大财政投入，确保权利共享

人人共享公平优质的教育、人人共享公平的医疗服务、人人共享平等就业创业的权利，是群众最关心、最直接、最现实的利益问题，也是保障群众权利公平和共享的重要内容。近年来，拉萨市通过加大财政投入力度，不断改善社会成员特别是农牧民群众的教育、

① 厉以宁：依法治国和深化经济改革，《经济研究》，2015（1）。

② 杜志雄、肖卫东等：包容性增长理论的脉络、要义与政策内涵，《中国农村经济》，2010（11）。

就医和就业条件，保证所有成员在平等的起点上融入社会。

1. 加大教育支出，保障教育权利共享

为推进教育事业发展，保障农牧民和城镇居民受教育的权利，近年来，拉萨市不断加大教育的投入比重。2001 年拉萨市教育支出为 1.56 亿元，2014 年全市教育支出为 24.11 亿元，比 2001 年教育支出高出 22.55 亿元。

表 5-3　拉萨市历年财政总支出中教育支出情况

	地方财政支出（万元）	教育支出（万元）
2001	78876	15627
2002	94714	22014
2003	100435	22269
2004	114768	27439
2005	142669	30650
2006	156896	33753
2007	246227	55041
2008	330167	67140
2009	377316	74753
2010	513496	89481
2011	756271	128537
2012	1069009	152904
2013	1319166	180189
2014	1694872	241162

资料来源：《拉萨市统计年鉴》，2015 年

从教育支出增长的变化趋势看，除了 2003 年教育支出较之上

年仅增长 1.16% 外，其余年份教育支出的增长率都在 10% 以上。教育支出增长率最高的是 2007 年，达到了 63.07%；其次是 2011 年，增长率为 43.65%。2014 年拉萨市教育支出比 2013 年增加 33.84%，说明拉萨市教育投入增速较快，为保障城镇居民和农牧民的教育共享创造了条件。

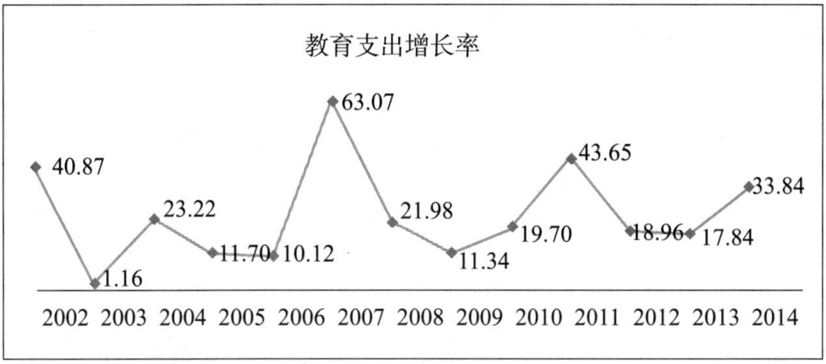

图 5-3　拉萨市教育支出增长率

2. 加大社会保障和就业支出，保障就业及基本生存权利共享

社会保障与就业投入的增加，为保障农牧民、城镇居民就业以及弱势群体的基本生存权利提供了基础。2001 年拉萨市社会保障与就业支出为 0.37 亿元，占当年财政支出比重的 4.68%。2014 年社会保障与就业支出达 8.38 亿元，占当年财政总支出的 4.94%，支出总额比 2001 年高出 8.01 亿元。

从社会保障和就业支出绝对额的变化看，2001 年至 2006 年的支出绝对数变动范围为 3695 万元到 9613 万元，占地方财政支出的比重维持在 4.65% 到 6.39% 之间。2007 年以后社会保障与就业支出绝对额有了大幅增加，2007 年突破 1 亿元，达到 1.63 亿元，2008 年、2011 年、2012 年连续突破 2 亿元、3 亿元和 4 亿元大关，2013 年和 2014 年社会保障与就业支出分别达 6.37 亿元和 8.38 亿元。拉萨市社会保障和就业的投入力度不断加大，为保障农牧民、城镇居民就业以及弱势群体的基本生存权利提供了重要支撑。

表 5-4 拉萨市历年财政总支出中社会保障与就业支出情况

	地方财政支出（万元）	社会保障与就业支出（万元）
2001	78876	3695
2002	94714	6051
2003	100435	5627
2004	114768	6709
2005	142669	6631
2006	156896	9613
2007	246227	16300
2008	330167	25446
2009	377316	21205
2010	513496	17494
2011	756271	38871
2012	1069009	40056
2013	1319166	63780
2014	1694872	83804

资料来源：《拉萨市统计年鉴》，2015 年

从拉萨市社会保障和就业支出的增长率看，呈现出较大的波动。其中 2003 年、2005 年、2009 年、2010 年的增长率为负数，分别为 -7.01%、-1.16%、-16.67% 和 -17.5%。社会保障和就业支出增长幅度最大的是 2011 年，达到 122.2%，支出总额为 3.89 亿元，比 2010 年高出 2.14 亿元。2013 年和 2014 年社会保障与就业支出

在 2012 年的基础上均有大幅增加，其中 2013 年增幅为 59.23%，2014 年增幅为 31.40%。

3. 加大卫生事业支出，保障医疗权利共享

卫生投入的增长，为完善医疗基础设施、保障农牧民以及城镇居民医疗权利奠定了基础。2001 年拉萨市医疗卫生支出为 0.63 亿元，2014 年医疗卫生支出为 4.69 亿元。从绝对额看，2014 年医疗卫生支出是 2001 年的 7.49 倍，比 2001 年多出 4.07 亿元。

表 5-5 拉萨市历年财政总支出中医疗卫生支出情况

	地方财政支出（万元）	医疗卫生支出（万元）
2001	78876	6257
2002	94714	6159
2003	100435	5799
2004	114768	6669
2005	142669	7686
2006	156896	8893
2007	246227	14877
2008	330167	13988
2009	377316	17487
2010	513496	22047
2011	756271	25738
2012	1069009	38485
2013	1319166	39513
2014	1694872	46914

资料来源：《拉萨市统计年鉴》，2015 年

从医疗卫生支出增长率看，呈现出较大的波动，波幅从 -5.98% 到 67.29%。其中增长率最高的是 2007 年，达 67.29%，增长率最低的是 2008 年，为 -5.98%。此外，2002 年和 2003 年的支出增长率也呈现出负数，分别为 -1.57% 和 -5.85%。尽管个别年份医疗卫生支出增长率出现了负增长，但是总体而言，拉萨市医疗卫生支出的绝对额是不断增加的，为保障群众的医疗权利提供了基础。

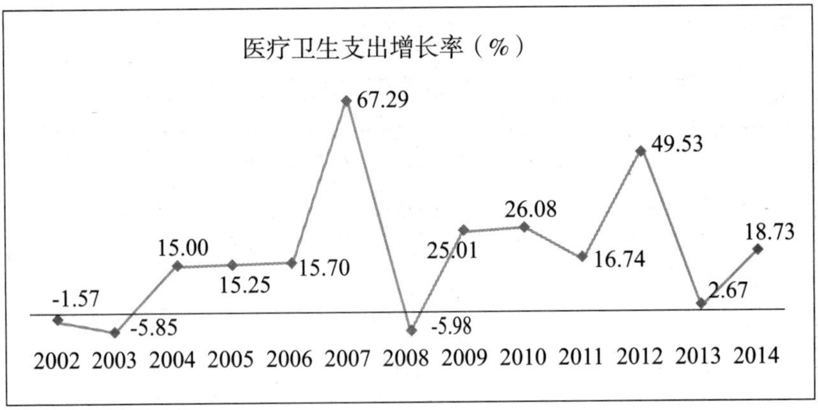

图 5-5　拉萨市医疗卫生支出增长率

（二）完善制度政策，确保公平共享

1. 完善行业规则，推进国有企业和非公有制经济公平共享

国有企业、民营企业在经济发展转变过程中，有广阔的合作前景。国退民进，国进民退都不是真正的目标。目标应该是国有企业和民营企业都要发展，不管是国有的，还是民营的，都是中国的企业，都是民族品牌。所以二者应该是共利、双赢的[①]。

（1）为促进非公有制经济发展营造良好环境

为营造非公有制经济发展的良好环境，进一步推进非公有制经

① 厉以宁：国企在经济结构调整中应站得更高，《企业观察家》，2011（3）。

济发展，拉萨市先后出台了《关于加强推进非公有制经济长足发展的意见》和《关于加强和改进新时期工商联工作的实施意见》，用足用活中央和自治区关于发展非公有制经济各项优惠政策，制定出了一系列比内地放得更宽、突破性更强、含金量更高的政策措施，切实做到了“零注册、轻税赋、强支撑、少检查、重激励”，用以支持推动拉萨市非公有制经济大发展[①]。

在市场准入方面，坚持“非禁即许”的原则，除国家明令禁止领域外一律向民营资本开放。同时加大资金的扶持力度，设立每年500万的非公有制经济发展专项资金，为支持高校毕业生创业，设立每年200万的高校毕业生创业基金。

此外，为推进非公有制经济发展，拉萨市政府制定出台了一系列税收优惠政策，比如将个体工商户增值税、营业税起征点由原来的月销售额5000元调整为20000元；将增值税一般纳税人的认定标准由目前的年销售额50万元、80万元提高到120万元；拉萨市共有19582家个体工商户享受免税优惠政策，免税率达85%，年免税总额达5429万元[②]。

一系列政策举措的出台，确保了非公有制经济政治上有地位、发展上有支持、体制机制上有保障、工作上有手段，开创了拉萨市非公有制经济蓬勃发展的新局面，呈现出总量扩大、速度加快、结构优化、贡献提升的发展态势。

（2）推进国有企业改革

国有企业只有在制度创新方面做出优异的成绩，才能够在国民经济发展中发挥更大的作用。国有企业应通过结构调整、重组做大做强，由此才能在国民经济中发挥更大作用。而调整的重点应在发展新兴战略产业、人才战略及制度创新上，使国企的优势进一步巩

① 拉萨非公有制经济健康快速发展，《拉萨晚报》，2012-06-19。
② 拉萨非公有制经济健康快速发展，《拉萨晚报》，2012-06-19。

固和加强[①]。

为推进国有企业改革发展，拉萨市研究制定全面深化国有企业改革的实施意见，完善分类管理考核国有企业的实施细则，制定《关于进一步巩固和加强国有企业发展的意见》等5个规范性文件，组建拉萨公共交通集团、净土产业投资开发有限公司等7家国有企业集团，正在拟组建水务集团、商贸集团2家国有企业集团，有效覆盖投融资、基础设施、旅游文化等关系国计民生的重要领域。截止目前，全市国有企业资产总额达293.4亿元，是2010年的28.6倍；国有净资产总额达188.9亿元，是2010年的37倍；全市市属国有企业达20家，其中资产总额超50亿元的有2家，超10亿元的有6家。

2. 破除城乡二元体制，推进城乡之间规则公平与共享

从"以人为本"的角度来看，社会主义革命和建设的目的都是为了让人民过上幸福的生活，而人民生活的幸福体现在人民生活质量的不断提高，体现在人的全面发展，体现在社会的物质文明、政治文明、精神文明和生态文明的发展和协调。只有改革城乡二元体制，才能真正使农民走向共同富裕[②]。

为推进城乡之间规则公平与共享，拉萨市通过推进户籍制度、社会管理体制和相关制度改革，有序推进农业转移人口市民化，逐步实现城镇基本公共服务覆盖常住人口，为人们自由迁徙、安居乐业创造公平的制度环境。

（1）完善户籍制度

为进一步实现城乡共享，拉萨市出台了《关于深入推进拉萨市户籍管理工作的意见》，以降低门槛、放宽条件为出发点，适度放宽拉萨市落户政策。居住一年以上、本人不愿意落户拉萨市的各地市

① 厉以宁：国企在经济结构调整中应站得更高，《企业观察家》，2011（3）。
② 厉以宁：城乡二元体制改革关键何在，《经济研究导刊》，2008（4）。

离退休人员，予以办理居住证，并逐步享受与拉萨市常住人口在医疗、保险、就业、教育等方面的同等待遇。

新户籍管理意见将重点解决人户分离。将以充分保障流动人口合法权益，服务拉萨经济社会长足发展为出发点；提升流动人口服务管理水平为工作目标，创新传统暂住证管理模式，打破常住人口与流动人口在公共服务和社会保障等方面存在的壁垒，推行基于住房、就业为基本条件的居住证服务管理模式。

新户籍管理意见放宽了入户条件，规定区内外大专以上学历毕业生，在拉萨市就业且居住一年以上的，凭拉萨市人力资源保障部门与用人单位签订的劳动合同、用人单位证明、本人申请、毕业证、原户籍地户籍证明，可在单位集体户或直系亲属名下落户。关于经济社会发展所需引进的专业人才、专业技能人员或者其他紧缺人才，提供相应的学历证书、资格证书或技术证明以及劳动合同等证明，本人及其共同居住生活的配偶、未婚未成年子女也可登记为拉萨市常住户口。

另外，凡在拉萨市投资、兴办实业，符合投资额度规定的，经有关部门验资核实，本人及其配偶、未婚未成年子女可申请登记为拉萨市常住户口。

（2）完善城乡义务教育制度

为推进拉萨市义务教育均衡发展，拉萨市制定了《拉萨市深入推进县域义务教育均衡发展的实施方案》，该方案旨在以推进拉萨市义务教育均衡发展为目标，进一步完善义务教育经费保障机制，调整优化学校布局，合理分配教育资源，改善农牧区学校和乡（镇）薄弱学校办学条件，努力缩小城乡、区域、学校之间的教育差距，逐步实现拉萨市义务教育均衡发展，促进教育公平，全面提高义务教育质量。

为配合推进《拉萨市深入推进县域义务教育均衡发展的实施方案》，拉萨市同时制定了《拉萨市义务教育学校办学基本标准评估主要指标体系》和《拉萨市县域义务教育均衡发展督导评估标准》。

为推进教育机会的均衡，拉萨市明确了保障进城务工人员随迁子女平等接受义务教育，重视发展义务教育阶段特殊教育，落实好城市低保家庭和农村贫困家庭学生的补助政策，积极推进随班就读和设置特殊教育班，确保三类残疾儿童少年入学率不低于 60%，并逐年提高。

为推进师资力量的均衡。拉萨市要求城乡之间、校际之间优秀校长、教师定期交流。重视和加强农牧区基层学校教师职称（职务）评聘工作，在教师职称评聘、职务晋升时，优先考虑有农牧区学校任教经历的教师；特殊教育学校教师津贴补贴政策得到充分落实。

在经费投入上，拉萨市明确了以县为主的义务教育经费保障制度，教育经费投入做到“三个增长”，严格执行不低于地方财政一般预算收入的 20% 用于发展教育事业的规定，并做到逐年增长。“三包”经费和助学金按规定足额用于学生，农村税费改革转移支付资金主要用于农村义务教育薄弱学校，足额按“三税”征收地方教育附加并全额用于教育事业发展，足额从土地出让收益中计提教育资金并全额用于教育事业发展。

（3）完善农村宅基地确权登记制度

土地确权是当前中国新一轮农村改革的开始，只有农田承包户都经过土地确权，才能成为真正的市场主体，中国才能成为一个富裕的、强盛的社会主义市场经济国家①。

针对拉萨市农村宅基地管理基础还比较薄弱的现象，为进一步完善农村宅基地确权登记制度，保障农牧民合法权益，2011 年拉萨市制定了《拉萨市农村宅基地确权登记发证工作的实施办法（暂行）》。旨在通过开展农村宅基地确权登记发证工作，全面查清每户

① 厉以宁：中国经济双重转型之路，中国人民大学出版社，2013 年。

宅基地的来源、位置、界线、面积和建设状况，依法妥善处理存在的各类问题，完善各项管理制度，将农牧民对宅基地的取得、占有、使用等行为全部纳入法制轨道，为依法规范农村土地管理、有效预防和及时妥善处理各类矛盾打下坚实的基础，为推进社会主义新农村建设、维护广大农牧民合法权益、促进社会和谐稳定和经济发展方式转变提供重要保障。

按照“依法依规、群众拥护、公正公开、先易后难、确保稳定”五个原则，拉萨市以曲水县农村改革试验区为突破口，积极稳妥推进农村土地承包经营权确权登记颁证试点工作和农村宅基地制度改革试点工作，探索开展农村土地流转、农村土地抵押贷款，促进农牧业适度规模发展。截止到 2015 年 10 月，全市共完成 10012 户、15.55 万亩农村土地承包经营权确权颁证试点工作，颁发农村宅基地使用权证书 14441 本。

其中，曲水县共完成五乡一镇 7201 户、86314.05 亩耕地的确权登记和建档工作。

表 5-6　曲水县耕地确权颁证基本情况

	聂当乡	南木乡	才纳乡	达嘎乡	茶巴拉乡	曲水镇
户数（户）	1253	624	1058	1856	921	1489
面积（亩）	9336.46	7858.38	16077.26	21093.14	14787.41	17161.4

注：统计时间为截至 2015 年 10 月

土地确权工作，对于稳定农牧区现有土地承包关系，保护农牧民的土地权益，促进农牧区土地流转，推进农牧区产权制度改革都具有重大意义。曲水县全县土地流转面积达 16899.5 亩，土地规模经营面积达 20000 亩。截至目前，曲水县共发放农村土地抵押贷款 148.5 万元（28 户）。

（4）完善城乡一体化的社会保障制度

近年来，为完善城乡一体化的社会保障制度，拉萨市建立健全了以“社会保险、社会救助、社会福利为基础，以基本养老、基本医疗、最低生活保障制度为重点，以慈善事业、商业保险为补充”的覆盖拉萨市城乡居民的社会保障体系[①]，促进了城镇居民和农牧民基本社会保障服务的均等化。

一方面着力加强农牧区低保工作，实现低保户应保尽保。根据不同的标准将保障对象划分为三类进行救助：一是重点保障对象；二是特殊保障对象；三是一般保障对象。规范资金发放流程，建立统一的低保金发放台账。

表 5-7　2014 年拉萨市农村低保情况

行政单位	农村居民最低生活保障家庭（户）	农村居民最低生活保障人数（人）
拉萨市	7400	25988
城关区	298	903
堆龙德庆县	813	2938
曲水县	862	2503
尼木县	933	3361
当雄县	1447	4776
墨竹工卡县	1075	4383
林周县	1204	4519
达孜县	768	2605

资料来源：《拉萨市统计年鉴》，2015 年

① 鹿丽娟：覆盖城乡居民社会保障体系逐步健全，《西藏日报》（汉），2013-01-02。

2014 年拉萨市农村居民最低生活保障家庭有 7400 户，最低生活保障人数为 25988 人。其中当雄县的农村最低生活保障家庭数最多，为 1447 户，最低生活保障人数为 4776 人，城关区农村最低生活保障家庭数最少，为 298 户，最低生活保障人数为 903 人。这在一定程度上说明当雄县经济发展水平相对较低，城关区经济发展水平相对较高。

表 5-8　拉萨市 2014 年农村五保情况

行政单位	农村五保供养人数	集中供养	老年人	未成年人
拉萨市	1260	971	1258	2
城关区	46	39	46	/
堆龙德庆县	175	129	175	/
曲水县	213	195	213	/
尼木县	154	87	154	/
当雄县	96	49	94	2
墨竹工卡县	286	271	286	/
林周县	156	91	156	/
达孜县	134	110	134	/

资料来源 :《拉萨市统计年鉴》，2015 年

另一方面，拉萨市着力做好五保供养工作，将全市符合条件的 1260 人纳入五保供养范围，每人每年的供养标准为 5370 元，实现农牧区五保老人意愿集中供养率 100%。

为确保优抚对象的基本生活保障，拉萨市先后多次提高抚恤金标准，实现抚恤金按时足额发放，同时切实解决优抚对象在医疗、就业、住房等方面的问题，使其共享发展成果。

（三）加强民主法治，健全法治基础

1. 抓准工作的着眼点和着力点，创新突破民族团结进步的综合型立法

2012年3月，拉萨市率先在首府城市中制定出台《拉萨市民族团结进步条例》，明确了各民族的基本权利和基本义务，并就各级人民政府服务管理的基本权责做了明确规定，同时也明确了《违反拉萨市民族团结进步条例》的相关法律责任。

《拉萨市民族团结进步条例》是一部创新突破民族团结进步的综合型立法，该《条例》立足西藏区情及拉萨市情，着力解决在拉萨民族团结进步事业的实践中面临的问题，实现了从民族政策向制度安排和依法治理的转变，保障各民族共享发展权利的行使。

2. 围绕生态环境保护，强化法制保障的力度

拉萨市相继出台颁布了《拉萨市拉鲁湿地自然保护区管理办法》《拉萨市市容市貌管理条例》《拉萨市水资源管理条例》等地方性法规，充分体现了拉萨对于生态环境保护的决心。拉萨市市容市貌的规范关系到全市各个民族、各个阶层的人民，是与人民生活息息相关的立法活动。同样，对于拉萨市拉鲁湿地自然保护区的界定和付诸于实际的保护，是延续拉萨市民基于宗教信仰对生态保护的意识，也是政府对于脆弱的高原生态环境给予的必要保护而进行的法治管理，是拉萨共享式发展实践中制度设计的重要体现。

3. 维护信仰自由，积极设计制度引导宗教与社会主义社会相适应

拉萨是一个民族宗教信仰氛围极其浓郁的城市，如何依法保护群众宗教信仰自由权，引导宗教与社会主义社会相适应是共享式发展中涉及人们精神层面的最为核心的工作。共享式发展的理念不仅仅包括对于物质生活的共享，还包括对于精神领域文化、信仰等高层级的共享。拉萨市在加强和创新宗教管理工作中，以正确落实党的宗教信仰自由政策，实现广大群众合法的宗教信仰自由权利为核心，根据实际，积极探索、归纳、整理，在宗教治理领域制定了不

少政策规章，为下一步宗教法治化管理奠定了基础。将有利于宗教管理的规范化，保障民众信仰权利的共享和发展。

三、拉萨市规则共享建设取得的成效

（一）非公有制经济对共享式增长的作用日益突出

截止到 2015 年 3 月，拉萨非公企业达到 5030 家，是 2011 年的 2.2 倍；雇工人数达到 82728 人，比 2011 年增长 66%；注册资金达 224.5 亿元，是 2011 年的 8.3 倍；个体工商户达 40335 户，比 2011 年增长 20%；从业人员 90024 人，比 2011 年增长 31.7%；资金数额 20.5 亿元，是 2011 年的 1.5 倍。2014 年，非公有制经济增加值占拉萨市工业增加值的 96%，上缴税金占拉萨市总税收的 96%，社会消费品零售总额占拉萨市的 62%，民间投资占到拉萨市固定资产投资的半壁江山，已成为经济发展的重要支撑、财政税收的重要来源、扩大就业的重要渠道，在繁荣经济、改善民生、增加就业、维护稳定等发面发挥了重要作用。

1. 非公有制经济成为吸纳从业人员的主力军

从 2014 年拉萨市从业人员的分布情况看（见表 5-9），乡村吸纳从业人员最多，为 166394 人，所占比重为 35.50%。在城镇从业人员行业分布中，私营和个体经济吸纳的就业人数最大，达 169592 人，占全部从业人员比重的 36.19%，高出国有经济单位吸纳就业人数 16.9 个百分点，高出集体经济单位吸纳就业人数 35.97 个百分点。可见，城镇私营和个体行业已成为吸纳拉萨城镇就业人员的主力军。

表 5-9 2014 年拉萨市从业人员分布情况

行业	国有经济单位	集体经济单位	其他经济单位	城镇私营和个体	乡村从业人数
从业人数（人）	90369	1006	41313	169592	166394
所占比例（%）	19.28	0.21	8.81	36.19	35.50

资料来源：《拉萨市统计年鉴》，2015 年

2. 非公有制经济成为推动工业发展的主力军

从工业总产值的情况看，1991 年拉萨市工业总产值为 1.22 亿元，其中国有经济为 1.06 亿元，集体经济为 0.16 亿元，其他经济成分为 0。2014 年拉萨市工业总产值为 92.06 亿元，其中国有经济为 1.92 亿元，集体经济为 1.57 亿元，其他经济成分为 88.56 亿元。其他经济对工业总产值的贡献位列第一。

表 5-10 工业总产值的行业分布

	工业总产值	国有经济（万元）	集体经济（万元）	其他经济（万元）
1991	12240.00	10579.00	1661.00	0
1992	14543.00	12542.00	2000.00	1.00
1993	12045.50	10098.90	1745.40	201.20
1994	27895.90	23951.30	1867.20	2077.40
1995	42792.60	34536.90	5389.90	2865.80
1996	43870.00	34225.00	6666.00	2979.00
1997	66224.00	43882.00	7635.00	14707.00
1998	66587.80	43742.90	866.20	21978.70
1999	86798.70	46239.80	7678.00	32880.90
2000	94653.90	54918.20	11992.10	27743.60

续表

	工业总产值	国有经济（万元）	集体经济（万元）	其他经济（万元）
2001	103945.00	44461.00	11695.00	47789.00
2002	110984.00	44217.00	8496.00	58271.00
2003	128612.29	33081.91	547.90	94982.48
2004	133140.14	41728.80	15332.23	76079.11
2005	162396.64	40455.90	16988.35	104952.39
2006	202311.64	44358.50	18154.90	139798.24
2007	231383.00	42992.30	17097.02	171293.68
2008	305060.00	56976.00	11342.00	236742.00
2009	331465.00	71369.87	10874.13	249221.00
2010	416209.72	114295.63	13475.95	288438.14
2011	567330.74	186119.33	19176.80	362034.61
2012	677624.20	188279.30	21920.90	467424.00
2013	730200.80	32106.10	25263.50	672831.20
2014	920603.2	19206.61	15704.61	885691.98

资料来源：《拉萨市统计年鉴》，2015 年

从构成上看，国有经济工业总产值占全部工业总产值的比重呈现出不断减少的态势，所占比重从 1990 年的 86.43% 下降到 2014 年的 2.09%。集体经济工业总产值占全部工业总产值的比重大致维持在 1% —15%（2003 年个别年份低于 1% 除外）。

表 5-11　工业总产值中各经济成分所占比例

	国有经济占比（%）	集体经济占比（%）	其他经济占比（%）
1991	86.43	13.57	0.00
1992	86.24	13.75	0.01
1993	83.84	14.49	1.67
1994	85.86	6.69	7.45
1995	80.71	12.60	6.70
1996	78.01	15.19	6.79
1997	66.26	11.53	22.21
1998	65.69	1.30	33.01
1999	53.27	8.85	37.88
2000	58.02	12.67	29.31
2001	42.77	11.25	45.98
2002	39.84	7.66	52.50
2003	25.72	0.43	73.85
2004	31.34	11.52	57.14
2005	24.91	10.46	64.63
2006	21.93	8.97	69.10
2007	18.58	7.39	74.03
2008	18.68	3.72	77.61
2009	21.53	3.28	75.19
2010	27.46	3.24	69.30
2011	32.81	3.38	63.81
2012	27.79	3.23	68.98
2013	4.40	3.46	92.14
2014	2.09	1.71	96.21

资料来源：《拉萨市统计年鉴》，2015 年

其他经济工业总产值占全部工业总产值的比重则呈现不断上升的态势，1990年其他经济在拉萨尚属空白，从1991年开始其他经济成分的工业总产值则不断攀升，所占比例从1991年的0.01%上升到2014年的96.21%。

（二）就业权利得到有效保障

就业权利共享突出表现在降低城镇登记失业率、开发就业岗位数、新增就业人数等方面。从城镇登记失业率的情况看，2010年至2014年，拉萨城镇登记失业率分别为3.98%、2.8%、2.6%、2.2%和2.2%，完成情况均超出预定目标。

2010年至2014年间，拉萨市开发就业岗位的数量呈现出不断上升的态势。2010年开发就业岗位为5100个，比预期目标多出250个，2014年开发就业岗位达到15794个，高出2010年10694个。

与此相对应，城镇新增就业人数也呈现出日益增长的态势。2010年拉萨市城镇新增就业人数为4095人，高出预期目标195人，2014年城镇新增就业人数达到15550人，比2010年多出11455人。

可见，2010年至2014年间，拉萨市在降低城镇登记失业率、开发就业岗位数、新增就业人数方面都取得了一定的成效，也在一定程度上说明拉萨市在扩大就业、提供就业机会和保障群众的就业权利方面取得了成效。

表5-12　2010-2014年拉萨市就业工作开展情况

	2010		2011		2012		2013		2014	
就业工作开展情况	目标	完成情况	目标	完成情况	目标	完成情况	目标	完成情况	目标	完成情况
城镇新增就业人数	3900	4095	3900	5974	5600	7541	10000	10560	15000	15550

续表

	2010		2011		2012		2013		2014	
开发就业岗位数	4850	5100	4850	6222	4900	8584	4900	15192	5000	15794
城镇登记失业率（%）	4.0	3.98	4.0	2.8	3.0	2.6	2.2	2	2.2	2.2

资料来源：拉萨市人力资源与社会保障局，2015 年

（三）医疗服务和健康保障不断完善

医疗基础设施的投入和卫生技术人员的配备是医疗权利共享的基础。从拉萨市每千人拥有的床位数和每千人卫生技术人员数看，2000 年至 2014 年间，每千人拥有的床位数呈现出先下降后上升的态势。2000 年至 2009 年间，由 4.09 下降到 3.04，2009 年后每千人拥有的床位数呈现出不断上升的态势，由 2009 年的 3.04 上升至 2014 年的 4.33。2000 年至 2014 年间每千人卫生技术人员数总体呈现出上升态势，由 1996 年的 5.72 上升到 2012 年的 6.02。

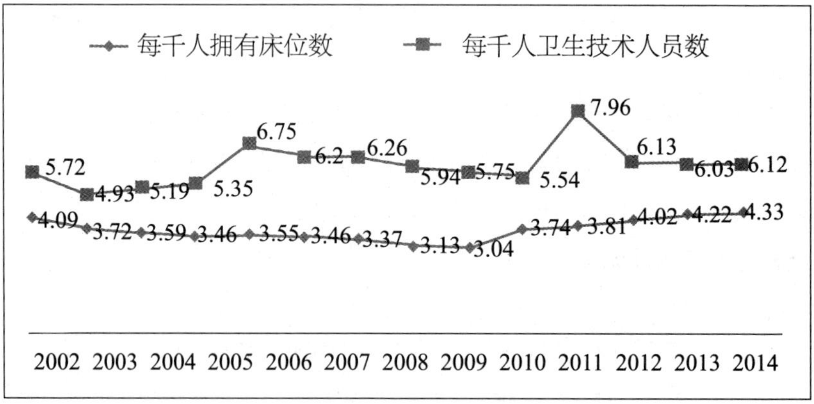

图 5-6　拉萨市床位数及卫生技术人员数

资料来源：《拉萨市统计年鉴》，2015 年

2014 年在继续保持农牧区基本医疗制度 100% 覆盖的基础上，拉萨市将政府年人均补助标准提高到了 380 元，新提标准 40 元资金全部纳入大病统筹基金并落实到位。此外，拉萨市将基本公共卫生人均服务经费由 2013 年的 35 元提高到了 2014 年 45 元。在编僧尼和城乡居民免费健康体检建档率均达 100%，体检率分别达 100% 和 99.8%。先天性心脏病实现了“发现一例、救治一例”的工作常态化。2014 年，拉萨市率先在全区开展了前十位慢性疾病预防干预监测工作，监测率达到 95.6%。对 35 岁以上人群实行门诊首诊血压监测，管理高血压患者 16554 例。

通过强化妇幼卫生服务措施，妇女儿童健康水平显著提高。2014 年，拉萨市继续完善孕产妇住院分娩和婴儿住院“绿色通道”，并实行孕产妇住院分娩和婴儿住院救治费用 100% 报销。此外，还完成了 5 县贫困地区儿童营养改善项目的营养包发放工作，2600 名儿童受益。

（四）义务教育均衡发展取得成效

在推动县域义务教育均衡发展过程中，为缩小城乡和校际之间的差距，实现区域内义务教育均衡发展，拉萨市把建立和完善促进义务教育均衡发展的各项制度，作为推进义务教育均衡发展的一项基础性工作常抓不懈，着力在保障办学经费、合理调整布局、均衡配置资源、提高教育质量等方面下工夫，通过大力推进义务教育均衡发展，不断优化教育资源配置，极大地提高了办学效益。

从拉萨市平均受教育年限看，来自第五次和第六次人口普查数据显示，2000 年拉萨市平均受教育年限为 5.65 年 / 人，2010 年上升至 7.5 年 / 人，上升 32%。与西藏平均水平比较看，2000 年和 2010 年，拉萨市的平均受教育年限均高于西藏平均水平，其中 2000 年高出 2.22 年 / 人，2010 年高出 2.25 年 / 人。

拉萨市内部各区县平均受教育年限存在着较大差异，其中城关区平均受教育水平最高，2000 年和 2010 年分别为 7.55 年 / 人和 9.18 年 / 人，高出拉萨市平均水平 1.9 年 / 人和 1.68 年 / 人。当雄县平均受教育水平最低，2000 年和 2010 年分别为 2.76 年 / 人和 4.61 年 / 人，均低于拉萨市平均水平 2.89 年 / 人。

表 5-13　拉萨市平均受教育年限

	2000 年（年 / 人）	2010 年（年 / 人）
西藏自治区	3.43	5.25
拉萨市	5.65	7.50
城关区	7.55	9.18
林周县	3.43	4.73
当雄县	2.76	4.61
尼木县	4.34	5.86
曲水县	4.29	5.52
堆龙德庆县	4.87	6.62
达孜县	4.73	6.29
墨竹工卡县	3.29	5.25

资料来源：国务院人口普查办公室、国家统计局人口和就业统计司编，《中国 2010 人口普查分县资料》，中国统计出版社，2012 年。

随着教育水平的提升，拉萨市 15 岁及以上人口文盲率呈现出不断下降的态势。2000 年拉萨市 15 岁及以上人口文盲率为 26.20%，2010 年下降至 20.07%，下降了 6.13 个百分点。同西藏平均水平的比较来看，2000 年西藏 15 岁及以上人口文盲率为 47.25%，比拉萨市高出 21.05 个百分点，2010 年西藏 15 岁及以上人口文盲率为 23.29%，比拉萨市高出 12.22 个百分点。

从拉萨市各区县 15 岁及以上人口文盲率情况看，各区县之间存在着较大的差异，城关区 5 岁及以上人口文盲率最低，2000 年和 2012 年分别为 16.80% 和 12.39%。林州县 15 岁及以上人口文盲率最高，2000 年和 2012 年分别为 45.64% 和 38.22%。

表 5-14　拉萨市 15 岁及以上人口文盲率

	2000 年（%）	2010 年（%）
西藏自治区	47.25	32.29
拉萨市	26.20	20.07
城关区	16.80	12.39
林周县	45.64	38.22
当雄县	43.08	36.58
尼木县	26.07	20.15
曲水县	33.61	34.43
堆龙德庆县	23.43	19.30
达孜县	26.12	18.90
墨竹工卡县	48.06	31.91

资料来源：国务院人口普查办公室、国家统计局人口和就业统计司编，《中国 2010 人口普查分县资料》，中国统计出版社，2012 年。

（五）法制建设不断完善

拉萨市作为边疆少数民族区域自治地方的首府，民族成分多而复杂，在建设中国特色社会主义法治体系目标任务中居于重要的地位。拉萨市需要通过区域性的民族立法工作，推动本区域内政治、经济、文化的全面发展，并担负维护国家安全的重要任务。

推进法治建设，科学立法是首要前提。根据《宪法》《民族区域自治法》《立法法》等国家法律的授权，拉萨市享有双重立法权力，即民族区域自治立法权和地方立法权。拉萨市在探索共享式发展中，确定了法治为其目标实现的根本保障，在党的民族宗教政策的正确指引下，坚持中国特色社会主义制度，坚持民族区域自治制度，坚持特色社会主义法治理念，已经开始探索构建包括民族立法在内的较为完备的法律法规体系、高效的法治实施体系、严密的法治监督体系、有力的法治保障体系。

拉萨市针对经济转轨、社会转型、观念转变、利益调整等问题，坚持主动介入，及时立法；站位全局，科学立法；多方论证，规范立法，为经济发展扫清障碍，为和谐稳定提供保障。具有边疆少数民族首府特色的法治框架和制度体系在实践探索中逐步形成。截至2014年底，拉萨市共颁布实施30余项现行有效的地方性法规、120多项行政规章和规范性文件[①]。这些地方性法规、规章和规范性文件结合本地社会、政治、经济发展的需要，重点规范宗教事务、民族团结、特色产业、文化保护、生态保护等领域的权利义务，为拉萨共享式发展提供法治保障。

案例：特色立法促和谐

居住在拉萨市城关区金珠西路八一社区的薄金清老人，于20世纪70年代末进藏工作。随后几年，他与藏族姑娘巴桑共同组建了家庭。现如今，他们的女婿马武德是来自甘肃的回族小伙。不同的风俗习惯、不同的宗教信仰，在这个16口之家，相互关心包容，和睦共处。作为边疆民族地区，加强民族团结，促进各民族之间和谐共融，是拉萨市民族工作现状的现实要求。2012年4月1日，《拉萨市民族团结进步条例》颁布，将每年9月定为民族团结月，9月17日定为民族团结进步节，成为全国首府城市当中唯一以地方性法规推进民族

① 拉萨法治发展报告（2015），社会科学文献出版社，2015年7月，第18页。

团结进步事业的城市。同年 9 月，拉萨市在举行的首个“民族团结进步节”表彰活动中，薄金清老人一家荣获拉萨市“民族团结模范家庭”称号。

第六章　机会共享与拉萨的实证分析

本章在对机会共享进行一般理论分析的基础上，从机会创造与供给、教育机会共享、就业机会共享、医疗机会共享等层面对拉萨市机会共享的实践进行了分析，并对拉萨市教育机会公平和收入机会公平的程度进行了度测。

一、机会共享的内容及维度

（一）机会的定义

《说文解字》对机会的解释有两种：一是指时机、时遇。晋葛洪《抱朴子·交际》："世俗之人，交不论志，逐名趋势。热来冷去……或事便则先取而不让，值机会则卖彼以安此。凡如是，则有不如无也。"宋苏轼《范景仁墓志铭》："速则济，缓则不及，此圣贤所以贵机会也。

二是关键，要害。《三国志·蜀志·杨洪传》："汉中则益州咽喉。存亡之机会，若无汉中则无蜀矣[①]。"唐韩愈《与鄂州柳中丞书》：

① 罗绒战堆、次仁央宗、达瓦次仁：机会的供给与把握——构建和谐西藏的一个重要因素及相关经济学分析 [J]，《中国藏学》，2008（1）。

"此由天资忠孝，郁于中而大作于外。动皆中于机会，以取胜于当世，而为戎臣师。"《英烈传》第五九回："军中皆称足下与朱亮祖为雄，今亮祖独屯兵西北，不当机会，足下何不迳取此贼。"

日常中人们用的机会，主要是"时机、时遇"。罗绒战堆、次仁央宗、达瓦次仁（2008）将机会定义为：机会指的是能改善人们自身境遇，提高效用水平的外部条件[①]。Alan H.Goldman（1987）认为机会可以理解为是实现目标和获得利益的可能性[②]。

但从现实看，"机会"是一个歧义很多，使用较为混乱的概念，在不同语境下，机会的内涵和外延有着一定的不同。因此，要准确理解"机会共享"中的机会内涵，还必须把机会与公平、机会与共享联系起来考察。

把机会放在"机会共享"和"机会公平"的语境中来理解，需要注意以下三方面的前提条件：

一是机会必须是社会赋予的权利，而不是由社会生活中的某种偶然性或自然界的特殊原因造成的[③]。由偶然性或自然界的特殊原因造成的机会，是可遇不可求的，只能算是"运气"或者"机遇"。由于其不是社会赋予的权利，故不作为我们的讨论范围。

二是机会是有限的。如果机会的供给是无限的，每个社会成员都能随意地获得机会，那就不存在机会"公平与不公平"的诉求。相反，只有在机会供给有限，机会只被一部分人获得的情况下，才有机会"公平与不公平"的诉求和呼声。本文所讨论的机会，主要探讨在机会有限的前提下，如何更公平合理地配置机会。

① 罗绒战堆、次仁央宗、达瓦次仁：机会的供给与把握——构建和谐西藏的一个重要因素及相关经济学分析 [J]，《中国藏学》，2008（1）。

② Alan H.Goldman.The Justification of Equal Opportunity[M].Equal Opportunity，Social Philosophy and Policy，1987。

③ 例如，最近国际油价大跌给中国带来的低价增加战略石油储备的良机、风调雨顺给农民带来的增产增收的机会等。

三是机会配置要避免外界因素的干扰。由于机会是有限性的，在配置机会资源时，可能存在特权、金钱、关系等外界因素的干扰，使得机会配置出现不公，因此，在机会配置过程中，要力求避免权利、金钱等外界因素的干扰。

基于上述分析，结合共享式发展的内涵，我们将机会定义为：机会就是参与某种活动的权利或资格。

（二）机会公平的内涵

1. 机会公平的定义

机会共享的核心是公平。何为“机会公平”？罗尔斯认为：机会公平应该是“在社会的所有部分，对每个具有相似动机和禀赋的人来说，都应当有大致平等的教育和成就前景。那些具有同样能力和意志的人的期望，不应当受到他们的社会出身的影响。”[①] 此外，在阐述机会公平时，罗尔斯还提出了“差异原则”即“有利于最不利者”的原则。

布莱恩·巴利（2007）认为机会公平是“最有资格的申请者得到职位”，每个人都要有相同的机会去和他人竞争。什么人得到什么地位应该看他们的能力和努力程度，而不应该因为种族、性别受到歧视[②]。

世界银行（2006）提出机会公平，即一个人一生中的成就应主要取决于其本人的才能和努力，而且这种才能与努力是可控的，不是被种族、性别、社会及家庭背景或出生国等其他不可控的因素所限制的。

结合上述思想，本文将“机会公平”定义如下：机会公平是指

① 孙一平：从机会平等到运气均等主义——对当代平等理论中责任与运气的思考[J]，《黑龙江社会科学》，2009（5）。

② 孙一平、董晓倩：论机会公平的目标与原则[J]，《理论探讨》，2013（3）。

每一个社会成员，无论其家庭、出生、地位、社会财富如何，都有同等的获得机会的权利，公平参与竞争的机会以及发展的机会，每个人不因地位、身份、财产的不同而有不公正的际遇。

2. 机会公平的基本要义

机会公平具有多维要义，归纳起来，大致有以下几方面。

（1）前程向人人开放的起点公平

一个机会公平的社会应当是“人人通过奋斗可以获得成功”的社会，而这个社会承诺的重要前提就是基于机会平等的起点公平。也就是说，不论出身、性别、种族、身份和其他社会属性或自然属性，能力和意愿相当的公民都应当有参加与其能力相匹配的各种活动的权利，有大致相同的发展机会和发展前景。起点公平的重要作用在于消除和规避各种特权及制度歧视等外在社会因素对个人正当发展的障碍与干扰，从总体上保障每个社会成员享有平等的权利和平等的发展机会，即前程向人人开放。

（2）成就取决于个人能力和勤奋的过程公平

导致收入差距及其变化的原因有很多，且不同的国家有不同的国情。但从政策制定的角度看，Roemer（2006）把导致收入差距产生的原因归纳为两类：一类是个人背景或所处环境（circumstances）的不同，另一类则是个人的努力与勤奋程度（efforts）的不同。个人背景和所处环境包括家庭财富与权势、社会关系、宗教信仰、肤色、性别、所处的地理环境，所工作的行业等诸多因素。由这些因素造成的收入差距反映的大多是机会的不平等，是社会不公的表现，它们通常是由制度、市场与政策的不完善与失灵所造成，必须通过公共政策手段来加以处置。另一方面，由于个人努力和勤奋程度的不同所造成的收入差距反映的则是市场机制的酬勤罚懒，是良好的激励机制发挥作用的表现。这样的激励机制鼓励创业与创新，是促进经济增长必不可少的。

基于这样的认识，世界银行（2006）区分了“结果的不平等”

和“机会的不平等”。从公平的视角看，机会的分配要比结果的分配更重要。机会（包括就业机会、受教育的机会、接受基本医疗服务的机会，等等）的不平等，常是由个人背景或所处环境不同造成的，反映的是社会的不公，它最终会造成结果的不平等；而结果（如收入）的不平等，除了一部分反映机会的不平等，还有一部分反映的是个人努力和勤奋程度的差异。假设公共政策能够成功地把机会不平等完全排除，那么结果不平等反映的完全是个人努力与勤奋程度的差异，这样的结果不平等是任何国家都不可避免的。正如世界银行（2006）报告所指出的，“即使有真正的机会平等，由于喜好、天赋、努力和运气的不同，结果总是存在一些差别[①]”。

（3）稀缺社会资源得到合理配置的分配公平

一个机会公平的社会应当是权利公平和资源分配合理的社会，机会作为一种稀缺社会资源和利益博弈与平衡的产物，其是否公平取决于对稀缺社会资源的分配是否合理公正。在关乎个人前途与命运的教育、就业、晋升、经商、住房、医疗、社会福利等各种机会面前，公平分配的原则在于“最有资格的申请者得到职位”，这需要有公正合理并得到民众认可的制度保障及其正常有效运作。

（4）以制度和法治为根本保障的程序公平。一个机会公平的社会应当是以健全及运作有效的制度和法治为根本保障的社会。只有依靠刚性、程序性、可预见性、稳定性且不以人的意志为转移的制度，才能最终实现并保障机会平等和社会基本公正。

（三）机会共享的基本要求

机会共享的核心是机会公平，强调每一个社会成员，无论其家庭、出生、地位、社会财富如何，都有同等的获得机会的权利，公

① 胡鞍钢：追求公平的长期繁荣，《社会科学报》，2006-04-20。

平参与竞争的机会以及发展的机会，每个人不因地位、身份、财产的不同而有不公正的际遇。要实现上述目标，也对实践提出了新的要求：

1. 打破机会不公呈现出阶层固化的态势

对于机会公平而言，改革开放 30 多年被群众诟病最多的是呈现出阶层固化的趋势，表现为机会垄断—机会世袭—机会霸权主义的政治恶化生态。人们都渴望通过自身的奋斗和努力获得成功和幸福，而不是依赖出身和背景，但现实中由于机会垄断导致的机会不公现象较为多见，并出现阶层固化的态势。比如富二代、官二代、穷二代，使得普通民众的上升通道和机会更少。机会不公的阶层固化态势还导致了机会霸权主义的不良社会认同，在招考就业、教育升学、晋升职务等关涉个人重大命运转折的时刻，甚至从事其他一切经济社会活动时，权力和金钱成为获取机会的关键砝码。上述现象是和机会公平的基本要求相违背的，不利于形成公平竞争的社会环境，因此需要打破机会不公呈现出的阶层固化态势。

2. 打破机会差别化待遇的制度性鸿沟

差别化待遇是机会不公的又一突出问题，主要表现为城乡之间、行业之间、地区之间因存在难以跨越的制度性鸿沟而出现厚此薄彼的待遇和“玻璃门”现象。最典型的差别化待遇存在于：经济领域的国企和民企，无论是在国家政策扶持、制度红利、经营生产销售各环节，还是在缴税贷款等各方面，对待国企和民企的双重标准致使国企强势和民企弱势。社会领域的农民工和市民，在户籍身份、劳动就业、社会保障、子女教育和住房保障等方面存在差别。因此，在推进机会共享的过程中，需要从制度层面打破横隔在不同行业、不同群体之间的差别化待遇。

3. 突破多重标准的制度性歧视

在社会转型过程中的利益失衡及制度不完善，导致双轨制和城乡二元结构的多重标准，使政策歧视、户籍歧视、身份歧视、就业歧视、性别歧视等广泛存在于我国的政治、经济、文化、社会等公共生活之中。这种厚此薄彼的制度性歧视是导致机会不公的重要根源，需要统一标准，突破多重标准的制度性歧视。

4. 打破基本公共服务不均等状况

在基本公共服务的财政总量投入上，与世界其他国家相比，我国目前用于教育、文化、就业、医疗、社会保障等公共服务的支出约占财政支出的 32%，远低于世界大多数国家 60%—70% 的比重，不能满足人民日益增长的基本公共服务需求。基本公共服务不均等集中表现为三方面：制度供给不均，尤其是城乡二元结构差异明显；财政投入不均；供给质量不均。公共基础设施、公共产品和基本公共服务在城乡、区域和不同人群之间存在过大的差异。机会共享要求增加公共服务投入力度，打破基本公共服务不均等状况。

二、拉萨市机会共享的核心内容和实现路径

机会共享，意味着机会的开放，机会在配置过程中对身份、背景和特权的否定。机会公平缺失，就会表现为教育、健康等方面的低水平发展，人民大众不能广泛地参与到经济社会发展进程中来，不能广泛地参与到公共事务管理中来。忽略了公平，没有了机会均等，增长便只是一种无情的增长，无根的增长，增长将会导致分配不公。

拉萨市机会共享的核心内容和实现路径如图 6-1 所示：

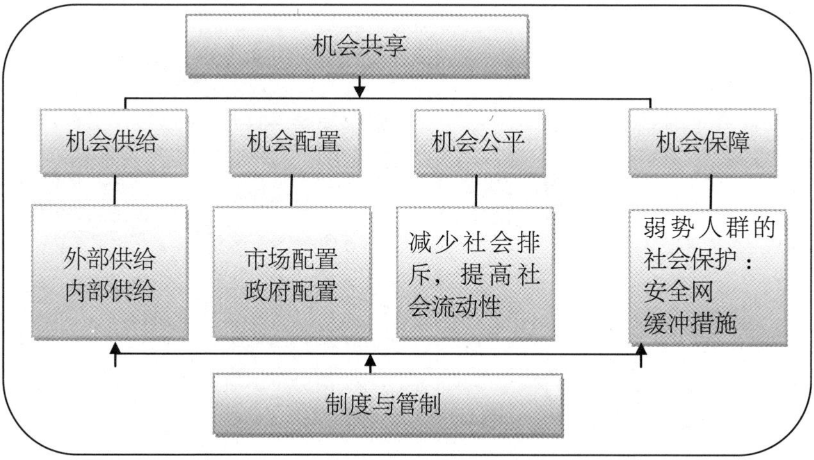

图 6-1　机会共享的内容

其含义可以概括为以下几个方面：

（一）机会供给是机会共享的前提

没有机会的供给，就缺乏机会公平分配的前提。一个高效、和谐的社会，应该是一个充满机会和希望的社会，拉萨市的机会供给增加主要依赖全国援藏的外部供给和拉萨市自身发展的内部创造。

（二）机会配置是机会共享的关键

机会配置的手段包括两大类，一是市场配置，二是政府配置。由此，依据机会的开放程度和配置主体的不同，可以将机会分为开放机会和封闭机会两大类。其相互关系如图 6-2 所示：

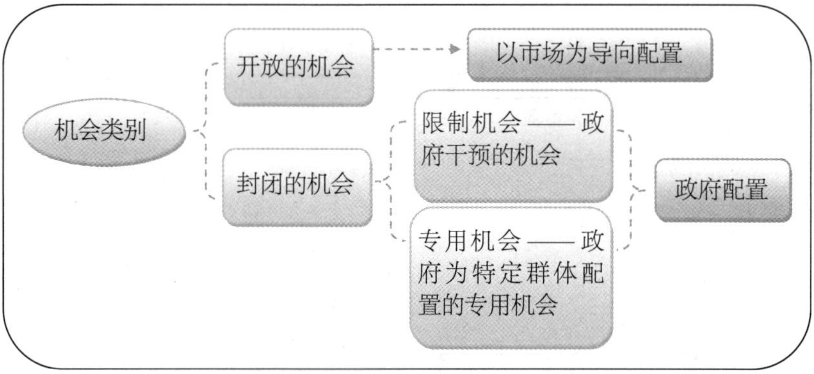

图 6-2　机会分类

开放机会主要是以市场为导向配置的机会，此类机会一般不受政府的干预，由个体在市场竞争中而获得。一般而言，经济发展程度越高，市场体系越完善，开放机会的供给就相对较多。从拉萨市的情况看，目前拉萨市的经济发展和市场化程度还不太高，开放机会还显得不足，但部分行业与领域的开放机会越来越多。比如旅游业、餐饮业的快速发展为当地群众带来许多机会。

封闭机会主要是由政府供给和影响的机会。封闭机会又可以进一步分为"限制机会"和"专用机会"，其中"限制机会"是政府干预的机会，比如政府规定有些机会只对本地人开放，外来居民则无法获得相应的机会。在拉萨市，为保护在市场竞争中处于弱势地位的藏族农牧民群众的就业机会，政府要求实施各种工程时，必须聘用当地群众作为劳动力；对自己背土豆进入拉萨农贸市场里出售的藏族居民，工商所既不驱赶也不收取摊位费。通过限制机会发挥了机会公平的调控作用。

"专用机会"则是特定配置给指定人群的机会，如西藏大学生群体的"就业直通车"，弱势群体的"公益性岗位"等。

（三）机会公平是机会共享的核心

机会公平强调社会成员发展机会的平等。林毅夫在首倡共享式增长时，把共享式增长界定为“机会平等的增长”。严格地说，有两方面主要因素造成社会成员机会不公平：一是起点的不公平，二是个人的努力程度不同。容易引起社会成员不满的主要是起点的不公平。共享式发展倡导的机会公平，就是要减小由个人家庭背景、出身、所处环境不同而造成的机会不公。

经济学家布坎南曾经说过：真正的“机会公平”不能让人们“带着出身进行市场比赛[①]”。倡导和保证机会平等，促进和实现社会公平正义，是机会共享的核心，它包括两方面的基本要求：一是提高社会流动性，二是减少社会排斥。一方面，通过提高职业流动、教育流动等提高机会共享程度；另一方面，通过降低社会排斥、地理排斥和经济排斥减少“机会不公”。

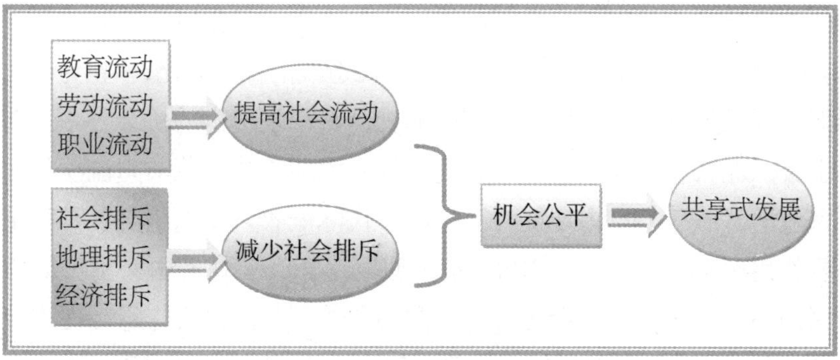

图6-3　机会公平的要求

① 王宏伟：机会公平——形式与内容的辩证统一，《理论导刊》，2008（3）。

1. 减少社会排斥与“机会限制”

社会排斥是诸多社会问题交织的结果，可能使生活质量和经济发展产生难以逆转的恶化后果。Lenoir（1974）、Silver（1995）和Dehaan（1998）将社会排斥分为“团结型”、“特殊型”和“垄断型”三种范式。Rodgers（1995）把社会排斥和社会发挥功能的方式联系起来，认为不同的发展路径和宏观经济与结构调整策略意味着不同的社会排斥模式，并取决于介于经济和社会发展之间的制度性安排。我国最严重的排斥性制度就是造成城乡二元社会经济结构、城市等级制和区域社会发展不均衡的户籍制度（陆益龙，2012），并扭曲了中国城市化进程。社会排斥剥夺和限制了弱势群体的发展机会和机会公平（马广海，2004）。因此，机会共享的基本要求之一在于减少社会排斥，提高弱势群体获得发展机会的可能性。

2. 提高社会流动与机会共享

Heckman（2009）把中国相当一部分穷人无法摆脱贫困的原因归结于社会流动性低。中国的古话“龙生龙、凤生凤、老鼠的儿子会打洞”说明的便是较低的社会流动性造成的社会僵化，“朝为田舍郎，暮登天子堂”则描述了较高的社会流动性提供的机会公平。对于贫困地区和群体而言，最主要的社会流动方式是劳动力流动和教育流动，劳动力自由迁徙对于摆脱“代际低收入传承陷阱”具有重要作用（孙三百等，2012）。布尔迪厄（1989）在《国家精英》中深刻揭示了教育在社会各阶层之间不平等所起的核心作用。促进社会流动渠道和机制包括教育流动、劳动流动、职业流动等。

此外，通过提高社会流动，建构良性互动机制有益于阶层矛盾的宣泄和压力的释放，对打破各阶层之间的壁垒，增进阶层之间的团结互助与交流合作意旨深远。另一方面，共享式发展倡导的合理化流动，为社会成员提供了合理获得自己应有地位和改变自己命运的平等机会。这种以平等和自由为价值指导的利益整合机制与包容性原则为社会最底层的民众提供了改善不良境遇的机会。

（四）机会保障是机会共享的要求

机会保障强调给予弱势群体适当的机会倾斜。机会公平强调使同等能力的人有公平的竞争机会，以使他们不因身份、地位、环境的不同而获得不同的发展机会。但是在现实中，由于各种各样的原因，尚存在部分弱势群体，如独居长者、失业工人、低收入者、残障（身心障碍）者等，这部分群体在竞争中处于弱势地位，按照市场竞争的规则无法获得相应的机会，此时就需要给这部分群体以特殊的关照。

罗尔斯在界定机会公平时，也强调了“差别原则”，即“有利于最不利者”的原则，意思是使最不利群体得到尽可能大的利益保障。因此，机会保障就是要使我们的政策向“弱势群体”倾斜，给他们创造更多发展的机会和渠道。

（五）机会共享的政策推进

机会共享需要政策的推进与保障，为了促进机会共享，政府需要在三个方面加以努力：

第一，增加对基础教育、基本医疗卫生以及其他基本事业的投入，特别增加对落后地区和农村的投入力度，以提高民众，特别是弱势群体的基本素质与发展潜能。

第二，加强政策与制度的公平性，消除社会不公，完善市场机制，创造平等竞争机会。

第三，建立社会风险保障机制以防止与消除极端贫困。社会保障是经济发展和社会和谐的安全网，在经济社会发展中应注重社会保障体系建设，加大对贫困群体和弱势群体的扶持力度，不断缩小收入差距。

三、拉萨市机会共享的供给增加

从现实情况来看，拉萨市机会供给包括两条路径，一是外部供给；二是内部创造。其中外部供给主要是通过“全国援藏”的方式将资金、技术、人才、项目等输入拉萨市，为拉萨市基础设施改善、教育事业、医疗卫生等事业发展提供机会。内部创造主要是通过拉萨市适当的政策促进，通过西藏广大农牧民自力更生，通过自生经济发展推动机会供给。

（一）外部支援增加了机会供给

外部支援创造的机会供给对于推进拉萨市经济社会发展具有重要意义。从对口支援来看，自 1994 年 7 月中央第三次西藏工作座谈会上确定北京市、江苏省对口支援拉萨市以来，北京市和江苏省充分发挥经济、人才、科教等资源优势，加大“资金援藏、人才援藏、干部援藏和科技援藏”力度，不仅为拉萨农牧民和城镇居民共享发展成果创造了机会，而且为推进拉萨长足发展和长治久安注入了强大动力。

表 6-1　1994 年 -2014 年江苏及北京支援拉萨情况

	援助资金（亿元）	干部援助（名）	对口支援项目（个）
江苏	31.23	410	314
北京	28	387	213

资料来源：《拉萨市统计年鉴》，2015 年

江苏省对口支援拉萨市直机关部门、墨竹工卡县、林周县、达孜县、曲水县。截止到 2014 年，江苏省累计向拉萨市提供援助资金 31.23 亿元，派出援藏干部 410 人，对口支援项目 314 个。

北京市对口支援西藏拉萨“两区三县（城关区、堆龙德庆区、尼木县、当雄县）”。截止到2014年，累计向拉萨市提供援助资金28亿元，派出援藏干部387人，对口支援项目213个。

在援助过程中，针对受援区县的具体实际，江苏省和北京市重点投入资金进行民生工程建设，以解决当地农牧民急需的、现实而重大的基本生产生活问题，

不仅先后完成拉萨市区医院、学校、道路等工程的改扩建，而且积极投入资金进行农牧民安居工程和农牧区基础设施建设，农牧民群众的住房、饮水、就学、就医等条件得到较大程度的改善。

与此同时，为促进当地就业，增加农牧民群众的自我发展能力，江苏省和北京市积极搭建产业合作平台，设计产业扶持专项资金，对拉萨市特色的太阳能、牦牛、青稞、藏药等产业进行扶持；另外，投资曲水县工业园区、达孜县工业园区、墨竹工卡县甲玛景区旅游资源开发、林周县热振寺景区等旅游文化产业项目，不仅增进了当地经济活力，而且促进了农牧民群众就业。

（二）拉萨市自身创造的发展增加了机会供给

在机会供给方面，外部支援是通过内部创造发挥作用的。1990年以来的拉萨市经济快速持续发展，不仅通过直接创造就业岗位，为群众提供就业机会，而且为公共服务、基础设施以及教育、医疗文化事业的发展提供支持和基础，大大提高了机会供给的能力。

1. 经济快速持续发展

1990年拉萨市GDP总量仅为7.46亿元，2014年增长至347.5亿元，比1990年增加340.9亿元，是1990年GDP的46.62倍。

图 6-4　拉萨市 GDP 变动情况

资料来源：《拉萨市统计年鉴》，2015 年

从增长率情况看，按可比价格计算，1990 年至 2014 年，GDP 增长率最高的年份是 1995 年，增速超过 20%，达到 20.2%；GDP 增速最低的年份为 1991 年，仅为 2.2%。

从波动幅度看，1995 年以前 GDP 波动较大，波动范围在 2.2%—20.2% 之间；1996 年至 2007 年波动范围基本维持在 16% 上下；2008 年国际金融危机以后，拉萨市的 GDP 增长率有所下降，但仍维持在 10% 以上。

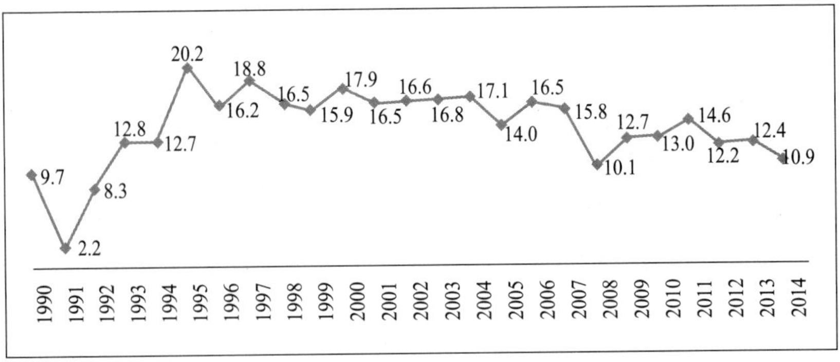

图 6-5　拉萨市 GDP 增速情况（可比价格计算，%）

2. 人均 GDP 快速增长

从人均 GDP 变化情况看，1990 年拉萨市人均 GDP 仅为 2090 元，2014 年上升至 56616 元，比 1990 年多 54526 元，是 1990 年的 27.09 倍。

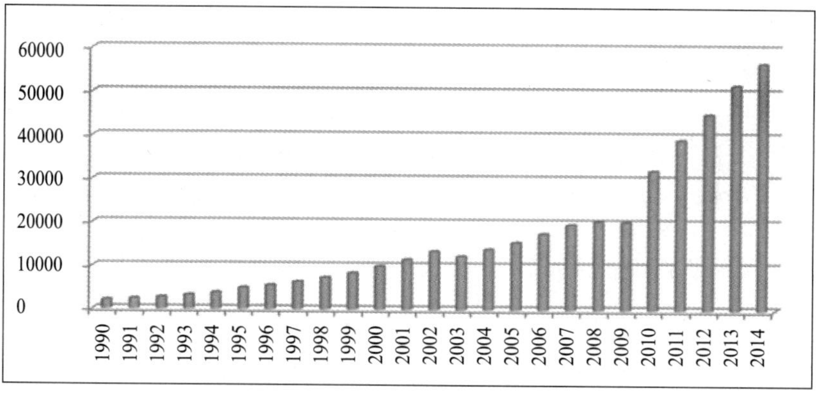

图 6-6　拉萨市人均 GDP 变动情况
资料来源 :《拉萨市统计年鉴》，2015 年

从人均 GDP 增速看，按可比价格计算，增速最高的是 2010 年，达到 50.9%，增速最低的是 2009 年，为 -1.9%，这说明 2010 年较大的增幅是由于 2009 年基数较低引起的。

从人均 GDP 增速波动幅度看，1990 年至 1995 年波动较大，波动范围在 0.5%—18.3% 之间；1996 年至 2006 年波动较为稳定，基本维持在 10%—17% 之间；2008 年以后波动较大，波动范围在 -1.9% 到 50.9% 之间。

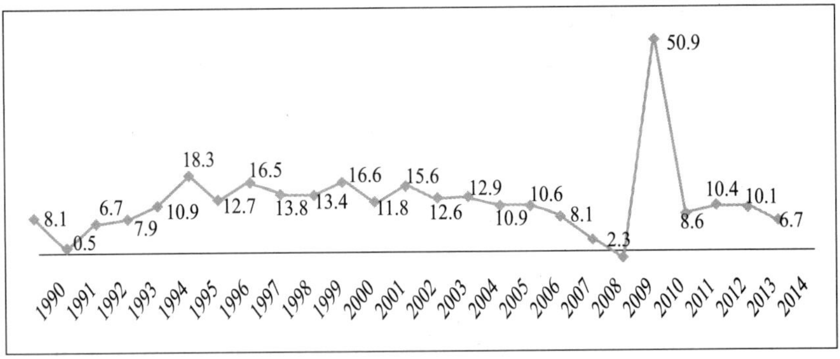

图 6-7　人均 GDP 增速（可比价格计算，%）

3. 三次产业快速发展

2000 年拉萨市三次产业产值分别为 4.93 亿元、11.31 亿元和 28.66 亿元。2014 年三次产业产值分别增加至 12.94 亿元、127.7 亿元、206.7 亿元。

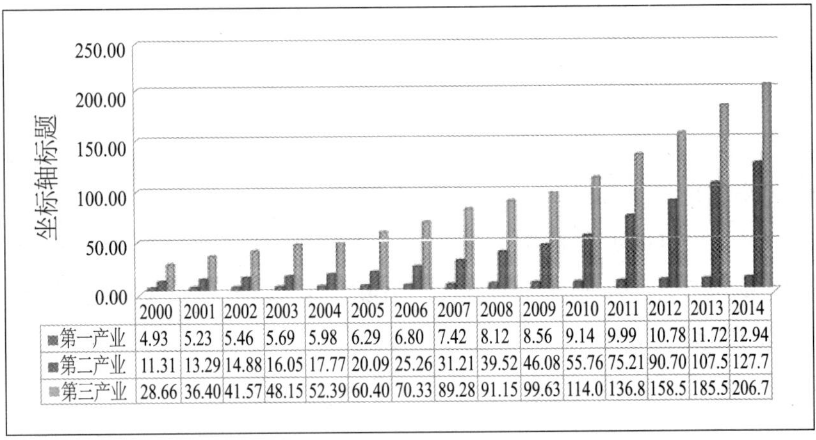

	2000	2001	2002	2003	2004	2005	2006	2007	2008	2009	2010	2011	2012	2013	2014
■第一产业	4.93	5.23	5.46	5.69	5.98	6.29	6.80	7.42	8.12	8.56	9.14	9.99	10.78	11.72	12.94
■第二产业	11.31	13.29	14.88	16.05	17.77	20.09	25.26	31.21	39.52	46.08	55.76	75.21	90.70	107.5	127.7
■第三产业	28.66	36.40	41.57	48.15	52.39	60.40	70.33	89.28	91.15	99.63	114.0	136.8	158.5	185.5	206.7

图 6-8　拉萨市三次产业产值（亿元）

资料来源：《拉萨市统计年鉴》，2015 年

从三次产业增长率看，2000 年至 2014 年间，第一产业的增长

率始终低于第二产业和第三产业的增长率。2000 年第一、二、三产业产值的增长率分别为 7.9%、18.8% 和 22.9%，2014 年第一、二、三产业产值的增长率分别为 6.4%、14.8% 和 8.9%。

从三次产业内部看，第三产业产值的增长率呈现不断下降的态势，增速由 2000 年的 22.9% 下降到 2014 年的 8.9%；第二产业增长率的波动幅度不大，基本维持在 15%-25% 之间；第一产业的增长率维持在 3%—8% 之间，但增长率在 2009 年至 2014 年间呈现不断上升的态势。

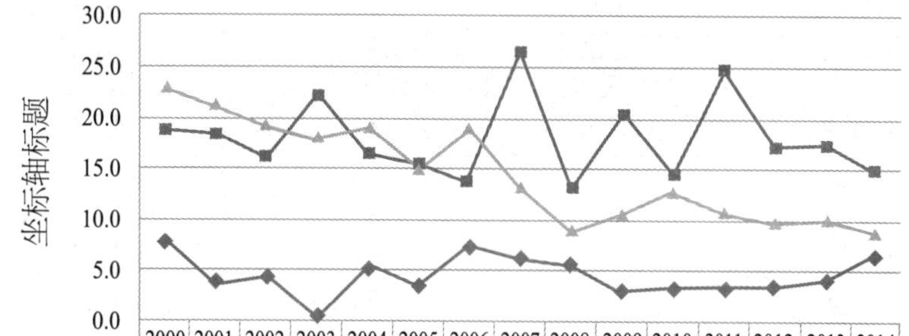

	2000	2001	2002	2003	2004	2005	2006	2007	2008	2009	2010	2011	2012	2013	2014
第一产业	7.9	4.0	4.4	0.4	5.3	3.5	7.4	6.4	5.6	3.1	3.3	3.4	3.4	4.1	6.4
第二产业	18.8	18.4	16.1	22.3	16.5	15.4	13.7	26.4	13.1	20.1	14.7	24.6	17.2	17.5	14.8
第三产业	22.9	21.3	19.2	17.8	19.1	15.0	18.6	13.2	9.3	10.6	13.0	10.7	9.6	10.0	8.9

图 6-9　拉萨市三次产业增长率

资料来源：《拉萨市统计年鉴》，2015 年

4. 产业结构不断优化

民主改革以来，拉萨经济在高速发展的同时，产业结构发生了深刻变化。1950 年在三次产业中，第一产业增加值占地区生产总值的比重为 92.5%，第二产业和第三产业所占比重分别为 0.3% 和 7.2%，第二产业几近空白。到 1959 年，第一产业增加值比重快速下降至 58.6%，第三产业所占比重则上升至 34.1%，三次产业占 GDP 比重分别为 58.6%、7.3% 和 34.1%。2014 年第一、二、三产业的占 GDP 的比重分别为 3.7%、36.8% 和 59.5%。

表 6-2　拉萨市三次产业结构（%）

年份	第一产业占 GDP 比重	第二产业占 GDP 比重	第三产业占 GDP 比重
1951	92.5	0.3	7.2
1959	58.6	7.3	34.1
1960	54.2	10.4	35.4
1965	43.6	10.6	45.8
1970	29.9	11.6	58.5
1978	24.6	22.0	53.4
1979	23.2	20.5	56.3
1980	28.5	21.8	49.7
1981	32.9	19.9	47.2
1982	31.3	22.9	45.8
1983	30.8	23.4	45.8
1984	26.9	19.8	53.3
1985	26.0	18.1	55.9
1986	22.9	16.7	60.4
1987	20.9	14.6	64.5
1988	20.2	14.0	65.8
1989	18.6	14.5	66.9
1990	19.7	17.2	63.1
1991	19.8	19.4	60.8
1992	19.3	18.1	62.6
1993	19.6	17.7	62.7
1994	20.5	26.6	52.9
1995	17.6	33.1	49.3

续表

年份	第一产业占 GDP 比重	第二产业占 GDP 比重	第三产业占 GDP 比重
1996	16.1	27.2	56.7
1997	14.7	31.4	53.9
1998	13.0	28.7	58.3
1999	11.6	27.6	60.8
2000	11.0	25.2	63.8
2001	9.5	24.2	66.3
2002	8.8	24.0	67.2
2003	8.1	23.0	68.9
2004	7.9	23.3	68.8
2005	7.2	23.2	69.6
2006	6.6	24.7	68.7
2007	6.1	25.6	68.3
2008	5.8	28.5	65.7
2009	5.5	29.9	64.6
2010	5.1	31.2	63.7
2011	4.5	33.9	61.6
2012	4.1	34.9	61.0
2013	3.8	35.3	60.9
2014	3.7	36.8	59.5

资料来源 :《拉萨市统计年鉴》，2015 年

从产业结构演进情况来看，拉萨市第一产业占 GDP 比重呈现不断下降的态势，从 1950 年的 92.5% 下降至 2014 年的 3.7%。第二产业占 GDP 比重呈现出缓慢上升的态势，由 1950 年的 7.2% 上升至

2014 年的 36.8%，第三产业占 GDP 比重则呈现出快速上升的趋势。

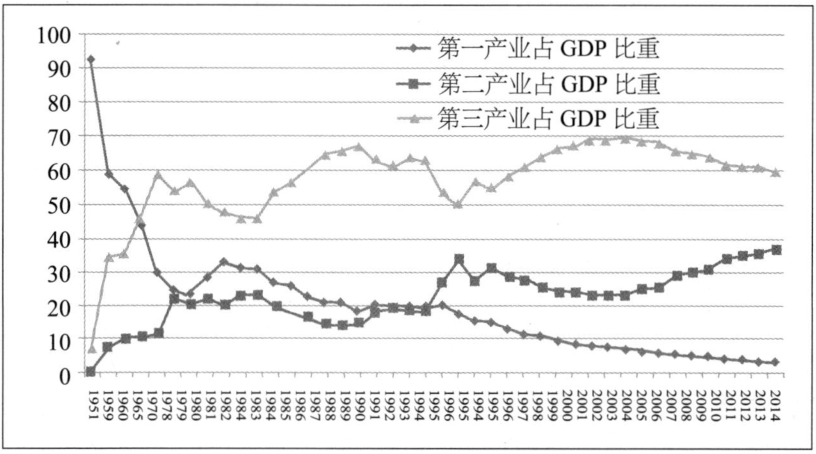

图 6-10 拉萨市三次产业所占比例

可见，近年来，拉萨市经济取得了长足发展，经济总量和规模不断扩大、人均 GDP 不断增加，三次产业结构不断优化。经济发展的速度增加，质量改善，一方面直接创造了就业岗位，另一方面，政府拥有了更多资源，为教育、医疗等机会的供给支出提供了有力支撑。

四、拉萨市推进机会共享的实践

机会共享包括两方面的基本要求：一是提高社会流动性，二是减少社会排斥。对于贫困地区和群体而言，最主要的社会流动方式是教育流动和劳动力流动，劳动力自由迁徙对于摆脱“代际低收入传承陷阱”具有重要作用（孙三百等，2012），布尔迪厄（1989）在《国家精英》中深刻揭示了教育在社会各阶层之间不平等所起的核心作用。拉萨市在促进机会共享的实践中，紧紧抓住以教育促进社会流动，以就业保障控制社会排斥的主要路径，取得了重大突破。

（一）以教育公平推进机会共享

教育的不平等会阻碍社会流动，分化贫富差距。从经济学视角看，Becker and Tomes（1979）强调人力资本投资（主要形式是教育）可以增强劳动者知识技能、提高生产率和劳动收入，因此，教育是代际收入流动的一条重要路径。布尔迪厄（1989）认为教育具有“文化资本”的再生产功能，维护精英阶层的利益。因此，教育具有社会化和选择性的双重功能。我国大部分学者均认为教育是促进我国社会流动的重要机制，并实现各种资本（例如职业、阶层）的代际转移（刘精明，2001；陆学艺，2002；许欣欣，2004；郭丛斌，闲维方，2009），姚先国和赵丽秋（2006）利用 CHNS 数据计算教育对中国代际收入相关性的解释力为 4.9%。党的十八届五中全会明确提出，要促进教育公平。教育公平是机会共享的基础。

近年来，拉萨市深入推进“五教创新”战略，即党建统教、人才强教、科研兴教、信息带教、依法治教，统筹推进各级各类教育协调发展，实现教育公平与质量新突破。

1.“五教创新”推动教育公平

一方面，拉萨市教育部门以普及学前三年双语教育为目标，以县（区）为单位，实施第二期“学前教育发展三年行动计划”。多渠道筹措资金，积极争取国家、自治区项目，加快建设幼儿园，加强配套设施建设，努力改善办园条件。同时，按照“城乡统筹、资源集约、规模效益”的原则，建立城乡一体化的义务教育发展机制，继续巩固提高“两基”成果，以寄宿学校建设为重点，以办好每一所学校为目标，改善办学条件，优化资源配置；在资金投入、学校建设、师资配置等方面向农牧区、城郊、薄弱学校倾斜，通过创建优质学校、名校办分校、片区教研制、教师交流等办法，努力缩小城乡间和校际间的差距。

另一方面，以打造优质高中教育为目标，巩固拉萨北京中学作为自治区级重点高中的地位，发挥拉萨北京实验中学、江苏实验中学的示范引领作用，提升二高、三高、四高综合办学实力。加强拉萨市一职、拉萨市二职配套设施建设。迁建拉萨市特殊教育学校，大力改善办学条件，加强特校师资培训，优化管理，扩大规模，提升办学水平和质量。同时，依托援藏省市力量，建立援助合作机制、搭建平台，逐步提高教育水平。

2. 教育城建设促进教育机会共享

案例：集中办学让农牧民享受最优质的教育。次旺家住拉萨市曲水县，家里有三口人。女儿次旺卓玛就读于拉萨市某高中，每次月考总成绩均在 270 分左右，距往年大学录取分数线相差甚远。次旺的妻子对此深感担忧："如果考不上大学，孩子未来的希望非常渺茫，只能给别人打工过日子。特别是，当她年迈后若没有固定工资的话，连家人都不会心疼她。"正当女儿上高三那年，拉萨市教育城建成。女儿的学校搬进了教育城，女儿和同学们也进入崭新的校园学习。校园里有崭新的教室，先进的设备，还有从北京、江苏援藏的教师。学校管理制度非常严格，抽烟、打架等行为均会受到开除处分。同学们自觉遵守学校纪律，全身心投入到学习中。

次旺卓玛说："在教育城，老师们很注重学生对知识的理解，跟以前每天背诵的学习方式不一样。同时，他们也教我们各种答题的方法，帮助我们掌握知识。"此后，次旺卓玛对学习产生了很大兴趣。虽然同学们来自西藏各地区，相互之间竞争也较激烈，但老师不断鼓励她，每次月考她的成绩均有提高。最后，次旺卓玛以 314 分的优异成绩考入西藏大学。次旺和妻子幸福地笑了：这是他们家最重要的事。

（1）教育城建设基本情况

拉萨教育城北临拉萨河，南靠 318 国道，占地面积 4690 亩。按照规划，拉萨教育城将会是一座集"学前教育、义务教育、高中教育、职业教育、大学科研、特殊教育、师资培训、教师住宅小区"为一体的教育、居住、医疗、市政、商业等配套设施齐全的多功能现代化教育城区。

建设周期为2012年至2014年。2012年完成了教育城控制性详细规划，规划突出了现代教育功能和西藏地域特色，保留了近500亩的自然村庄。教育城一期开工项目有拉萨市教育培训中心，拉萨市中等职业技术学校，拉萨教育城园丁苑，拉萨市示范性综合实践基地，北京市、江苏省分别援建的两所十二年一贯制学校、那曲第二高级中学等。

表6-3　教育城一期部分建设情况

	占地面积（亩）	建筑面积（平方米）	总投资（亿元）	招生规模（人）	在校人数（人）
拉萨市第二中等职业技术学校	375	124000	5	6000	2400
拉萨北京市实验中学	207	47878	2（北京市援建）	3000	2700
拉萨江苏实验中学	214	48614	2（江苏省援建）	3000	2300
城关区第九幼儿园	36.6	8252	0.3135	600	/
拉萨那曲第二高级中学	223.8	62400	1.15	3000	1200
拉萨阿里高中	140	20543.85	0.687	1600	/

其中拉萨市中等职业技术学校是以培养现代服务业人才为主，以培养加工制造业和现代农业为辅的中等学历教育学校，学校预计招生6000余人，教师约300人。北京市和江苏省分别援建的两所十二年一贯制学校，每所学校项目投资为2亿元，分别计划招生3000人。

（2）教育城建设对促进教育公平的作用

第一层次：促进“就学机会公平”

就学机会公平，是由宪法规定的公民受教育权所决定的起码的教育机会公平，或者说是教育机会公平的底线要求[①]。现实中，由于学校规模、学校布局以及教学容量的问题，影响“就学机会公平”。因此，扩大学校教育总体规模，合理学校布局，提升教学容量，保障符合条件的学生都能进行相应阶段的学校学习，是解决就学机会不公平问题的必要前提之一。

拉萨教育城的建设在推进就学机会公平上的作用主要体现在以下几方面：

1）设置完善的教育体系。加大投入，拉萨教育城征地、拆迁、项目建设等一期工程投资近30亿元，规划设置了从基础教育到高等教育的各级各类教育项目，计划在区域内形成比较完善的现代教育体系。

2）理顺管理体制。为有效提高教育管理效能，拉萨市将原市直属7所初中、5所小学、1所幼儿园移交城关区管理，形成了市管特殊教育、普通高中教育、中等职业技术教育，县（区）管学前教育、义务教育、成人职业技术教育的教育管理体制，逐步扩大了各级各类学校办学自主权。

3）形成科学合理的学校布局。调整学校布局，致力于切实解决小学布局点多线长、规模较小、资源分散、质量低下的问题，撤并拉萨市所有59个教学点，合并15所小学；调整市区实验小学等5所学校的布局，有效缓解了市区交通压力，增加了学校占地面积，基本形成了“高等教育、中等职业技术教育、普通高中教育、特殊教育集中在市区，一县一所初中，一乡一所完小，一村一所幼儿园”的覆盖拉萨市、纵横交错、科学合理的学校布局。

第二个层次：促进“就读优质学校机会公平”

由于现实中学校与学校之间存在的办学条件、师资水平、管理

① 吴康宁：教育机会公平的三个层次，《中国教育报》，2010-05-04。

模式等方面的差异，学校与学校之间在教学质量和水平方面存在着较大的差别，进入“优质学校”和“一般学校”的学生得到的教育质量也有着较大的差距。在这种情况下，如果不解决“优质学校”和“一般学校”教学质量的差别，则会出现新的教育不公平。在满足了基本就学需求后，如何获得“公平”的教学质量和水平，成了学生和家长的基本诉求。

因此，教育公平不仅体现在“享有就学的权利和机会”，而且体现在“能上质量相当的学校”。

拉萨教育城的建设，在推进优质教育资源共享，促进就读优质学校机会公平方面发挥了重要作用。

（1）打造家门口的“内地西藏班”。按照“办家门口的内地西藏班”的办学目标，由北京市和江苏省分别投入 2.5 亿元全额援建拉萨北京实验中学和拉萨江苏实验中学。这是依托北京、江苏教育资源优势，探索智力援藏、人才援藏、教育援藏新模式。北京实验中学着力于建设“绿色、人文、智慧、阳光、书香”校园，江苏实验中学以“责任教育”为核心理念，着力于打造“拉萨一流名校、藏苏文化乐园”。这两所学校日渐成为拉萨学子期待的家门口的“内地西藏班”。

表 6-4　拉萨北京实验中学和拉萨江苏实验中学基本情况

	师资队伍	管理团队	设施条件	办学目标
拉萨北京实验中学	北京市选派优秀教师 50 人拉萨市区级骨干教师 78 人	管理团队来自：人大附中、北京市基础教育研究中心、北京市第二十一中、北京石景山实验中学、北京第八十中学	空气导轨实验室、数字化实验室、专业教室、信息技术装备	创办成不出西藏的“内地西藏班”，在拉萨地区乃至全自治区具有引领示范作用的一流学校

续表

	师资队伍	管理团队	设施条件	办学目标
拉萨江苏实验中学	江苏选派优秀教师 80 人 拉萨市区级骨干教师 99 人	管理团队来自：江苏南通第一中学、南通西藏民族中学	音乐舞蹈楼、美术史地楼、多功能教育等	创办成不出西藏的“内地西藏班”，让拉萨的孩子在家门口和江苏的孩子接受一样的优质教育

（2）以打造优质高中教育为目标，发挥拉萨北京实验中学、江苏实验中学的示范引领作用，提升二高、三高、四高综合办学实力。随着北京、江苏两所实验中学、第二中等职业技术学校、教师继续教育学校、青少年示范性综合实践基地、那曲高中、阿里高中 7 所学校建成并陆续投入使用，1 万余名师生已经在教育城享受到了更加优质的教育资源。

（3）按照“城乡统筹、资源集约、规模效益”的原则，建立城乡一体化的义务教育发展机制，继续巩固提高“两基”成果，以寄宿学校建设为重点，以办好每一所学校为目标，改善办学条件，优化资源配置；在资金投入、学校建设、师资配置等方面向农牧区、城郊、薄弱学校倾斜，通过创建优质学校、名校办分校、片区教研制、教师交流等办法，努力缩小城乡间和校际间的差距。

第三层次：拉萨教育机会的溢出

教育城规划建设拉萨那曲第二高级中学和拉萨阿里高中，有利于发挥拉萨市优质教育资源的扩散效应，使那曲和阿里等偏远地区学生能够享受到“同等”优质教育资源，促进教育机会在拉萨和其他区域的共享。

表 6-5　拉萨那曲第二高级中学和拉萨阿里高中基本情况

	占地面积（亩）	建筑面积（平方米）	总投资（万元）	招生规模（人）	在校人数（人）
拉萨那曲第二高级中学	223.8	62400	11500	3000	1200
拉萨阿里高中	140	20543.85	6870	1600	/

资料来源：拉萨市教育局，2015 年

（二）促进就业机会共享

劳动力流动是促进社会流动的重要因素。“二元劳动力市场分割理论”，指出由于社会和制度性因素作用，形成了工作特征完全不同的主要劳动力市场（primary section）和次要劳动力市场（secondary section），并且二者之间存在结构制约而缺乏流动，不同人群获得劳动力市场信息以及进入劳动力市场渠道的差别，导致不同人群在就业部门、职位以及收入模式上的明显差异。劳动者进入劳动力市场之前，家庭背景已经决定其能进入主要还是次要劳动力市场（Bowles & Gintis，1973），两种市场分别吸纳不同的人群，因此形成了市场隔离。拉萨市和全国一样，受城乡二元体制的限制，农村劳动力大部分进入次级劳动力市场。只有通过政府打破就业壁垒的努力，才能破除劳动力流动的制度性障碍，推进机会共享。

Ravenstein（1985）在其人口迁移的“推拉理论”中指出，人们之所以选择向外迁移，主要是希望能够改善生活条件。流出地具有社会流动的推力，而流入地是具有社会流动的拉力，正是由于这一推力和拉力促使了社会流动[①]。传统人力资本理论和劳动力市场理论无法很好地解释劳动者收入差距的不断扩大和劳动力市场中存在的各种歧视现象，而“劳动力市场分割理论”强调劳动力市场的分割属性、强调

① 徐婷：农村社会分层与社会流动研究综述 [J],《中国市场》, 2011（9）。

制度和社会性因素对劳动报酬与就业的重要影响，因而具有较强的现实解释能力（郭丛斌、闵维方，2009），“推拉理论”可以很好地解释当今农村社会流动的农民工和“用工荒”等现象（周晓桂，2009）。拉萨市为西藏的中心城市，具有较高的经济社会发展水平和比较完善的公共服务体系，形成了对西藏各地人口的拉力。大量的农村劳动力进入拉萨，促进就业就成为拉萨市促进机会共享的重要手段。

党的十八届五中全会提出，要促进就业创业，坚持就业优先战略，实施更加积极的就业政策，创造更多就业岗位。拉萨市近年来大力落实各项毕业生及下岗失业人员就业、创业政策，通过开辟各种公益岗位，或开办阳光工程培训、就业再就业培训等途径，使就业形势不断好转，就业机会共享程度得到提升。

从拉萨市城乡劳动力负担人数看，2010 年每一农村劳动力负担人数为 2.0 人，城镇就业者负担人数为 1.57 人，2014 年每一农村劳动力负担人数降为 1.67 人，城镇就业者负担人数为 1.50 人。从 2010 年至 2014 年整体变化态势看，呈现出先下降再略微上升的态势，这主要是和人口结构的变化态势有关。

表 6-6　拉萨市城乡劳动力负担人数

指标	2010	2011	2012	2013	2014
每一农村劳动力负担人数（人）	2.00	1.59	1.58	1.64	1.67
每一城镇就业者负担人数（人）	1.57	1.19	1.23	1.05	1.50

资料来源：拉萨市人力资源与社会保障局，2015 年

为促进就业机会共享，“十二五”期间，拉萨市通过综合运用各项扶持政策，重点解决农牧民工、就业困难群众等的就业问题：

一是建立健全就业困难群众的就业援助制度，加大对就业困难农牧民群众的就业援助力度，为其提供个性化就业服务指导和公益

性岗位援助，以帮助他们尽快就业。

二是调整和完善产业结构，积极发展就业带动性产业，提高经济发展的就业弹性，鼓励和支持民营经济和中小企业积极吸纳和带动就业。

2000 年至 2014 年间，拉萨市乡村从业人员数量呈现不断增长的态势。2000 年乡村从业人员为 12.2 万人，2014 年上升至 16.6 万人，比 2000 年多 4.4 万人。乡村就业人数的增加在一定程度上说明拉萨市经济发展为农牧民提供了参与经济发展、提高自身收入的机会，广大农牧民分享了经济发展带来的就业的机会。

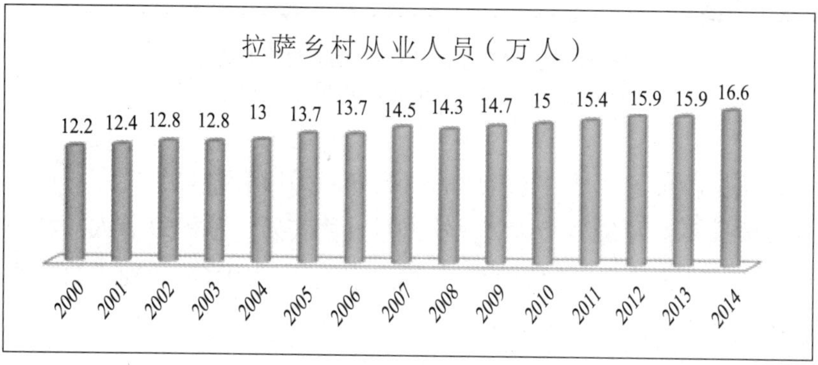

图 6-11　拉萨市乡村从业人员数

资料来源：《拉萨市统计年鉴》，2015 年

从拉萨市乡村从业人员看，主要集中在农林牧渔业，其次是其他非农业行业，此外，建筑业的乡村从业人员也较多。2000 年，拉萨市农林牧渔业的乡村从业人员为 9.44 万人，2014 年为 8.95 万人，从整体而言，2000 年至 2014 年拉萨市农林牧渔业的乡村从业人员呈现整体下降态势（仅 2011 年短暂增加）。

与农林牧渔业乡村从业人员的变化态势相反，其他非农行业和建筑业的乡村从业人员数量呈现不断上升的态势。2000 年其他非农行业的乡村从业人员数为 0.86 万人，2014 年增加至 3.16 万人；2000 年建筑业乡村从业人员为 0.41 万人，2014 年增加至 1.41 万人。

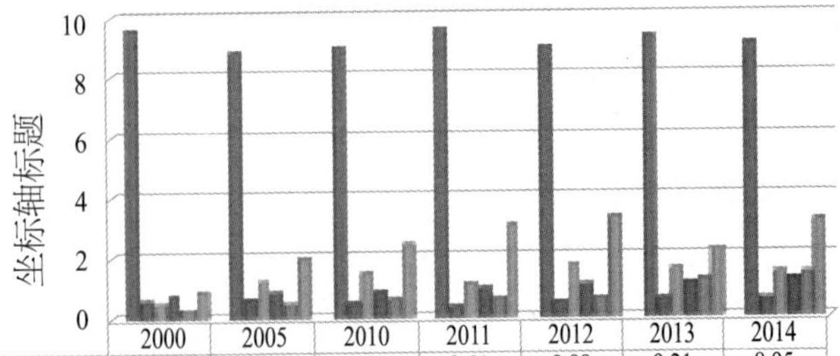

	2000	2005	2010	2011	2012	2013	2014
农、林、牧、渔业	9.44	8.67	8.85	9.51	8.88	9.21	8.95
工业	0.53	0.6	0.45	0.31	0.48	0.56	0.52
建筑业	0.41	1.15	1.44	1.1	1.68	1.54	1.41
交通运输、仓储及邮政业通信业	0.7	0.79	0.83	0.93	1.03	1.11	1.23
批发和零售业餐饮业	0.28	0.4	0.56	0.6	0.61	1.23	1.37
其他行业	0.86	1.95	2.38	3.03	3.28	2.24	3.16

图 6-12　按行业分乡村劳动力（万人）

资料来源：《拉萨市统计年鉴》，2015 年

从拉萨市各区县乡村就业的情况看，2014 年林周县的乡村从业人员数最多，为 3.39 万人，其次是堆龙德庆县，为 2.59 万人。城关区乡村从业人员最少，为 1.44 万人。各地不同的乡村就业人数主要和各地区城镇化水平不同有关。

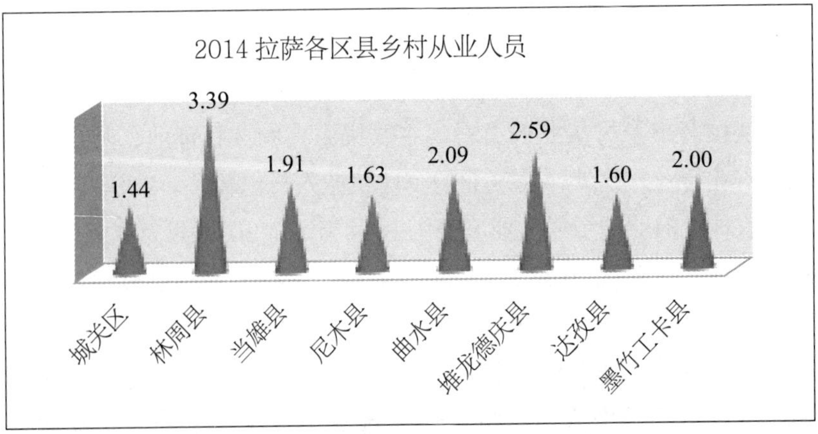

图 6-13　2014 年拉萨市各区县乡村从业人员情况（万人）

资料来源：《拉萨市统计年鉴》，2015 年

（三）推进公共健康服务机会共享

党的十八届五中全会提出，要推进健康中国建设。为群众提供基本的公共健康服务，不断提高医疗保障水平，是对人的发展至关重要的机会。逐步提高公共健康服务水平，是拉萨市提供机会共享的重要手段。

拉萨市促进公共健康服务机会共享的主要措施有政策保障、投入保障、改革创新三大方面，具体表现为：

1. 农牧区医疗保障程度不断提高

为提高农牧民群众的医疗保障水平，拉萨市将“农牧区医疗制度政府人均补助标准”由2005年的人均80元提高到2014年的人均380元，2015年将再次将补助标准从2014年的人均380元提高至420元。同时，实现县级医院基本药物“零差价”，市级医疗机构使用基本药物不低于75%，并将“糖尿病、高血压”等特殊疾病纳入门诊报销范围，有利于减轻农牧民群众的医疗负担。

2. 农牧区医疗条件不断改善

拉萨市积极改善农牧区医疗条件，2014年，拉萨市乡镇卫生院达50个，床位数197张，机构人员为365人，卫生技术人员336人。其中中心卫生院21个，乡卫生院29个，诊所、卫生所、医务室185个，村卫生室199个。医疗分级服务体系逐步建立，可以实现小病不出村，缓解了偏远地区农牧民缺医少药的情况。

表6-7　2014年拉萨市农牧区医疗条件情况

	机构数（个）	床位数（张）	机构人员（人）	卫生技术人员
乡镇卫生院	50	197	365	336
中心卫生院	21	88	176	141
乡卫生院	29	109	189	195

续表

	机构数（个）	床位数（张）	机构人员（人）	卫生技术人员
诊所、卫生所、医务室	185	/	6	492
诊所	172	/	6	467
卫生所、医务室	13	/	/	25
村卫生室	199	/	448	2

资料来源：《拉萨市统计年鉴》，2015 年

2014 年，拉萨市实施和续建 60 个医疗卫生项目，资金到位项目 22 个，到位资金 1.6 亿余元。藏医药能力建设进一步加强，藏医药特色优势进一步显现。卫生人才队伍建设全面加强，服务能力和水平不断提高，考录的 160 名卫生专业人员，全部充实到县、乡两级医疗卫生机构，有效缓解了基层卫生专业人员缺乏的现状。

3. 城乡医疗救助不断完善

为进一步完善城乡医疗救助制度，着力提高医疗救助水平和救助资金的使用率，拉萨市通过简化程序，构建困难群众医疗救助“绿色通道”，实施困难群众“一站式”即时结算等措施，进一步提升了拉萨医疗救助水平，切实解决了困难群众“看病难”的实际困难。

表 6-8　2014 年拉萨市城市医疗救助情况

行政单位	医疗救助（人次）	住院（人次）	门诊（人次）	救助资金支出（万元）
拉萨市	1620	1549	71	761.3
区、市直	409	357	52	224.3
城关区	952	944	8	421.3
堆龙德庆县	52	51	1	22.2

续表

行政单位	医疗救助（人次）	住院（人次）	门诊（人次）	救助资金支出（万元）
曲水县	29	27	2	18.9
尼木县	9	7	2	2.4
当雄县	52	46	6	17.3
墨竹工卡县	39	39	/	13.0
林周县	26	26	/	10.0
达孜县	52	52	/	31.9

资料来源：《拉萨市统计年鉴》，2015 年

2014 年，拉萨市城市医疗救助 1620 人次，救助资金支出达 761.3 万元，其中住院救助 1549 人次，门诊 71 人次。分区县情况看，城关区城市医疗救助人次最高，达 952 人次，救助资金支出为 421.3 万元，这主要是因为城关区城市化程度高，城镇人口多，因而城市医疗救助人次最多。尼木县城市医疗救助人次最少，为 9 人次，资金支出为 2.4 万元。

从农村医疗救助情况看，2014 年拉萨市农村医疗救助 3828 人次，比城市医疗救助多出 2208 人次。救助资金支出为 2036.8 万元，比城市医疗救助资金支出高出 1275.5 万元。其中林周县农村医疗救助人次最多，达 836 人次，救助资金支出为 324.8 万元，城关区农村医疗救助人次最少，为 81 人次，救助资金支出为 40.8 万元。

表 6-9　2014 年拉萨市农村医疗救助情况

行政单位	医疗救助（人次）	住院	门诊	救助资金支出（万元）
拉萨市	3828	3718	110	2036.8
城关区	81	81	/	40.8

续表

行政单位	医疗救助（人次）	住院	门诊	救助资金支出（万元）
堆龙德庆县	522	518	4	426.0
曲水县	334	319	15	146.0
尼木县	297	286	11	146.9
当雄县	673	625	48	300.5
墨竹工卡县	825	825	/	324.8
林周县	836	804	32	486.2
达孜县	260	260	/	165.7

资料来源：《拉萨市统计年鉴》，2015 年

4. 加大城市卫生支援基层卫生工作力度

城市卫生支援基层卫生工作是构建和谐社会、建设社会主义新农村的重要内容；是优化城乡卫生资源配置，加快发展农牧区医疗卫生事业，缓解群众看病难、看病贵问题的有效途径。城市卫生支援基层卫生工作具有见效快、成本低、易实施的特点，能更好地发挥市直医疗卫生单位管理、人才、技术优势，对加快促进基层卫生事业全面、健康、协调、可持续发展具有十分重要的意义。

为加大城市卫生支援基层卫生工作力度，拉萨市要求市直各医疗卫生机构将本单位中级和初级工龄十年以上且工作责任心强、经验丰富的卫生专业技术人员纳入下基层服务范围，以轮岗的形式下派到基层，以传、帮、带的方式，切实提高基层卫生技术人员的服务能力和服务水平，为基层培养出一支带不走的高素质卫生专业技术人才队伍。

五、机会公平的度测

（一）教育机会公平度测

1. 测算方法的选择

基尼系数（Gini coefficient）是国际上公认的用以反映居民收入分配差距的重要指标。基尼系数取值在 0–1 之间，其中越接近于 0，说明收入分配差距越小，分配越公平，越接近于 1，说明收入分配差距越大，分配越不公平。国际上将 0.4 作为收入分配差距的警戒线，低于 0.4 说明收入差距相对合理，高于 0.4 则说明收入差距较大。

作为一种常用的统计分析方法，基尼系数不仅可用于收入分配问题的研究，而且可以用于其他分配问题和均衡程度的分析。本文采用基尼系数对拉萨市教育公平程度进行度测算。

2. 数据来源

本部分的数据来源于《中国第五次人口普查》和《中国第六次人口普查》。第五次人口普查数据将 6 岁以上人口受教育程度划分为：未上过学、扫盲班、小学、初中、高中（包括中专）、专科、本科和研究生 8 个层次。第六次人口普查数据将 6 岁以上人口受教育程度划分为：未上过学、扫盲班、小学、初中、高中（包括中专）、专科、本科及其以上 7 个层次。具体统计数据如表 6–9 和表 6–10 所示。

表 6–10　西藏及拉萨市第五次人口普查数据（人）

	未上过学	扫盲班	小学	初中	高中（中专）	专科	本科	研究生
西藏自治区	1071534	149969	796442	165957	92848	23255	9962	340
拉萨市	106381	24607	176672	67865	40785	11806	6406	217

续表

	未上过学	扫盲班	小学	初中	高中（中专）	专科	本科	研究生
城关区	33441	3840	64918	54912	35469	10900	6029	195
林周县	18130	3472	21555	1621	903	102	40	1
当雄县	13313	6349	12405	1163	549	98	26	0
尼木县	5880	2520	14202	1565	540	87	27	0
曲水县	8119	2317	12269	3227	730	168	88	0
堆龙德庆县	7535	2867	21505	3172	1306	226	121	16
达孜县	5064	1121	14104	1186	621	113	43	1
墨竹工卡县	14899	2121	15714	1019	667	112	32	4

数据来源：《中国第五次人口普查》，2000 年

从第五次、第六次人口普查数据看，拉萨市和西藏拥有高学历文化层次的人口数量均有大幅增加。2000 年，拉萨市拥有专科学历的人口为 11806 人，2010 年增加至 37508 人，西藏专科学历的人口从 2000 年的 23255 人增加至 93704 人。

从本科及以上文化层次的人口看，2000 年拉萨市为 6623 人，2010 年增加至 31409 人，是 2000 年的近 5 倍。西藏本科及以上文化层次的人口则从 10302 人增加至 2010 年的 71620 人，增长了近 6 倍。

表 6-11 西藏及拉萨市第六次人口普查数据（人）

	未上过学	小学	初中	高中（中专）	专科	本科及以上
西藏自治区	925237	1098468	385793	131027	93704	71620
拉萨市	102061	190794	109948	49323	37508	31409

续表

	未上过学	小学	初中	高中（中专）	专科	本科及以上
城关区	33592	72282	68062	38025	30863	26395
林周县	15494	20027	6157	1769	868	698
当雄县	14012	18890	4951	980	869	519
尼木县	4993	13623	4813	561	535	432
曲水县	8793	11174	5886	1654	777	776
堆龙德庆县	9051	23136	9046	3620	1999	1340
达孜县	4462	12950	4165	1285	768	625
墨竹工卡县	11664	18712	6868	1429	829	624

数据来源：《中国第六次人口普查》，2010 年

3. 教育基尼系数测算

本文将各类人群受教育年限用 C_i 表示，其中 C_i 分别等于 0，3，6，9，12，15，19，分别对应不识字（0 年），扫盲班（1 年），小学（6 年），初中（9 年），高中包括中专（12 年），大专（15 年），（本科 16 年），研究生（19 年）。

教育基尼系数 G 的计算采用白雪梅、赵松山[①]的计算方法。

$G=2\times|\sum_{i=1}^{n}(Y_i\times\sum_{i=1}^{n}X_i|-\sum_{i=1}^{n}Y_i\times X_i-1$ （6-1）

其中，Xi 表示第 i 类人口占当年总人口的比例，Yi 表示第 i 类人群受教育年限占该年总人口受教育年限的百分比。

教育基尼系数 G 反映了一个地区教育公平程度的状况，G 值越低，代表教育公平程度越高。

① 白雪梅、赵松山：关于基尼系数计算方法的改进 [J].《上海统计》，1994（11）：7-11。

按照公式 6-1，根据表 6-9 和表 6-10 的数据，计算得出拉萨市 2000 年和 2010 年的教育基尼系数（见表 6-11）。

表 6-12　拉萨市教育基尼系数

	2000	2010
西藏自治区	0.582276	0.458933
拉萨市	0.41373	0.358798
城关区	0.323785	0.298534
林周县	0.493237	0.443101
当雄县	0.571257	0.439603
尼木县	0.369094	0.311269
曲水县	0.441766	0.422493
堆龙德庆县	0.340748	0.332165
达孜县	0.323509	0.317364
墨竹工卡县	0.51589	0.396085

从纵向看，无论是西藏、拉萨市还是拉萨市内部各区县的教育基尼系数均呈现出不断下降的态势，说明西藏、拉萨市以及拉萨市内部各区县的教育公平程度都有所提高。

2000 年到 2010 年间，拉萨市教育基尼系数呈现出逐渐缩小的态势，2000 年拉萨市教育基尼系数为 0.41373，2012 年降至 0.358798，比 2000 年下降 0.05493。

就西藏而言，教育基尼系数从 2000 年的 0.582267 下降至 2010 年的 0.458933，下降 0.12334。

从拉萨市内部各区县教育系数变化情况看，当雄县的基尼系数下降幅度最大，从 2000 年的 0.571257 下降至 0.439603，下降

0.13165，堆龙德庆县的教育基尼系数下降幅度最低，仅从 2000 年的 0.340748 下降至 2010 年的 0.332165。

横向比较看，2000 年和 2010 年拉萨市教育基尼系数均小于西藏的平均水平，其中 2000 年比西藏平均水平低 0.16855，2010 年低 0.10014，说明拉萨市的教育公平程度整体高于西藏平均水平。

从拉萨内部的横向比较看，城关区的基尼系数最低，2000 年和 2010 年分别为 0.323785 和 0.298534，即教育公平程度较高；其次是达孜县，教育公平程度相对较高，2000 年和 2010 年教育基尼系数分别为 0.323509 和 0.317364。

按照联合国有关组织对基尼系数规定：低于 0.2 为收入绝对平均；0.2-0.3 为收入比较平均；0.3-0.4 为收入相对合理；0.4-0.5 为收入差距较大；0.5 以上为收入差距悬殊。2010 拉萨市的教育基尼系数为 0.358798，属于 0.3-0.4 区间，说明拉萨市教育公平程度处于相对合理阶段。

未来，随着拉萨市教育事业的不断推进，教育水平的不断提升，城乡居民将享受到更为公平的教育机会。

（二）财产收入公平度测

城乡居民收入差距是当前中国居民分配结构中最受关注的社会焦点问题，

1. 度测方法的选择

从已有研究看，国内学者采用了多种方法对城乡居民收入差距状况进行度测，如居民城乡收入比率法、差值法基尼系数、Theil 指数法、结构相对系数法等。由于研究目的和计算方法的差异性，得出的结论存在着一定的差异。

由于差值法基尼系数综合考虑了城乡人口结构与收入结构两个因素，把人口结构和收入结构的变动纳入城乡居民收入差距基尼系数的计算公式，使城乡居民收入差距研究结果更可靠、更接近现实[①]。因此，考虑到研究目的以及数据的可靠性等方面的需求，本文采用差值法基尼系数对拉萨市城乡居民收入差距进行研究。

运用差值法基尼系数计算城乡居民收入差距的公式为：

$G=I_u-P_u=P_r-I_r$（6-2）

其中，G 表示“城乡居民收入差距的基尼系数”，I_u 和 P_u 分别代表“城镇居民收入在居民总收入中的比重”和“城镇人口在总人口中的比重”，I_r 和 P_r 分别表示“农村居民收入在居民总收入中的比重”和“农村人口在总人口中的比重”。

2. 数据来源及统计分析

城镇人口、乡村人口、农牧民人均纯收入、城镇居民人均可支配收入等数据来源于 2015 年《拉萨市统计年鉴》。

表 6-13　拉萨市按城乡分人口和收入情况

	城镇人口（人）	乡村人口（人）	农牧民人均纯收入（元）	城镇居民人均可支配收入（元）
1991	125000	236500	474	2111
1992	126700	239900	510	2208
1993	129700	242940	529	2900
1994	132200	245600	830	4014
1995	134700	249900	935	5071
1996	136200	252600	1075	6556
1997	138800	254000	1224	5913
1998	137573	258597	1361	6262
1999	138267	259619	1498	6909

① 李涛、李炯：基于差值法的城乡收入差距分解研究——浙江的数据[J]，《华东经济管理》，2007（1）。

续表

	城镇人口（人）	乡村人口（人）	农牧民人均纯收入（元）	城镇居民人均可支配收入（元）
2000	141290	262462	1427	7426
2001	144870	262443	1559	7869
2002	146636	262819	1714	8079
2003	156748	264079	1896	8765
2004	167596	270405	2179	9106
2005	174728	274580	2402	9437
2006	180038	272428	2825	10348
2007	184635	280101	3250	12376
2008	203818	294538	3732	13941
2009	211385	303968	4149	15114
2010	198917	285668	5003	16567
2011	193867	299902	6019	17654
2012	204002	299724	7082	19545
2013	214931	305163	8265	21427
2014	222987	304323	9258	23057

根据表 6-12 的数据，分别计算出 I_u、P_u 、P_r 、I_r ，再根据公式（6-2）计算出城乡居民收入差距的基尼系数。计算结果见表 6-14。

表 6-14　拉萨市城乡居民收入差距基尼系数

	Iu	Pu	Ir	Pr	G
1991	0.816634	0.345781	0.183366	0.654219	0.470853
1992	0.812362	0.345608	0.187638	0.654392	0.466754

续表

	Iu	Pu	Ir	Pr	G
1993	0.845728	0.348057	0.154272	0.651943	0.497671
1994	0.828654	0.349921	0.171346	0.650079	0.478733
1995	0.844322	0.350234	0.155678	0.649766	0.494088
1996	0.859127	0.350309	0.140873	0.649691	0.508819
1997	0.828499	0.35336	0.171501	0.64664	0.475139
1998	0.821461	0.347257	0.178539	0.652743	0.474204
1999	0.821815	0.347504	0.178185	0.652496	0.474311
2000	0.838812	0.349943	0.161188	0.650057	0.488869
2001	0.834641	0.355672	0.165359	0.644328	0.478969
2002	0.824977	0.358125	0.175023	0.641875	0.466852
2003	0.822156	0.372476	0.177844	0.627524	0.449679
2004	0.806912	0.382638	0.193088	0.617362	0.424273
2005	0.797111	0.388882	0.202889	0.611118	0.408229
2006	0.785546	0.397904	0.214454	0.602096	0.387642
2007	0.792013	0.39729	0.207987	0.60271	0.394723
2008	0.78883	0.408981	0.21117	0.591019	0.37985
2009	0.784613	0.410175	0.215387	0.589825	0.374438
2010	0.768057	0.410489	0.231943	0.589511	0.357568
2011	0.745744	0.392627	0.254256	0.607373	0.353117
2012	0.734029	0.404986	0.265971	0.595014	0.329043
2013	0.721642	0.413254	0.278358	0.586746	0.308388
2014	0.713508	0.422876	0.286492	0.577124	0.290631

由表 6-14 可知，1991 至 2014 年间，拉萨市城镇居民收入在居民总收入中的比重呈现出不断下降的态势，从 1991 的 81.66% 下降到 71.35%。城镇居民人口在总人口中的比重呈现出不断上升的态势，由 1991 年的 34.58% 上升到 2014 年的 42.29%。拉萨市农村居民收入在居民总收入中的比重呈现出不断上升的态势，从 1991 的 18.34% 上升到 2014 年的 28.65%。农村居民人口在总人口中的比重呈现出不断下降的态势，由 1991 年的 65.42% 下降到 2014 年的 57.71%。

由此决定了拉萨市城乡居民收入差距呈现出不断缩小的态势。1991 年拉萨市城乡居民收入差距基尼系数为 0.470853，2014 年下降至 0.290631，比 1991 年低 0.180222。农村居民收入的快速增长是导致这一时期城乡居民收入差距缩小的主要原因，同时城镇化的加速发展使城镇人口比例进一步增加，进一步促进了城乡居民收入差距的收敛。

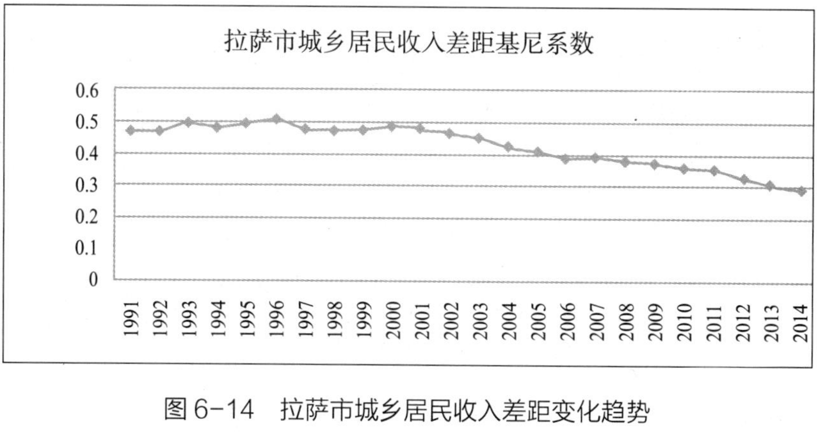

图 6-14　拉萨市城乡居民收入差距变化趋势

由图 6-14 可知，从 1991 年至 2014 年拉萨市城乡居民收入差距呈现出明显的收敛态势。但是从期间变化的幅度看，大致可以分为两个阶段：一是1991年至2001年的微幅波动阶段，期间城乡居民收入差距的基尼系数基本维持在0.466754—0.478969，即城乡居民收入差距没有明显的变化；二是2001年至2014年的快速收敛阶段，期间城乡居民收入差距从2001年的0.478969下降至2014年的0.290631，下降幅度达39.3%。这说明，2001年以后拉萨市经济社会发展的共享性更强。

第七章　参与共享与拉萨的实证分析

"参与"是共享的基础，共享是"参与"的目标。对于个体而言，只有参与了经济社会发展过程，才能更好地分享经济社会发展的成果。本章在对参与共享进行一般理论分析的基础上，就拉萨市参与共享的实践进行了实证分析。

一、参与共享的影响因素及机理

（一）参与共享的影响因素

对于个体而言，参与机会供给和自身能力是影响其参与的两大重要因素，其中参与机会供给是前提和基础，自身能力为参与提供能力保障。

1. 参与机会供给

参与机会供给中的"机会"主要指就业机会。共享式发展，是以投资和增加生产型就业机会为导向的，即共享式发展倾向于通过经济的发展，创造更多参与的机会，使民众在参与中，实现共享。

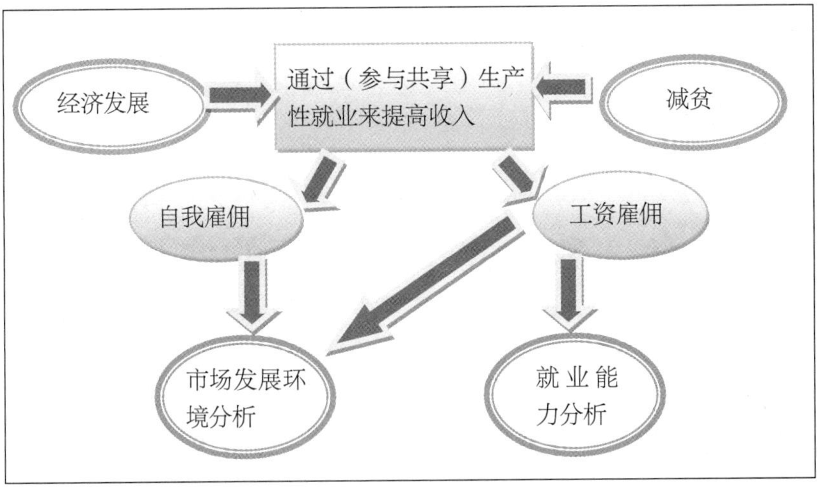

图 7–1　参与共享的渠道

从就业的渠道看，一是自我雇佣，即通过创业带动自身及他人就业；二是工资雇佣，即通过获取就业岗位来获取工资收入。其中自我雇佣的关键在于市场发展环境，公平的市场竞争规则和持续的经济增长都是决定市场发展环境的重要因素。工资雇佣不仅取决于就业岗位的提供，而且取决于自身就业能力，包括受教育程度、已有的工作经验、掌握的技能等。

2. 个体能力

在机会开放基础下，个体能力上的差距是导致收入差距的重要原因之一。个体能力作为获取或者改变个体获取外部资源能力的重要基础，对于参与机会的把握有着重要的影响。个体能力包括技术能力、吸收能力、研发能力等。这些能力主要体现在两方面：一是个人的从业经验，二是个人的教育水平。

从业经验有助于个人获取某一行业的专业知识。长期处在某一行业内部的个人必然具有更高的行业背景知识，专业性知识的获取有助于寻找更多的潜在机会。教育水平则从另一方面体现个体能力。

教育水平相对较高的个体一般会具有更高的吸收能力和学习能力，对新事物的接受能力比较强，因此对于技术变动环境比较高的行业的适应能力会更高。

从西藏实际情况看，农牧民群众无论是在个人从业经验还是教育水平上，都存在着不足，影响了其对参与机会的把握。如位于郊区的农牧民原本可以通过种植蔬菜、花卉等经济作物增加收入，但仅有少部分农牧民懂得相应种植技术，大部分农牧民由于缺乏技术和能力被排斥在外。

同时由于技术的差距，当地农牧民只能从事一些劳动强度大、待遇低的体力活，而技术含量高的、较为轻松的工作机会却被内地外来人员获得。据 10 年前的调查，拉萨八廓街改造项目中，一位康巴商人的妻子得到一份铲土和搬运土石的工作机会（每天仅得到 30 元收入），相对于内地的泥水匠（每天 80 元左右的收入），不仅工作强度大，而且待遇低。这位商人觉得疑惑，便问内地泥水匠："为什么你的工作轻松，工资却比铲土和搬运土石的高？"这位泥水匠指着身旁水泥袋上的一串数字说："你认识这些标号吗？知道用法吗？"当得到否定的回答时，技术差异也就显现了出来[①]。

由此可见，对西藏广大的农牧民群众而言，关键是如何提升自我发展能力来把握参与的机会。

（二）参与共享的影响机理

为进一步分析个人能力和就业机会对参与共享的影响，笔者将影响参与共享的因素划分为以下四个象限。其中象限 1 表示"有能力无机会"；象限 3 表示"有机会无能力"；象限 2 表示"有能力和机会，但机会不公"；象限 4 表示"有能力和机会，但能力有差距"。

---

① 罗绒战堆、次仁央宗、达瓦次仁：机会的供给与把握——构建和谐西藏的一个重要因素及相关经济学分析 [J],《中国藏学》，2008（1）。

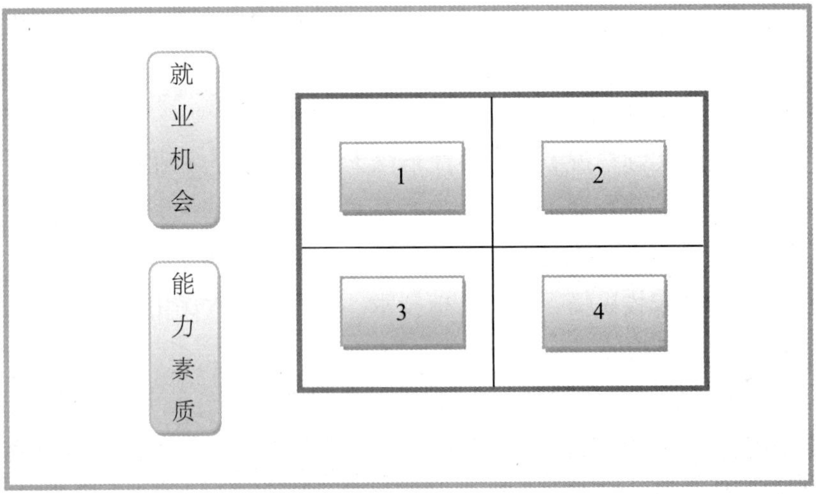

图 7-2 参与共享的影响机理

具体而言：

象限 1“有能力无机会”，表示个体有能力，但由于缺乏机会，无法参与经济活动中。

象限 3“有机会无能力”，表示在有参与机会的情况下，由于能力限制导致资源获取和参与机会的丧失，比如个体能力上的缺乏而难以进入到要求较高的行业中去。

象限 2“有能力和机会，但机会不公”，表示尽管个体有能力，但由于现实中的机会不公，导致在参与中受到限制。

象限 4“有能力和机会，但能力有差距”，表示在有参与机会的情况下，由于参与者能力上的不足，导致的参与限制。

根据上述不同的情况，需要采取不同的有针对性的措施：

对应于象限 1“有能力无机会”的情况，需要通过经济发展，创造更多的就业机会。

对应于象限 3“有机会无能力”的情况，需要通过教育、培训等提升个体的专业技术和能力，使其有能力参与到经济活动中去。

对应于象限 2“有能力和机会，但机会不公”的情况，需要着眼于机会公平建设，消除社会排斥。

对应于象限 4“有能力和机会，但能力有差距”的情况，需要大幅提升个体分享经济增长收益的能力，缓解由于个体能力差距带来的排斥。

二、参与共享的实现战略

共享式增长实现战略有三个核心支柱：第一，最大化经济机会，核心是就业；第二，确保公平获取经济机会，其核心是提升就业者的能力，或者把握机会的能力；第三，确保最低经济福利，其核心是构成社会保护体系，例如为老弱病残等缺少劳动能力的人提供支持，为社会提供应对外部风险的措施。

为此，政府需要在以下三个方面进行努力：一是通过加强教育培训，提高公共服务供给水平，增强个体尤其是是弱势群体的参与能力。二是建立健全制度机制，完善政府设计，消除机会不公，营造公平的竞争环境。三是建立完善社会保障体系，为社会个体特别是弱势群体提供基本保障防护。

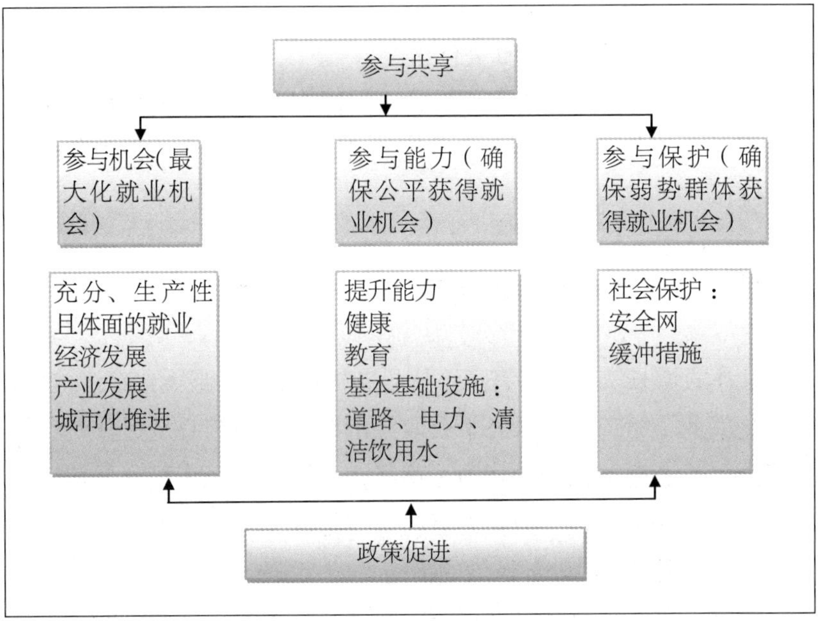

图 7-3 参与共享的实现战略

（一）创造就业机会

参与共享的首要支点是创造就业机会，生产性就业是经济增长与参与共享的桥梁，因为就业是个体和增长之间的转移桥梁。微观个体通过生产性就业获得工资收入，宏观增长在生产性就业实现的前提下得以发生。

1. 促进经济发展

经济发展是共享式发展得以提升的重要基础。一方面，经济发展通常能带来更多的经济生产参与的机会，这种参与的机会可以从就业率指标上得到表现。另一方面，经济发展能够增强政府提供公共服务的能力，推动基础设施改善，为参与共享创造条件。

因此，经济发展是增加机会供给，提高经济共享性的重要战略。对西藏而言，一方面要利用自身特色资源优势，积极发展高原特色产业，提高经济增长的就业弹性；另一方面，通过转变发展方式，不断调整和优化产业结构，在产业结构优化和产业布局的调整时，要考虑对新增就业的影响，力争实现经济发展与就业提升的双赢。

2. 扩大市场范围

西藏地处西南边陲，是我国唯一的少数民族占压倒性优势的民族自治区域。但由于历史、区位、自然条件的限制，加之农牧民自身素质的影响，西藏农牧民的就业范围有限，基本都在自治区范围内就业，向外转移就业的劳动力较少。2012 年底，农牧民区内转移就业 42.55 万人，占转移就业人数的 94.56%；区外转移就业 2.45 万人，仅占转移就业人数的 5.44%[①]。

因此，在未来发展中西藏应进一步拓展外向型经济，增加适龄劳动人口与对外发展的机会，扩大市场范围，拓展就业空间。

（二）能力提升

在有机会供给的条件下，如果个体不具备相应的能力，机会也只能白白流失，不仅影响个体的效用水平，而且造成资源的浪费。目前西藏劳动力供给的主要特征是受教育程度低，技术水平低，不仅影响个体劳动力就业，而且影响整体产业结构和优化升级。截止到 2011 年，西藏从业人员中小学学历占 34.8%，初中学历占 31.2%，高中学历占 10.2%，大学专科及本科占 18.5%[②]。

因此，对西藏而言，应通过巩固义务教育，改革高等教育，兼顾继续教育，提升劳动力的素质和能力，进而为西藏长足发展提供人才支持。

---

① 黄菊英、图登克珠、周晓阳：西藏劳动力就业现状及特征分析 [J]，《西藏大学学报》（社会科学版），2014（6）。

② 黄菊英、图登克珠、周晓阳：西藏劳动力就业现状及特征分析 [J]，《西藏大学学报》（社会科学版），2014（6）。

（三）就业机会保护

由于自身素质和能力的限制，弱势群体在参与就业机会的竞争中处于弱势地位，因此，需要对弱势群体提供一定的就业保护，一是增加对弱势群体的专用就业供给，二是对弱势群体开展一些有针对性的培训。

1. 明确就业再就业扶持政策的范围

调整充实完善现有政策，明确就业再就业扶持政策的范围，充分发挥积极就业政策的效应。根据西藏实际情况对就业再就业政策扶持对象进行扩展，将国有企业失业人员、国有企业关闭破产需要安置的人员，集体企业失业人员，自失业登记之日起 6 个月以上未实现就业的高校毕业生，享受城市居民最低生活保障的失业人员，城镇复员退役军人，具有西藏城镇户籍的残疾人，城镇零就业家庭人员，连续失业 6 个月以上且具有西藏城镇户籍的其他城镇失业人员，城镇规划区内被征地农牧民等 9 类人员，纳入就业再就业政策扶持范围。同时，根据西藏季节性用工较强的特点，将签订劳动合同期限 3 年改为 6 个月，使就业再就业扶持政策覆盖到更广泛的群体，广大人民群众得到更多实惠。

2. 就业机会倾斜

在加大机会供给的同时，应留出一定比重的机会向农牧区和农牧民倾斜，提升他们参与经济活动的机会。

《中共西藏自治区委员会、西藏自治区人民政府关于提高农牧业综合生产能力促进农牧民增加收入的意见》（2007 年），明确提出，“对于以工代赈、农房改造、乡村公路和其他适合农牧民参与建设的工程，原则上要交给农牧民施工队伍承建”[①]。“十二五”以后，再次强调在西藏承接政府工程的甲方必须将农牧民能够干的工作统统交

---

① 罗绒战堆：小康战略目标下西藏农牧民收入问题研究 [J]，《中国藏学》，2014（1）。

给农牧民[①]。

“十五”时期青藏铁路建设过程中，农民工的参与率不足20%，如今在重点项目建设中，农牧民的参与情况明显增加。拉日铁路建设工地随机抽样调查显示，80%以上的建设者为工地附近的藏族农民工[②]。未来，在做好农牧民参与就业的同时，还应拓宽就业渠道、挖掘就业潜力，推进享受城市居民最低生活保障的失业人员，城镇复员退役军人，具有西藏城镇户籍的残疾人，城镇零就业家庭人员等群体就业工作，进一步完善“增加公职人员岗位、购买公益性岗位、增强企业就业吸纳能力”等鼓励政策，促进就业。

3. 将弱势群体就业作为考核指标

为积极推进就业困难等弱势群体就业，可将“推进弱势群体就业”作为政府的考核指标，以便进一步为弱势群体创造更多的就业机会和条件。

三、拉萨市参与共享的机会培育

（一）经济发展促进参与就业

从理论上讲，经济发展会为参与就业提高机会，但在劳动力市场开放的情况下，经济发展不一定会带来当地劳动力的就业增长，只有当政府以参与共享理念促进就业时，经济发展才能使当地群众的就业参与度提高。

1. 就业与经济发展保持同步增长

拉萨市快速的经济发展促进了就业，就业增长与经济发展保持了相同的增长趋势。1990年拉萨市GDP为7.46亿元，当年的从业人员数量为16.79万人，2014年GDP增加至347.45亿元，从业人

① 罗绒战堆:小康战略目标下西藏农牧民收入问题研究[J],《中国藏学》,2014(1)。
② 罗绒战堆:小康战略目标下西藏农牧民收入问题研究[J],《中国藏学》,2014(1)。

员数量上升至46.87万人。可见，1990年至2014年间拉萨市从业人员数量呈现持续的上升态势，与GDP快速上涨的趋势保持一致。

表7-1　拉萨市从业人员和GDP情况

	从业人员数量（万人）	GDP（亿元）
1990	16.79	7.46
1995	19.38	21.32
2000	21.6	44.9
2005	24.78	86.78
2006	25.72	102.39
2007	31.42	121.91
2008	32.00	138.79
2009	33.05	154.27
2010	34.43	178.91
2011	37.82	222.09
2012	39.58	260.04
2013	43.90	304.87
2014	46.87	347.45

资料来源：《拉萨市统计年鉴》，2015年

2. 经济增长的就业弹性不断提升

就业弹性系数是从业人数增长率与GDP增长率的比值，即GDP增长1个百分点带动就业增长的百分点。用公式表示为：

$$E=\frac{\frac{\Delta L}{L}\times 100\%}{\frac{\Delta K}{K}\times 100\%}=\frac{dl/L}{dK/K} \quad (7\text{-}1)$$

其中L表示从业人员数量，K表示GDP产值。ΔL/L表示从业人数增长率，ΔK/K表示GDP增长率。

一般说来，就业弹性系数越高，说明经济增长带动就业增长的效果越大，就业弹性系数越低，说明经济增长带动就业增长的效果越不明显。

就业弹性系数水平主要取决于经济增长与就业增长的动态作用，当就业弹性水平较低时，即使经济保持高增长，也不一定会对就业有较强的拉动。但在现实的经济运行中，由于受到经济结构、经济增长方式等诸多因素的影响，经济增长与就业之间表现出不同的互动模式，就业弹性的强度和方向也会有所不同。

从计算结果看，2006 年拉萨市就业弹性系数为 0.21，说明 GDP 增长 1 个百分点，带动就业增长 0.2 个百分点。值得说明的是 2007 年拉萨市就业弹性系数较高，达到了 1.16，说明 GDP 增长 1 个百分点，带动就业增长 1.16 个百分点，这主要是由于 2007 年就业人员数较之 2006 年快速增加引起的。

2014 年拉萨市就业弹性系数为 0.48，说明 GDP 增长 1 个百分点，带动就业增长 0.48 个百分点。2006 年至 2014 年间除了 2008 年低于 0.2 以外，其余年份都高于 0.2，甚至部分年份达到了 0.6 和 1.16。因此，就整体而言，拉萨市经济增长对就业的带动作用较为明显。

表 7-2　拉萨市就业弹性系数

	从业人员数量增长率（%）	GDP 增长率（%）	就业弹性系数
2006	0.037934	0.17988	0.210884
2007	0.221617	0.190644	1.16247
2008	0.01846	0.138463	0.133318
2009	0.032812	0.111535	0.294189
2010	0.041755	0.15972	0.261426
2011	0.098461	0.24135	0.407957
2012	0.046536	0.170877	0.272338

续表

	从业人员数量增长率（%）	GDP 增长率（%）	就业弹性系数
2013	0.109146	0.172397	0.63311
2014	0.067654	0.139666	0.484396

分阶段情况看，1960 年—2014 年 55 年间，从业人员的年均增长率为 3.3%，GDP 年均增长率为 13%，期间就业弹性系数为 0.25，即 GDP 增长 1 个百分点，带动就业增长 0.25 个百分点。

2001 年—2014 年 14 年间，从业人员的年均增长率为 5.6%，GDP 年均增长率为 15.9%，期间就业弹性系数为 0.35，即 GDP 增长 1 个百分点，带动就业增长 0.35 个百分点。

2006 年—2014 年 9 年间，从业人员的年均增长率为 7.4%，GDP 年均增长率为 17%，期间就业弹性系数为 0.43，即 GDP 增长 1 个百分点，带动就业增长 0.43 个百分点。说明 2006 年以后 GDP 增长对就业的带动作用更强，拉萨的整体就业形势较好。

表 7-3　拉萨市分阶段的就业弹性

	1960–2014	2001–2014	2006–2014
从业人员数年均增长率	3.3	5.6	7.4
GDP 年均增长率	13.0	15.9	17.0
就业弹性系数	0.253846	0.352201	0.435294

（二）三大产业带动参与就业

拉萨市三次产业的发展，都带动就业增加，但在不同的产业结构下，三次产业对劳动力的吸纳存在着明显的差异。政府在促进产业发展过程中，以参与就业的理念指导就业干预活动，可以使对劳动力吸纳最多的产业和行业在就业机会提供上最大限度地有利于当地群众，特别是农牧民就业。

1. 三次产业从业人员构成

从 2000 年—2014 年拉萨市三次产业从业人员所占比例情况看，第一产业从业人员所占比重呈现出不断下降的态势。2000 年第一产业从业人员比重为 44.7%，2014 年则下降至 19.49%。

第二产业从业人员所占比重呈现小幅上升态势，但波动幅度不大，基本维持在 10% 上下。

第三产业从业人员所占比重则快速增加，所占比例从 2000 年的 42.32% 增加至 2014 年的 66.53%。说明目前拉萨市从业人员主要集中在第三产业，第三产业的就业带动力最大。

表 7-4　拉萨市三次产业从业人员比重情况（%）

	2000	2005	2011	2012	2013	2014
第一产业从业人员比重	44.70	44.96	25.56	22.76	21.28	19.49
第二产业从业人员比重	12.98	10.73	10.23	11.62	14.38	13.98
第三产业从业人员比重	42.32	44.31	64.21	65.62	64.34	66.53

资料来源 :《拉萨市统计年鉴》，2015 年

2. 第一产业就业弹性

由表知，2000 年至 2014 年间，拉萨市第一产业产值呈现出持续上升的态势，从 2000 年的 4.93 亿元增加至 2014 年的 12.94 亿元。期间，第一产业从业人员呈现出先上升后下降的态势。2000 年第一产业从业人员为 96537 人，到 2005 年上升至 111400 人，此后从业人员数逐步下降，到 2014 年从业人员数为 91334 人。说明第一产业从业人员与第一产业产值的变动趋势呈现出非一致性。

表 7-5　拉萨市第一产业产值和从业人员数

	2000	2005	2011	2012	2013	2014
第一产业产值（亿元）	4.93	6.29	9.99	10.78	11.72	12.94
第一产业从业人员数（人）	96537	111400	96680	90103	93442	91334

资料来源：《拉萨市统计年鉴》，2015 年

从分阶段的第一产业就业弹性系数看，1990—2012 年、1990—2000 年、2000—2012 年三个阶段的第一产业就业弹性系数为负，说明这三阶段第一产业的增长并没有带来就业的增长。1990-2005 年和 1995-2005 年这两个阶段的第一产业就业弹性系数为正，说明这两个阶段第一产业的增长带动了就业的增加。总体而言，随着经济发展水平的提高，拉萨市第一产业对从业人员的吸纳能力在逐渐减弱，这主要和第三产业发展以及城镇化推进有关，符合经济演化的规律。

表 7-6　拉萨市第一产业就业弹性

	1990-2012	1990-2000	2000-2012	1990-2005	1995-2005
第一产业产值年均增长率（%）	9.48	12.86	6.74	10.18	5.31
第一产业从业人员数增长率（%）	-0.39	-0.17	-0.57	0.84	1.12
弹性系数	-0.04122	-0.01332	-0.08507	0.082924	0.210491

3. 第二产业就业弹性

由表 7-7 知，2000 年至 2014 年间，拉萨市第二产业产值呈现出快速上升的态势，从 2000 年的 11.31 亿元增加至 2014 年的 127.75 亿元。期间，第二产业从业人员呈现逐步增加的态势（仅 2005 年出现了短暂的下滑）。2000 年第二产业从业人员为 28020 人，2014 年从业人员数为 65517 人。说明第二产业从业人员与第二

产业产值的变动趋势整体保持一致。

表 7-7　拉萨市第二产业产值和从业人员数

	2000	2005	2011	2012	2013	2014
第二产业产值（亿元）	11.31	20.09	75.21	90.70	107.56	127.75
第二产业从业人员数（人）	28020	26594	38693	45992	63115	65517

资料来源：《拉萨市统计年鉴》，2015 年

从分阶段的第二产业就业弹性系数看，在五个阶段中，除 1990—2005 年和 1990—2012 年就业弹性低于 0.2 外，1990—2012 年、1990—2000 年、2000—2012 年三个阶段的就业弹性系数均大于 0.2，其中 1990—2012 年就业弹性系数最大，为 0.24，即第二产业增加一个百分点，带来的就业增加为 0.24 个百分点。1995—2005 年就业弹性系数最小，为 0.16，即第二产业增加一个百分点，带来的就业增加为 0.16 个百分点。

表 7-8　拉萨市第二产业就业弹性

	1990-2012	1990-2000	2000-2012	1990-2005	1995-2005
第二产业产值年均增长率（%）	21.37	24.34	18.94	20.15	11.04
第二产业从业人员数增长率（%）	5.26	6.52	4.22	3.94	1.79
弹性系数	0.246084	0.267973	0.222543	0.195574	0.161793

4. 第三产业就业弹性

第三产业经济增长与就业人数总体呈正相关关系，由表 7-9 知，2000 年至 2014 年间，拉萨市第三产业产值呈现出显著上升的态势，从 2000 年的 28.66 亿元增加至 2014 年的 206.77 亿元，

增加了7.21倍。期间，第三产业从业人员也呈现出持续的上升态势，2000年第三产业从业人员为91395人，2014年从业人员数为311823人，增加了2.41倍。说明第三产业从业人员与第三产业产值的变动趋势呈现一致性。

表7-9　拉萨市第三产业产值和从业人员数

	2000	2005	2011	2012	2013	2014
第三产业产值（亿元）	28.66	60.40	136.89	158.56	185.59	206.77
第三产业从业人员数（人）	91395	109806	242841	259714	282447	311823

资料来源：《拉萨市统计年鉴》，2015年

从分阶段的第三产业就业弹性系数看，五个阶段就业弹性系数均大于0.2，其中2000—2012年就业弹性系数最大，达0.59，即第三产业增加一个百分点，带来的就业增加为0.59个百分点。1995—2005年就业弹性系数最小，为0.23，即第三产业增加一个百分点，带来的就业增加为0.23个百分点。这表明大力发展第三产业，有利于提高对劳动力的吸纳能力。

表7-10　拉萨市第三产业就业弹性

	1990-2012	1990-2000	2000-2012	1990-2005	1995-2005
第三产业产值年均增长率（%）	17.33	19.79	15.32	18.54	19.10
第三产业从业人员增长率（%）	7.33	5.24	9.09	4.74	4.33
弹性系数	0.422663	0.264879	0.593499	0.255583	0.22667

5. 三次产业就业弹性的比较

由图 7-4 知，三次产业对就业的吸纳存在着较大的差异，其中第三产业的弹性系数最大，说明第三产业对就业的吸纳能力最强，特别是 2000—2012 年第三产业的弹性系数达到了 0.59，比第二产业高 0.37，高出第一产业 0.68。第一产业对就业的吸纳能力最弱，特别是随着经济的进一步发展，第一产业的就业弹性出现了负数，2000—2009 年为 -0.09，说明这个时期第一产业产值的增加不但没有带动就业人数的增加，相反从业数量在不断的减少。而拉萨市第二产业对就业的吸纳始终处于一个相对稳定的水平，在 0.2 上下波动。

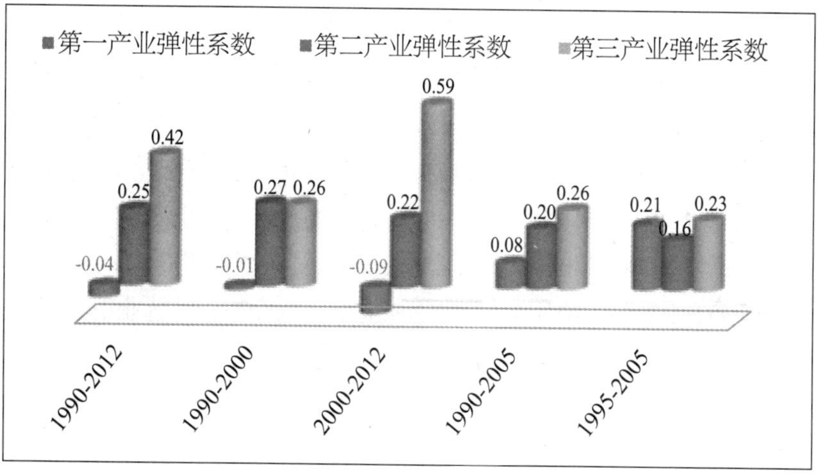

图 7-4　三次产业就业弹性的比较

6. 分行业从业人员分布情况

（1）第一产业从业人员分行业情况

第一产业从业人员主要集中在农林牧渔业，2000 年至 2014 年间呈现出先上升后下降的态势。2000 年农林牧渔业从业人员为 96537 人，2005 年从业人数量上升至 111400 人，此后从业人员数量不断下降，至 2014 年降为 91334 人。

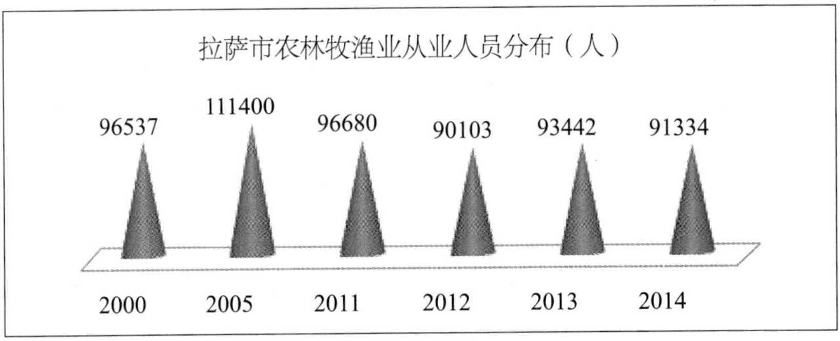

图 7-5　农林牧渔业从业人员情况（人）
资料来源：《拉萨市统计年鉴》，2015 年

（2）第二产业从业人员分行业情况

第二产业从业人员主要集中在采掘业、制造业、建筑业和电力燃气及水生产供应业。在变化趋势上，除了采掘业呈现出先上升后下降的态势外，其余三大行业的从业人员数量都呈现出不断上升的态势。

其中 2000 年至 2014 年间，第二产业中建筑业的从业人员始终位居首位，2000 年拉萨市建筑业的从业人员为 12330 人，2014 年上升至 31190 人。位居第二的是制造业，2000 年制造业的从业人员数为 6343 人，2014 年增加至 16343 人。

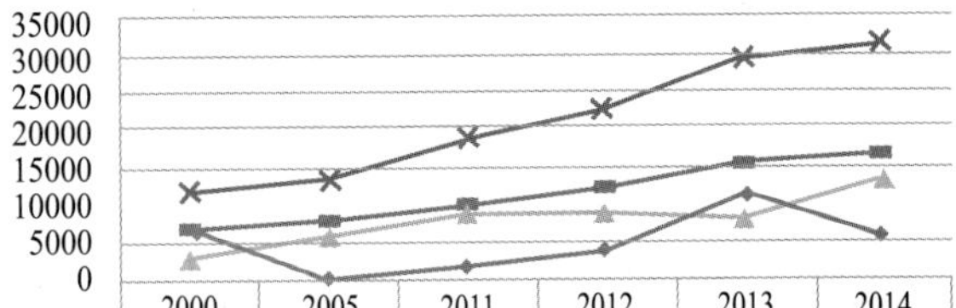

	2000	2005	2011	2012	2013	2014
采掘业	6277	440	1712	3725	10552	5042
制造业	6343	7637	9872	11631	15388	16343
电力、燃气及水生产供应业	3070	5489	8479	8477	7992	12942
建筑业	12330	12992	18630	22159	29183	31190

图 7-6　第二产业分行业从业人员情况（人）
资料来源：《拉萨市统计年鉴》，2015 年

（3）第三产业分行业从业人员情况

第三产业包括的行业类别较多，从从业人员的分布情况看，2000 年，教育及批发零售业的从业人员数量较多，分别为 23127 人和 23637 人。2014 年从业人员数量最多的是批发零售行业，达到 98171 人；位居第二的是公共管理和社会组织业，从业人员为 34759 人；从业人员最少的是水利、环境和公共设施管理业，为 1205 人，其次是房地产业，从业人员为 2177 人。

从各行业从业人员数量的变化趋势看，2000 年至 2014 年间，除了水利、环境和公共设施管理业及教育业从业人员数量呈现下降态势外，其余行业从业人员都呈现出不断增长的态势。其中增长幅度最大的是批发和零售业，2000 年从业人员仅为 23637 人，2014 年则增加至 98171 人，增加 74534 人。

表 7-11　拉萨市第三产业分行业从业人员情况（人）

	2000	2005	2011	2012	2013	2014
批发和零售业	23637	14836	17540	18721	19639	98171
交通运输、仓储及邮政业	/	2760	5763	6739	6850	21052
住宿和餐饮业	7105	12329	76731	79915	88783	33900
信息传输、计算机服务和软件业	/	11701	23426	27318	33157	7272
金融	6173	6092	9362	8246	9667	9477
房地产业	/	306	655	645	1654	2177
租赁和商务业	5245	502	10969	12317	14239	19274
科学研究、技术服务和地质勘查业	4165	4822	6452	6681	7108	7184
水利、环境和公共设施管理业	11013	1068	1091	1140	1199	1205

续表

	2000	2005	2011	2012	2013	2014
居民和其他服务服务业	1741	40	12286	13457	16033	17713
教育	23127	9962	11572	12669	12883	14113
卫生、社会保障和社会福利业	/	3942	5257	5431	6000	6709
文化、体育和娱乐业	/	3245	6485	6242	6716	7102
公共管理和社会组织	/	22857	27601	31576	36030	34759
其他行业	9189	15344	27651	28617	22489	31715

资料来源 :《拉萨市统计年鉴》，2015 年

（三）重点产业培育促进参与

产业是参与的前提和基础，没有产业，就没有造血功能，也就提供不了更多的就业岗位。为推动拉萨经济可持续发展，为农牧民和城市居民就业提供更多岗位，拉萨市确立了“产业强市”发展战略，将净土健康产业、旅游文化产业、能源产业、优势矿产业、建筑建材产业、民族手工业等六大产业列为重点培育和打造对象。其中，净土健康产业、旅游文化产业成为发展重中之重。

1. 净土健康产业发展

案例 ：玛咖种植提升农民生活质量

次仁是拉萨市曲水县才纳乡的农民，该乡是拉萨市玛咖主要生产基地。2013 年这里开始推广种植玛咖，现已与多家公司建立了合作关系。次仁家有 5 口人，耕地总面积为 26.6 亩。最初用 2 亩来种植玛咖，现在增加到 6 亩。在净土产业推广之前，这里主要种植传统农作物，如青稞、大麦、油菜、土豆、萝卜等。2012 年，在拉萨市委、市政府的引导下，当地开始试种玛咖，其果实在检测后发现，比内地出产的玛咖更具药用价值。2013 年，市委、市政府在才纳乡建立玛咖种植基地，修建灌水渠道，并于 2014 年正式进行大规

模种植。在此期间，拉萨市政府从云南请来技术人员，指导当地人种植玛咖，并无偿提供玛咖种苗。秋天收获后，政府统一收购，同时也有些游客少量购买。所以，对当地农民来说，只要根据技术人员的指导进行劳动就行，其他的事情均不用操心。自从种植玛咖后，次仁家的收入增加了很多。以前种青稞时，每亩青稞产量大概 700 斤，再加上麦秆，一年收入大约为 1300 元。而种植玛咖，每亩产量大概 160 斤，收入达 5600 元。此外，再加上每亩 1100 元的玛咖种植补贴，年总收入可达 6700 元。今年次仁家玛咖总收入大概为 45000 元。次仁说：“其中除去从牧区购买家畜肥料的 5000 元，剩下的几乎都是纯收入。”

次仁还说，自从种植玛咖后，收入增加了，不用再担心交不起电费的问题。以前取水只能一桶桶地从井里提，现在用电抽水，方便快捷。以前他要去拉萨打工挣钱，但除去路费和生活费后，一天挣不了多少钱，现在他在家门口就能劳动挣钱，而且不仅有时间接送孩子、监督孩子的课业，同时还可以照顾家畜。这两年种植玛咖以来，像次仁一样的当地农民，大多数家中都购买了电冰箱、液晶电视机等家用电器，同时还购买了小四轮拖拉机、拉货大客车等大型运输工具。

此外，种植玛咖，也使农民从粗放型种植的劳动方式向精细化种植的劳动方式转变。玛咖需要有机种植。栽种时，幼苗之间要间隔 20 厘米。由于不能使用除草剂，幼苗之间会长满杂草。农民每年需要人工除 4 次草。种植时需要一棵棵地栽，秋收时需要一棵棵地拔，比种植传统农作物付出的劳动力更多，精细化程度更高。

次仁种植玛咖，在拉萨市是净土健康产业的一部分。净土健康产业的发展，实际上包括了参与机会和个体能力的共同提升。从参与机会讲，它大大提高了没有能力从第一产业转移出去的农牧民的劳动效率，增加了劳动收入；而政府提供的种植技术培训，有利于提升个体有机种植、商品化种植的田间管理能力。也为普通农牧民更好地参与农业产业化竞争提供了条件。

（1）拉萨市净土健康产业发展概况

西藏高原得天独厚水净、土净、空净、心净“四净”优势，为拉萨净土健康产业提供了资源优势和先天条件。立足青藏高原“四不污染”的独特优势，把资源优势转变为产业发展的竞争优势，造就了颇具特色的净土健康产业。

拉萨市围绕健康净土产业发展，确定了六大发展方向：

一是净土健康产品深加工方面。引进青稞、牦牛、藏鸡、藏香猪、红景天、虫草等高原特色农产品的深加工企业，加快农业产业化步伐，促进拉萨净土健康优质农产品走向全国。

二是净土健康天然饮用水发展方面。依托拉萨优质矿泉水资源，加强水源地保护，科学规划产业布局，对天然饮用水水源地的水位、水质检测提供必要的服务。加强行业监管，树立品质、品牌意识，促使拉萨市饮用水等饮品产业逐步向优质化、多元化、功能化发展，加大宣传力度，努力开拓国内外市场。

三是净土健康种养业发展方面。以规划为引领，加快形成各具特色、优势互补的产业集群和优势区域。建设奶牛、藏鸡、藏香猪、斑头雁等养殖基地，不断加大投入力度，提高管理水平，重点在提速增效上求突破，促进产业的规模化、现代化发展。建设食用菌、特色经济作物、高原园艺瓜果花卉、藏药材种植示范基地，大力推广应用标准化良好农业规范，使拉萨市范围内的每种特色作物都实现统一栽培模式、统一投入品质管理、统一生物防治、统一品牌标识、统一产品标准，构建绿色农产品产业链，打造净土健康农产品品牌，不断扩大示范效应。

四是药品、保健品深度研发方面。推进产学研合作，鼓励企业、农民专业合作社加强与高等院校、科研院所的联系与合作，运用生物工程技术，加强对高原特有天然藏药材的功能成分分析提取和对玛咖、油用牡丹、酿酒葡萄、藏红花等特色经济作物进行产品深度开发，不断延伸产业链条，提高附加值。

五是净土健康身心理疗方面。以中国西藏文化旅游创意园区为依托，加快建设宝箧彩幡谷、香巴拉逸心谷、璎珞流芳谷、不断拓展创意园智汇谷的精神净土内涵，为在精神领域有特殊追求的人士，提供寻找自我、寻找灵感、释放身心等健康服务，大力开发拉萨市的文化旅游资源。

六是现代化仓储物流发展方面。加强冷链物流和仓储中心建设，把拉萨铁路货运站改造成为一个综合性、现代化的大型仓储物流中心和运输枢纽，为净土健康产业的大发展提供有力的支撑。

目前，拉萨市净土健康产业已实现产值36.6亿元，占拉萨市工业总产值的48%。拥有净土健康产业企业89家，其中年产值上亿元有7家，年产值超过5000万元的5家[①]。

（2）净土健康产业发展促进拉萨农牧民和居民参与共享

净土健康产业就有关联度高、吸纳就业能力强的特点。一方面，净土健康产业与旅游业、文化产业、养殖业、种植业、农产品加工业、制造业、现代服务业等产业融合发展；另一方面，净土健康产业对提高农牧民在相关产业的就业机会具有重要作用，是提高农牧民参与共享的重要领域。在净土健康产业发展过程中，大量公司的引进和落户，为当地农牧民提供了就业机会。“以前种青稞，一年一亩地就收入千把块钱，现在收入翻了好几倍。”穿上藏泉酒业工作装的农民琼达说，去年她家的7亩地租给西藏藏泉酒业有限公司种植玛咖，除每年每亩收取1500元租金外，每月还能拿到2000元的工资。

① 邓晋伟：好风凭借力扬帆正当时，《拉萨晚报》，2014-05-31。

（3）净土健康产业发展促进拉萨农牧民和居民参与共享的典型案例

拉萨市城关区科技养牛

奶牛养殖业属于净土健康产业的重点产业之一，其中拉萨市城关区的科技养牛走在了养殖业的前列。城关区科技养牛充分利用高科技、结合精准扶贫，采取土地流转规范化、养牛育种科学化、饲草供给订单化的途径，大力发展现代农牧业，实现了7个转变。一是生产方式的转变，从舍饲圈养、半放牛牧到现代化牛场，使养牛场运转达到最高效，从而实现奶量高产，效益提升。二是平衡育种转变，构建牛群种质优势。建立了自己的优良核心高产群和遗传基因基础，使牛场朝着高产、健康和长寿的育种改良目标迈进，对周边乃至整个西藏地区奶产业的发展起到了示范作用。三是牛舍环境的转变，从风餐露宿到冬暖夏凉。充分利用拉萨“日光之城”的天然优势，为牛场设计了环境控制解决方案。四是挤奶方式的转变，从手工挤奶到转盘式奶机自动挤奶。从挤奶至进罐冷藏过程全封闭无空气进入，确保奶质安全。五是养牛设施设备的改变，实现奶产量的最大化和奶牛健康状况的可监控。六是牛粪处理方式的转变，从令人头疼的污染到一举多得的循环利用。七是奶源品质和产量的转变，从奶产较低的常温奶发展为奶源可追溯的高产有机奶。

城关区农民在科技养牛过程中，通过土地流转收益、技术培训，积极参与，取得了显著效益。

通过养殖获得直接收入。奶牛繁育中心给养殖户提供奶牛，还对2928户奶农进行科学的奶牛养殖技术培训，使其掌握和提升养殖水平，使奶农的收益达到1.6万元/头/年。

通过村集体土地入股，农牧民可以从繁育中心收益中分到30%红利，经济效益显著。而繁育中心的高产奶牛奶产量达到50斤/天，比传统饲养提高了近35斤。按照市场零售价4.5元/斤，每头奶牛每天直接增收157.5元，按照每年泌乳期270天计算则增收4.25万元/头/年，每年的红利相当可观。

建立了养殖和种植业之间的有机肥料循环利用通道。通过牛粪的无害化可循环处理，使其变废为宝，成为有机肥，为辖区蔬菜大棚提供有机肥料，实现循环经济，做到了不污染空气、不污染水源、不污染土壤“三不污染”，也减少了养殖户的化肥开支。

2. 旅游产业发展

旅游业是拉萨市的主导产业，在经济社会发展中有着重要的地位，具备富民兴藏、长期建藏的产业基础，蕴藏着凝聚人心、夯实基础的巨大潜力。过去，农牧民由于受到技能培训的限制，对旅游业的参与能力较低，因而从旅游业中受益的人数较少，收入水平也不高。近年来，拉萨市通过大力发展乡村旅游，积极供给技能培训机会，大幅度提高了农牧民参与旅游的积极性。

（1）农牧民参与旅游接待的机会前景广阔

旅游人数和旅游收入的不断增加，给拉萨市农牧民参与旅游接待提供了产业支撑，前景喜人。

1987 年至 2014 年间，拉萨市接待旅游者人数总体上呈现出上升的态势，其中国内旅游者人数增幅较大，从 1987 年的 15452 人次增加到 2014 年的 9156361 人次。

表 7-12　拉萨市接待旅游者人数（人次）

年份	接待旅游者人数	入境旅游者人数	国内旅游者人数
1987	44838	29386	15452
1988	47388	7498	39890
1989	17700	2503	15197
1990	53100	3117	49983
1991	46326	2563	43763
1992	71358	4468	66890

续表

年份	接待旅游者人数	入境旅游者人数	国内旅游者人数
1993	88999	10159	78840
1994	128161	11081	117080
1995	110677	12314	98363
1996	110458	13684	96774
1997	75475	12004	63471
1998	72384	20070	52314
1999	64762	20484	44278
2000	160000	26330	133670
2001	225500	26300	199200
2002	298000	26300	271700
2003	291000	14600	276400
2004	519200	53000	466200
2005	1060000	87000	973000
2006	1700000	120000	1580000
2007	2740000	150000	2590000
2008	1350000	26200	1323800
2009	3205800	103200	3102600
2010	4134194	143940	3990254
2011	5144293	115935	5028358
2012	6508329	59957	6448372
2013	7989444	82387	7907057
2014	9257432	101071	9156361

资料来源：《拉萨市统计年鉴》，2015 年

从拉萨市旅游收入情况看，1987 年至 2014 年呈现出不断上升的趋势，其中 2004 年以后拉萨市旅游收入上升幅度较大（仅 2008 年出现短暂的下降）。1987 年拉萨市旅游收入仅 0.08 亿元，2014 年增至 111.67 亿元，是 1987 年的 1396 倍。

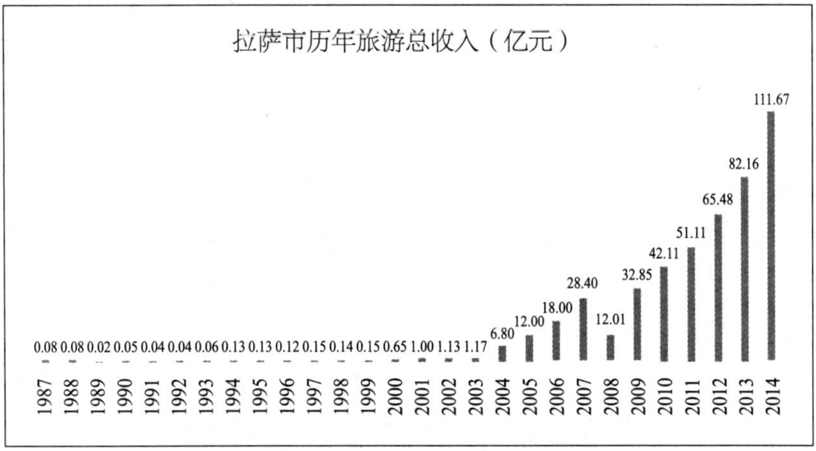

图 7-7　拉萨市旅游收入情况

资料来源：《拉萨市统计年鉴》，2015 年

（2）促进农牧民参与旅游就业

旅游业就业层次较为丰富，能够为不同层次的人群提供不同的就业机会，特别能够为教育水平不高和从业经验不足的提供就业机会，如妇女和刚步入社会的青年。据调查，拉萨八廓街一带的旅游藏式餐馆每新开一家，可提供直接就业机会 8 ～ 15 人，其中大部分为城镇无业人员和附近县乡富余劳动力。

旅游业的发展不仅能够直接为农牧民群体提供就业岗位，增加他们的收入，而且还能够带动他们参与到旅游产业中来，成为发展旅游的主体，加快脱贫致富的步伐，比如农牧民家庭民俗旅游、拉萨城郊休闲度假旅游等都直接带动了当地农牧民的增收致富。

3. 现代服务业发展

现代服务业是吸纳就业人口较多的产业，也会给拉萨市农牧民就业提供许多机会。2014 年，现代服务业实现全市社会消费品零售总额 181 亿元，比 2011 年增长 81%；招商引资项目实际到位资金 218.78 亿元，对比 2011 年实际到位资金增长 277%；完成进出口贸易总额 20.76 亿美元，对比 2011 年进出口贸易总额增长 83%。增长速度位居全区第一位，对全市 GDP 的增长拉动作用明显。

第一，释放潜力，培育增长点，推动商贸流通服务业快速发展。围绕“调结构、扩消费、促增长、惠民生、保稳定”这一主题，确定把拉萨建设成为“全区现代化商贸服务中心”服务“产业强市”的战略思路，进一步优化完善城乡市场体系，商贸流通服务业逐渐成为推动拉萨市产业发展的重要增长极。

充分发挥项目带动作用，更加合理的设置城市商业中心和副中心功能，促进商贸流通服务业较快发展。近两年，全市实施商贸流通服务业项目 101 个，总投资 234.05 亿元，包括八廓商城、雪雁街、泰和商业中心、颐堤半岛、柳梧城市综合体商业区、锦地广场项目、柳梧物流中心等大型项目。

通过积极争取中央投资、援藏支持以及招商引资，规范专业市场，科学、合理布局各类市场，健全完善了市场体系。截至目前，全市建成不同规模的物流企业 16 家；一定规模的综合性商场 10 家，其中拉萨百货大楼改造成为西藏首家由商务部授予的“金鼎百货店”；初具规模的商业街 13 条；超市 150 家；各类批发市场 20 个；农贸市场 25 个，其中标准化农贸市场 13 个，拉萨流通市场呈现出“多点、多面、多线”的商业网点分布新格局。组织 40 余家企业抓住重要节庆日等有利时机开展消费促进月、消费节等形式多样的促销活动，通过促销有效刺激消费市场，拉动内需，有力带动了全市消费增长，使消费市场更加繁荣。

第二，筑巢引凤，大力招商，服务全市产业发展。2013 年以来，共落实招商引资项目 406 个，实际到位资金 452.2 亿元。

第三，深化改革，适应新常态，不断提升产业发展现代化水平。根据中央、区市党委适应经济发展新常态的要求，推动与“产业强市”功能性质相适应的产业提速发展，增强拉萨市商业发展实力。

促进外贸调结构转方式。立足区位优势，提升沿边开发开放水平，转变外贸发展方式，增强外贸核心竞争力，提升拉萨国际化程度，打造区域性国际商贸中心城市。

探索建立净土健康产业产品流通机制。按照净土健康产业发展规划，着力打造净土健康产业产品销售网络。通过线上、线下销售方式，推出具有高原特色的净土系列产品，拓展产品市场，打响高原特色农牧业品牌。在线下，依托北京、江苏对口援助优势，与内地大型流通企业、超市集团建立产销机制，通过设立产品体验中心，超市设立专柜的模式推动销售。例如，通过与江苏商务厅沟通，以拉萨城投公司为主体，在江苏开设了两家拉萨净土健康产品专卖店，并成功进入江苏苏果超市卖场，销售业绩良好。在线上，推动本地企业积极建立电子商务销售平台，依托京东、淘宝、1 号店等成熟网络销售平台，整合全市净土健康产业产品以专馆形式登陆线上销售终端，使净土健康产业发展适应融入电子商务、物联网等新的经营销售模式。

现代服务业的发展不仅推动了拉萨市经济结构调整和发展方式转变，也为农牧民参与就业提供了大量的岗位。其中 2011 年至 2014 年，拉萨市金融行业的从业人员数量分别为 9362 人、8246 人、9667 人和 9477 人；2011 年至 2013 年信息传输、计算机服务和软件业从业人员数量分别达 23426 人、27318 人和 33157 人。

（四）项目发展带动参与

1. 拉萨河综合整治工程项目

案例：河边公司的工人生活

次旺是尼木县人，加入公司已有一年半的时间。由于家境原因，小学毕业后就辍学帮家人劳动以及打工挣钱，但经济状况一直没有得到太大的改善。2015 年，乡政府通知说拉萨的一个公司招工人。得知消息后，次旺和几个朋友参加了应聘。经过严格的体检，次旺顺利被录用。在公司里的工作完全不像以前的那种体力活，几乎所有的事都用机械来完成。在他们工作之余，公司专门派了一个师傅教授电工、木工和水利等技术。次旺很快成了组长。他每个月的工资是 3900 元，除此之外还有各种福利。在冬季，从 11 月 15 日到次年 3 月 15 日之间停工，在此期间每个月的工资是 800 元，但自己可以去其他地方打工。次旺说他在这里的工作中学到了很多东西，当技术娴熟时，他将回家乡，为家乡的建设贡献自己的一份力量。

次旺所说的河边公司就是拉萨市实施的“河变湖”工程施工单位之一。

（1）工程概况及作用

拉萨市拉萨河（城区段）综合整治工程紧邻拉萨市区，上起拉萨市献多电站尾水出口，下至柳梧新区青藏铁路拉萨大桥上游，工程控制河道总长 18.5 千米。整个工程建设将在拉萨河城区段范围内建设六座拦河坝，通过拦河坝抬高河道水位，形成宽阔湖面，达到水景景观和防洪一体的效果，同时在各级拦河坝之间的河道两岸河滩较高处形成亲水景观平台，为沿河景观营造水系环境空间。

它的建成将使拉萨河城区段在枯水期或平水期时也能形成较大面积的水域，达到常年蓄水的目标，有利于完善城市防洪体系、改善城市环境条件、提高治导线外地下水位，对提高城市综合能力、提升城市品位等起到重要作用，不仅具有显著的旅游效益及土地增值效益，而且还有巨大的生态效益和社会效益。

（2）吸纳和带动农牧民参与

从西藏天路集团承建的 3 闸 A 标段农牧民的参与情况看，从 2013 年开工至 2014 年 10 月，共吸纳当地农牧民 18000 人次，其中农牧民人工费增收 300 万元，农牧民提供机械的机械费增收 2100 万元。

中铁十九局集团承建 3# 闸 B 标段，从 2013 年开工至今，共吸纳农牧民 40000 人次，农牧民人工费 761 万元、机械费 3500 万元、材料费 6300 万元。

表 7-13　拉萨河（城区段）综合整治工程部分承包工段农牧民参与情况

建筑单位	承包工段	吸纳农牧民（人次）	农牧民人工费（万元）	机械费（万元）	当地材料费（万元）
西藏天路集团	承建 3# 闸 A 标段	18000	300	2100	
中铁十九局集团	承建 3# 闸 B 标段	40000	761	3500	6300

资料来源：《拉萨市统计年鉴》，2015 年

从该工程的参与中，农牧民不仅获得了直接的经济收益，而且通过与汉族工人的交流，学习到了相应的施工技术，比如钢筋的焊接、砂浆的搅拌、房屋的修饰、模板的支立等。

值得说明的是，为保障农牧民的参与，合同拟定了针对农牧民的优先条款：一是优先使用当地的材料、机械，如当地没有，再使用内地的；二是技术含量低的工作优先考虑当地民工；三是每周开展对当地民工的技术培训；四是当地民工的劳务费定位在 150—200 元 / 日（不含加班费）；五是给当地民工单独提供宿舍，单独建立食堂，尊重当地的风土人情。这也在一定程度上保障了当地农牧民的参与机会。

2. 文成公主实景剧项目

案例：慈觉林的巨大变化

慈觉林村坐落在拉萨河南边，以前主要以农业生产为主。2013年，一家公司斥资在该村东边建造了一座大型剧场，并开演《文成公主》实景剧。该项目是中国西藏文化旅游创意园区的一部分。由于该剧规模大，村民都可参加表演。这对他们来说是一种新的收入来源。每晚演出费是80元，此外还根据每人所担任的角色多少来加提成，一个角色为8元。扎西平措在剧中先后扮演多个角色，每晚可以挣得104元。角色收入主要以表演能力来分配，在这一点上大家都达成了共识。除此之外，家畜也可参加演出，一头牦牛每月的演出费为4000元。由于演出上班时间为晚上7点到11点半，因此，村民可以在白天做自己的农活。刚开始时，每天用4个小时来排练，后来随着大家对舞蹈和剧情的熟悉，就不用那么长时间。与此同时，不参加演出的农民，也在该剧的后勤部获得了打工机会。其工作主要是烧水、开车、送票等。月工资为两千元左右。扎西平措的爱人也在这里工作。现在村里约一半以上的劳动力在实景剧从事不同的工作。扎西平措说："自从《文成公主》实景剧开演以来，挣钱的同时也锻炼了身体，自己觉得很开心。"从另外一个层面讲，在这个文化旅游创意园区建设过程中，村民把自家院子里多余的房子租给外地的打工人员，这也是一个相当不错的收入来源。并且，本地的年轻人也在工地打工。总之，这几年慈觉林发生了巨大变化的同时，带动了当地的村民从农业进入了第三产业的服务业。

（1）《文成公主》实景剧概况

《文成公主》大型实景剧场位于拉萨河畔，慈觉林村，这里是文成公主曾经扎营过的地方。实景剧以拉萨自然山川为背景，在高原圣域的璀璨星空下，讲述了大唐文成公主与吐蕃王松赞干布和亲的故事。该剧以高科技手段制造出逼真的大河山川、雨雪风霜等艺术效果，加上大唐歌舞、藏戏、音乐等元素，营造出该剧壮丽的场景、恢弘的气势、跌宕的情节。还原大唐文成公主与吐蕃王松赞干布和亲的历史画面。该剧以藏汉民族交流史为背景，用现代舞台艺术形式，传唱藏汉和美的千年赞歌，发挥了弘扬主旋律文化、推动民族大团结的作用。

演出场馆总建筑面积 24611.8 平方米，可同时容纳 4000 余人观看表演。作为西藏旅游富有代表性的演出项目，《文成公主》大型实景剧自 2013 年 8 月 1 日正式开演以来就获得了广泛好评。自 2013 年 8 月 1 日《文成公主》首演以来，累计接待观众已超过 66 万人，演出 405 场，累计经济收益达 2.6 亿元，成为除布达拉宫、大昭寺等景点以外，拉萨旅游新亮点。

（2）农牧民参与情况

目前实景剧项目群众演员和专业演员已经达到 700 多人，其中 95% 以上为当地农牧民，分别来自林周县、慈觉林、曲水县、达孜县、日喀则等不同地区。新招聘藏族演员 185 人，其中男演员 90 人，女演员 95 人；使用藏族老演员人数和七区一县演员人数分别为 369 人和 144 人。除此以外，相关项目直接带动当地上千名群众就业。

表 7–14 《文成公主》大型实景剧项目农牧民参与情况

	合计	男	女
新招聘人数	185	90	95
老演员人数	369	114	255
七区一县演员	144	70	74

资料来源：《拉萨市统计年鉴》，2015 年

3. 安居工程促进“乐业”

安居工程建设既是改善农牧民群众住房条件的民生工程，也是

带动农牧民群众参与的就业工程。在推进安居工程的建设过程中，拉萨市不仅将安居工程建设与当地养殖、蔬菜种植等农牧特产发展相结合，而且与民族旅游业发展相结合，规划打造乡村旅游，力争在促进安居的同时，实现农牧民群众增收。

在工程实施过程中，拉萨市充分利用富余劳动力资源，组建农牧民建筑队 340 个，从业人员 25716 人，木匠、画匠队 59 个，从业人员 1553 人，培训农牧民 5.6 万人次，提高农牧民劳动技能，增加现金收入。林周、达孜、墨竹工卡等县在安居工程集中建设点建立养殖区，实施养鱼、养鸭、牛羊短期育肥等项目，发展特色养殖，促进农牧民增收。堆龙德庆县利用古荣糌粑的品牌优势，在古荣集中搬迁点附近建设了两个糌粑公司、两个养牛场和一个养鸡场，使当地 1000 多名群众围绕糌粑生产和养殖业发展经济。

同时，因为住房问题的解决，拉萨农牧民可以将更多的精力和财力投入到发展生产中去，群众增收致富的愿望也更加迫切，农牧区焕发出新的生机和活力。

通过安居工程的带动，拉萨市城关区纳金乡嘎巴村家家户户都修起了气派的新房，但村民并不满足，依靠距离市区较近的优势，嘎巴村人也逐渐吃起了旅游饭。村民巴桑家的房子不但修得漂亮，而且利用自家门前的空地建起了家庭旅馆，生意好的时候一天就可收入 500 多元。

“现在新房子有了，生产生活条件改善了，我就一心想着去发展生产，寻找更加宽广的致富路子，多挣些钱，让日子越过越好！”巴桑与其他入住安居房的老百姓有着同样的心愿。

4. 老城区保护工程与新型城镇化推动就业

（1）老城区保护工程

1）启动老城区改造工程

拉萨老城区是以八廓街历史街区为核心，包括林廓东路以西、朵森格路以东、江苏路以北、林廓北路以南的区域，面积 1.33 平方公里，含铁崩岗、八廓、吉日 3 个街道办事处 15 个居委会，常住人口达 8 万人。是集居住、商贸、宗教、旅游、文化等多功能于一体的城市中心区，有大昭寺、小昭寺等著名寺庙 25 座，有文物古建大院 56 座，保存着大量珍贵文物及历史建筑，具有很高的历史、文化、艺术、科学研究价值，值得人类永久保护。

但由于大部分建筑历史久远、宗教和商贸活动频繁、人流、物流急剧增加等原因，市政基础设施严重滞后。给水系统不完善，压力不足，排水管道损坏堵塞严重，污水外溢，污染环境。特别是供电线路设备超负荷运行，电力线路老化和私拉乱接等问题，存在着严重的火灾安全隐患。

这些问题给群众生产生活带来很大影响，严重威胁着老城区居民的生命财产安全和文物保护安全，给老城区社会管理带来巨大压力。群众强烈要求实施老城区保护工程。连续多年，在市“两会”期间，人大代表和政协委员已提交提案、议案，要求尽快实施老城区保护工程。根据 2012 年 12 月城关区和古城管委会所做的调查问卷统计，有 96% 的居民群众完全支持实施老城区保护工程。

区市党委、政府在充分调研基础上，综合考虑各种因素，集中各方意愿，着眼于长远发展与稳定、着眼于保护文化遗产、着眼于改善民生、着眼于完善城市功能、着眼于提升城市品质和形象，正式作出了实施老城区保护工程的重要决定。工程于 2012 年 12 月 20 日开工建设。项目总投资约 13.6 亿元。项目建设内容包括：一是实施地下综合管线工程，新建地下综合管线、管沟 31.42 公里。二是实施电力改造工程。三是实施给排水改造工程。四是实施老城区供暖工程。五是消防隐患整治工程。六是实施古城风貌保护工程，对老城区主干道沿线和八廓街沿街的建筑外立面进行维护、修复，清理拆除与古城风貌不协调的瓷砖、卷帘门、防盗窗等现代建筑部件，按照传统材料和工艺对墙面、门窗彩绘进行修复。七是实施通讯改造工程。该工程于 2013 年 6 月 30 日圆满完成。

老城区保护工程实施后，老城区基础设施条件得到极大改善，居民群众的生产生活环境更加优美，古城特色风貌更加凸显，世界文化遗产和历史文物建筑更加安全，信教群众出行转经更加便捷，宗教活动场所得到更好地保护。

2）民众的感受

强巴（52 岁，小学毕业）从小就住在八廓街（老城区）。在他的记忆里，以前八廓街各种纵横的小巷都非常脏。人们在巷子里随地大小便，各种垃圾和脏水都倒在小巷里。夏天天气炎热的时候，满街臭气哄哄。下雨后情况更糟，所有的垃圾都冲到巷子的路面上。这种情况一直延续到老城区保护工程启动。

自从市委、市政府修建了下水道，脏水就不见了，房子和巷子也变得美观而干净，保洁工人每天来收垃圾。这不仅使外面环境变得漂亮，而且人们的卫生意识也得到了提高。以前，八廓街的天空都是错综复杂的电线，在这种小房子里经常发生触电而着火的事件。改造保护之后，外面的电线埋在地下，而房子里的都被放进管子里，这样就变得既干净又安全。同样，之前八廓街的路边都是摆摊的小商贩，加之转经的数不胜数的信众和游客，非常拥挤。现在，摊位都统一搬到新盖好的商场里，而转经的路变得非常平坦而宽敞，来自世界各地的信众和游客可以自由地转经和走动。信众和游客走累了，可以在路边的长椅上坐下来休息，但在以前大家都是坐在地上，到处都是尘土。除此之外，在改造所涉及的历史遗迹的保护方面，也让强巴感觉十分欣慰。他说：“现在连这些小房子都不能随意地改动，是受法律约束的，政府有严格的文化保护政策。”

强巴觉得住在老城区非常幸福。晚上吃完饭后，他常在八廓街里转经和散步，看世界各地的往来游客。在八廓街的路灯的辉映下、房子和窗户都非常漂亮。另外，强巴还提到，在这里生活很方便，离商场也很近。而且碰到任何困难，可以请居委会和警卫站的同志来帮助。

3）带动农牧民参与就业

老城区改造期间，大量吸纳了当地劳动力参加民族建筑修复等工作。老城区改造结束后，许多人得到了在新建的商场经商的机会，带动当地群众增加了收入。

（2）新型城镇化建设

加快推进拉萨城镇化发展，是全面建成小康社会的基本途径，是全力促进工业化、信息化、城镇化、农业现代化同步发展的迫切需要，是充分发挥首府城市首位度作用的关键所在，是深入实施“六大战略”的具体体现。拉萨是西藏经济和社会发展的龙头，在西藏城镇化进程中，拉萨的带动作用举足轻重，其发展将直接关系到全区的发展。

在实践中，拉萨市以规划为引领，以人的城镇化为核心，以城镇群为主体形态，以提升综合承载力为支撑，以体制机制创新为保障，以“一心两翼多点”（以中心城市为中心，曲水及特色乡镇为西翼，达孜和墨竹工卡及特色乡镇为东翼，林周、当雄和尼木及优势乡镇为“多点”）为空间布局，确立“旅游带动、强化中心、区域统筹、特色取胜”的发展战略，强化首府城市辐射带动作用，加快培育首府城市城镇群经济圈，统筹推进城乡一体化进程，走大城市和小城镇非均衡发展、城镇群和小城镇协调发展的城镇化道路。

加快园区经济建设，促进工业化与城镇化的良性互动。以拉萨国家级经济技术开发区、达孜工业园、曲水工业园、堆龙工业园为载体，加大招商引资力度，积极培育特色优势产业，增强自我发展能力。做大做强建筑建材业、高原绿色食（饮）品加工业、民族特色手工业、藏药业、新能源等优势产业，吸纳更多劳动力就业。依靠科技管理创新，加快发展绿色经济、循环经济和节能环保产业，推广应用低碳技术，实现产业升级和结构优化，质量和效益大幅提升，进而推动城镇化发展，不断提升城镇发展辐射力、带动力和综合竞争力。加快推进甲玛、帮浦多金属矿区整合，建设墨竹工卡县矿产经济园；重点发展建设曲水县工业园、堆龙德庆县工业园、达孜工业园绿色食（饮）品为主的健康产业；加大堆龙德庆县、墨竹工卡县、林周县藏药材种植力度，重点发展拉萨经济技术开发区、曲水县工业园藏药产业；重点发展曲水工业园、堆龙德庆工业园新型建材业；重点发展达孜工业园民族手工业。

完善市域路网建设，构建城乡一体化交通网络。按照适度超前，新建与改扩建相适应的原则，推进中心城市与各县镇之间骨干公路建设，加快推进拉萨至林周隧道工程前期工作，打造形成“一环四射”（指加快拉萨至林周隧道建设，构建以“拉萨—林周—旁多—当雄—羊八井—拉萨”的交通环线，以“G318 东西两线，G109 到那曲方向和到纳木错湖方向延伸”的市域交通体系）交通骨干网络，构建城乡一体化交错网络。

疏导主城区交通，提高出行效率。加快南北绕城公路建设，加大组团快速联系和疏解过境交通。加快中心城市交通优化升级，加强主干路、次干路和支路等微循环系统建设，改、扩建拥堵街区。实施城市公共交通优先发展战略，加大市区公共交通发展，优化公交路线，提高公交出行效率。建设现代有轨电车，优化市政交通体系。

2000 年以来拉萨市城镇化发展速度较快，2000 年拉萨市城镇化率[①]为 35%，2014 年上升至 42.3%。

城镇化的快速发展不仅为农牧民融入城市，提升生活水平和质量创造了条件，而且有利于农牧民学习到先进的技术，为农牧民就业提供了越来越好的条件。

① 注：本文是以户籍人口为标准计算城镇化率的。计算公式为：城镇化率 = 城镇人口 / 总人口。

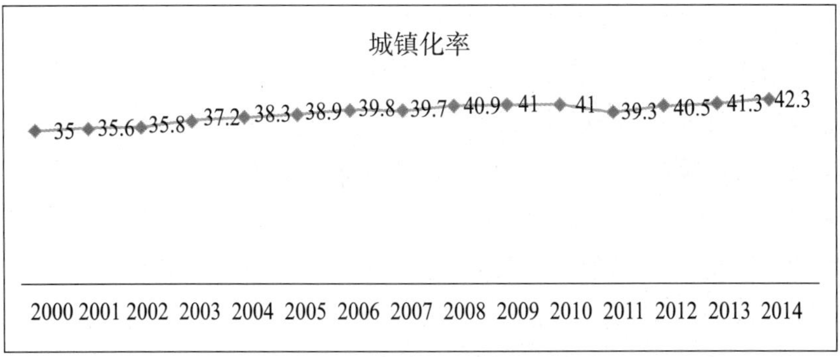

图 7-8 拉萨市城镇化率

资料来源：《拉萨市统计年鉴》，2015 年

四、拉萨市着力提升个体的参与能力

“有机会无能力”是拉萨市农牧民参与发展的主要障碍。目前，拉萨市缺乏职业技能技术的 18—50 岁农牧民仍有 9.75 万人，占农牧区劳动力总量的 66.2%，且文化水平较低，高中（中专）以上学历 0.42 万人，仅占 4.3%。基于此，拉萨市坚持不懈地进行农牧民技能培训，逐步提高其参与能力。

（一）全面加强农牧民技能技术培训

近年来，拉萨市根据农牧业和农牧区经济社会发展的新形势，积极探索农牧民技能技术培训新办法、新方式，不断加大资金投入、丰富培训内容、扩大培训覆盖面、拓宽就业渠道，对提高农牧民依靠科技增收能力和促进转移就业起到了十分重要的作用。2008 年以来，拉萨市共投入农牧民技能技术培训专项资金 6939.8 万元，培训农牧区劳动力 12.78 万人，有力提升了农牧业生产科技含量，推动了劳务经济发展，有效增加了农牧民现金收入，促进了农牧区经济社会持续健康发展。

1. 推进农牧民职业技能培训的内容

（1）加快推进农牧业实用技术培训。以从事农牧业生产的广大农牧民，特别是村组干部、科技特派员、科技示范户、种养殖大户以及村组防疫员、信息员为重点，紧紧围绕地方特色产业，分专业、按需求开展农牧业新品种、新技术、农畜产品标准化生产、设施农牧业、测土配方施肥、水产养殖、动植物防疫、农畜产品质量安全等短期农牧业实用技术培训。注重开展粮油、奶类、肉类、饲草料等深加工和农畜产品包装储运技术培训，不断提高农牧业综合效益。尤其以城郊有条件的地方为重点，建立必要的实用技术培训基地，以点带面，典型示范引领，切实加大培训力度。

（2）加快推进劳动力转移就业培训。以农牧区剩余劳动力和有转移意愿的农牧区劳动力，特别是农村未考入大、中专院校的高中、初中毕业生、贫困农牧民、复员退伍军人、新生代农牧民和具有劳动能力的残疾人为重点，紧紧围绕特色旅游业、优势矿产业、特色农畜产品加工业、民族手工业、藏医药业、高原特色生物业以及现代服务业的发展，重点开展导游导购、家政服务、餐饮服务、驾驶修理、建筑安装、电气电焊、藏毯编织、服装缝纫、特色文化等市场急需工种的培训，切实提高农牧民转移就业的职业技能，增强就业竞争力。

（3）加快推进农牧民创业培训。以农牧区种养业大户、农牧区经纪人、村组经济能人、专业合作组织领办人、大中专院校应届毕业生、外出务工返乡创业人员为重点，紧紧围绕区域经济结构调整和农牧民创业意愿，采用请进来、走出去的方式，大力开展规模化种植养殖、特色农产品加工与营销、民族手工艺、乡村旅游等创业培训。通过创业培训、政策引导、项目开发、信息服务、创业资金扶持和后援技术支持，激发农牧民创业意愿，增强创业及应对风险能力，提高创业成功率。

2. 培训成效

2010年至2014年分别完成农牧民培训1721人、2657人、4450人、2066人和3680人，实际完成数均高于计划目标数，且培训合格率达95%以上。

表7-15　拉萨市农牧民培训情况

	2010		2011		2012		2013		2014	
就业工作开展情况	目标	完成情况	目标	完成情况	目标	完成情况	目标	完成情况	目标	完成情况
培训农牧民人数	1600	1721	1750	2657	1700	4450	2025	2066	2000	3680

资料来源：《拉萨市统计年鉴》，2015年

从农牧民培训的就业情况看，取得了良好的效果。2010年农牧民培训就业率达到95%，为2010年至2014年农牧民培训就业率最高的年份，其次是2014年，培训的就业率达到73%。

表7-16　拉萨市农牧民培训就业率

	2010		2011		2012		2013		2014	
就业工作开展情况	目标	完成情况	目标	完成情况	目标	完成情况	目标	完成情况	目标	完成情况
农牧民培训就业率（%）	55.5	95	60	68	60	76	65	75	65	73

资料来源：《拉萨市统计年鉴》，2015年

从农牧民转移人数看，2010年至2014年分别转移劳动力13.2万人次、15.1万人次、16.7万人次、12.3万人次和21.35万人次，推进了劳动力转移就业。

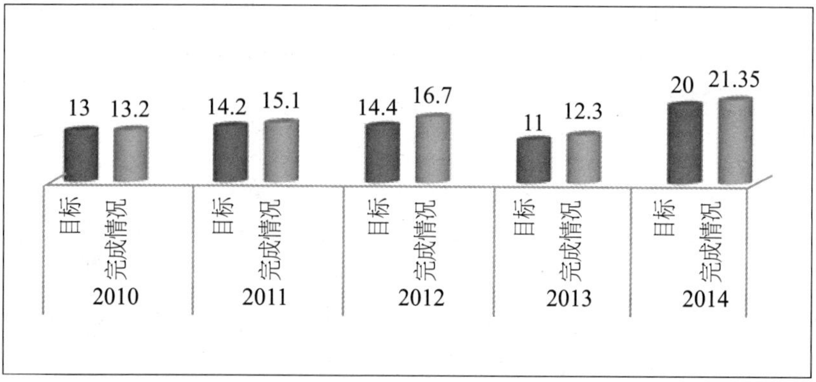

图 7-9　拉萨市农牧民转移人数（万人次）
资料来源：《拉萨市统计年鉴》，2015 年

农牧民的转移就业，得益于过去 10 年里农牧民的观念变化和能力提高，赋予了农牧民更多的人力资本，为农牧民转移就业和增收提供了强大且可持续的动力。

表 7-17　拉萨市部分企业农牧民就业情况

就业企业	拉萨市 2 家综合性大商店	拉萨市 3 家三星级酒店	拉萨市 4 家知名餐饮企业
2001 年农牧民就业所占比重	32%	25%	20%
2014 年农牧民就业所占比重	67%	78%	76%

资料来源：《拉萨市统计年鉴》，2015 年

从拉萨市部分企业农牧民就业的调研情况看，2014 年和 2001 年相比，拉萨市 2 家综合性大商店、3 家三星级酒店、4 家知名餐饮企业农牧民的就业比均有大幅提升，其中餐饮企业的农牧民就业比由 2001 年的 20% 提升到 2014 年的 76%，提升幅度达 56%。这说明随着观念变化和能力提高推动了更多的农牧民转移出来，通过努

力提升收入水平。

（二）综合实施就业培训和就业指导

拉萨市突出“加大技能培训力度，不断提高劳动者素质；积极改善就业环境，实现劳动者充分就业”两个重点，综合实施就业培训和就业指导。

一是进一步完善职业技能培训工作，拉萨市在开展好传统的订单、定向式培训工作的基础上，实施了县（区）特色品牌培训，试点打造“一县一品牌”培训模式；针对城乡就业困难人员初步开展了就业援助培训工作，解决了就业困难群体培训问题，为下一步成功实现就业奠定了扎实的基础；积极开展创业培训工作，将创业培训与创业服务结合，充分发挥创业带动就业效应。

二是逐步增大培训力度、加大培训资金投入，2011—2013 年分别向上级业务部门争取培训资金 1500 余万元、1800 余万元、2100 余万元，使得农牧民的职业技能进一步提升，现金收入进一步提高，就业政策宣传和就业援助指导工作进一步推进。

三是为加强就业培训和指导，拉萨市积极推进培训机构建设。2010 年拉萨市批准的培训机构有 5 家，2014 年增至 11 家。2010 年拥有劳务派遣机构 1 家，2014 年增至 2 家。

表 7-18　拉萨市培训机构情况

	2010	2011	2012	2013	2014
拉萨市批准的培训机构总数	5	5	7	10	11
现有劳务派遣机构总数	1	1	1	1	2
现有职业介绍机构总数	1	1	1	1	1

资料来源：《拉萨市统计年鉴》，2015 年

除加大对农牧民和城镇失业人员的培训外，拉萨市加大了对拟就业人员的就业指导。其中2010年职业指导人数为9219人，职业介绍人数为7000人，职业成功介绍人数为3550人。2014年职业指导人数为13210人，职业介绍人数为14781人，职业成功介绍人数为8918人。

表7-19 拉萨市就业指导机构情况

	2010		2011		2012		2013		2014	
就业工作开展情况	目标	完成情况	目标	完成情况	目标	完成情况	目标	完成情况	目标	完成情况
职业指导人数	7380	9219	7400	9450	/	13104	/	13425	8500	13210
职业介绍人数	6800	7000	6500	7212	7000	11450	7500	11652	8000	14781
职业介绍成功人数	3400	3550	3250	3755	3500	6069	3500	7836	4800	8918

资料来源：《拉萨市统计年鉴》，2015年

（三）推动创业培训

1.加强创业师资队伍建设

为加强创业师资队伍建设，拉萨市邀请2名国家级SIYB培训师举行了首期SYB师资培训班，八县（区）人社局、拉萨师专的一线业务骨干30人参加了培训，提升了创业师资培训水平。

2.加强创业培训

为推动创业，以创业带动就业，拉萨市对有创业意愿的个人进行了培训。2010年培训人数为100人，其中成功实现创业人数为12人，创业带动就业人数为24人。2014年创业培训数量进一步增多，完成创业培训185人，其中成功实现创业18人，带动就业75人。

表 7-20　拉萨市创业培训情况

	2012		2013		2014	
就业工作开展情况	目标	完成情况	目标	完成情况	目标	完成情况
创业培训人数	50	100	150	165	150	185
创业成功人数	5	12	15	18	15	18
创业成功率	10	12	10	10.91	10	10
创业带动就业人数	15	24	45	57	75	75

资料来源：《拉萨市统计年鉴》，2015 年

3. 健全促进就业创业体制机制

为鼓励创业，拉萨市进一步健全促进创业体制机制，完善创业的优惠政策，越来越多的人加入自主创业的队伍。

案例一：拉萨市城关区的琼卓玛一直失业在家，家里有病人，孩子还要上学，全靠她打零工维持全家的开支。在创业政策和资金的扶持下，她参加了拉萨市开办的创业技能培训班。在政府的帮助下，她在城关区纳金路嘎巴村开办了自己的馒头店。店虽小，但凭着政府的帮助和自己的辛勤经营，生意红红火火，还招收了两名员工，生活得到了全面改善。

案例二：米玛家住拉萨市，高中毕业后，当过超市的营业员，干过 KTV 领班，一直想自己创业，但是对创业又一无所知，对前途很迷茫。在政府的帮助下参加了创业培训班，她豁然开朗，像在迷茫的黑夜中找到了指路明灯。后来她在城关区木材市场附近开办了自己的面点店，运用所学创业技能和知识重新找到了生活的方向。面点店在当地非常有名气，现在她正筹备扩大经营渠道，拓展自己的事业。

一滴水可以反映太阳的光辉，虽然是两个小小的创业事例，可是它们反映的是思想的改变，是希望的方向，是幸福生活的走向。

（四）促进高校毕业生就业

1. 高校毕业生就业率稳步提升

为推进高校毕业生就业，拉萨市一方面通过媒体、网络积极宣传高校毕业生的就业优惠政策；另一方面，通过专题招聘会、公务员招考、鼓励自主创业等多种形式积极推进就业。在多举措的推进下，拉萨生源应届高校毕业生就业率稳步提升。

从拉萨市高校毕业生就业情况看，2010 年高校毕业生人数为 3726 人，其中就业人数为 3539 人。2014 年高校毕业生人数为 3932 人，其中就业人数为 3861 人。可见拉萨市高校毕业人数和就业人数都有所增加。

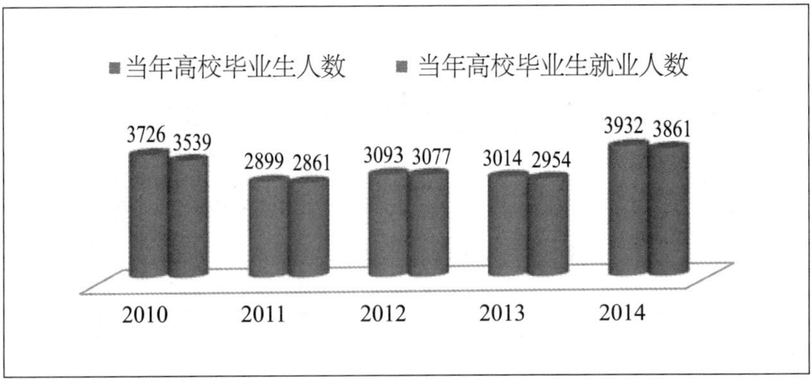

图 7-10　拉萨市应届大学毕业生就业情况
资料来源：《拉萨市统计年鉴》，2015 年

从拉萨市高校毕业生就业率来看，2010 年 2014 年间拉萨市高校毕业生平均就业率达到 97.88%。其中就业率最高的年份是 2012 年，当年就业率达到 99.5%，其次是 2011 年，当年高校毕业生就业率为 98.7%。2014 年高校毕业生就业率为 98.2%。

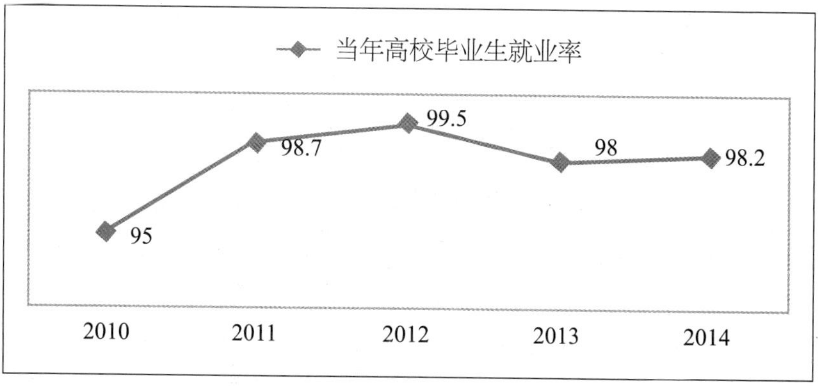

图 7-11　拉萨市高校毕业生就业率

2. 促进就业困难的高校毕业生就业

高校毕业生就业大多是通过市场实行的自主择业，但是针对部分就业困难的高校毕业生，拉萨市通过公益性岗位提供以及就业引导性培训的方式，增加他们就业的机会。

2010 年，拉萨市高校毕业生中参加公益性岗位的人数为 51 人，2014 年参加公益性岗位的人数为 38 人。从引导性培训的人数看，2012 年为 380 人，2014 年为 500 人。总体而言，2010 年至 2014 年间，拉萨市高校毕业生参加公益性岗位呈现出下降的态势，与此相对应，参加就业引导性培训的人数呈现不断上升的态势。

表 7-21　促进就业困难的高校毕业生就业

	2010	2011	2012	2013	2014
高校毕业生参加公益性岗位人数	51	55	66	62	38
高校毕业生引导性培训人数	/	/	380	400	500

资料来源 :《拉萨市统计年鉴》，2015 年

五、机会保护

（一）开发公益性岗位，促进困难人群就业

1. 公益性岗位设置

公益性岗位[①]是由做政府出资开发或引导社会多渠道出资开发，为就业困难群众提供就业的非营利性岗位。针对就业困难群众的特征，公益性岗位一般对教育水平和技术水平要求较低，有利于在市场竞争中就业处于不利地位的弱势群体就业。

2006 年以来，为推动就业困难群众就业，西藏加大了公益性岗位的开发力度。2014 年，自治区政府印发《西藏自治区公益性岗位开发管理暂行办法》（藏政发〔2014〕87 号），旨在使公益性岗位的开发、使用和管理进行更加规范。

目前，公益性岗位已成为西藏"国有企业关闭破产需要安置的"3545"人员（"3545"人员是指年满 35 周岁的女性和年满 45 周岁的男性）、城镇零就业家庭成员；城镇持《残疾证》的残疾人、享受城镇居民最低生活保障待遇的人员、自失业登记之日起连续失业 6 个月以上未能实现就业的城镇失业人员、城镇抚养未成年子女的单亲家庭成员、登记失业的大中专毕业生、城镇规划区内的被征地失业农牧民"[②]的重要就业渠道。

2. 公益性岗位推进情况

为推进困难人群就业，近年来，拉萨市通过入户调查，及时掌握困难人群的技能水平、就业意愿和收入要求等，结合实际适时提供门卫、保洁、保绿、学校食宿管理、打字、设施设备维护等岗位，

---

① 公益性岗位主要包括社会公共管理类岗位、城市社区公益性岗位、机关事业单位工勤保障和公共服务岗位以及其他岗位，如交通协管、城市协管、保洁、绿化、车辆守护、治安巡逻、铁路守护等。

②《西藏自治区公益性岗位开发管理暂行办法》，藏政发〔2014〕87 号，2014 年 9 月 23 日。

优先安置大龄就业困难人员。

（1）积极推进第一批公益性岗位。2006 年 9 月，西藏自治区政府出台了《购买公益性岗位实施方案》，开发公益性岗位 2700 个，安置就业困难居民 2670 人[①]。

从西藏第一批公益岗位安置情况看，拉萨市 2006 年 12 月到 2009 年 12 月期间共安置公益性岗位 600 人，是西藏各地区中安排公益性岗位最多的地区。

表 7-22　西藏第一批公益岗位安置情况[②]

地区	安置时间	安置岗位数
拉萨市	2006.12-2009.12	600
日喀则	2007.2-2010.2	400
山南	2007.4-2010.4	250
林芝	2007.1-2010.1	250
昌都	2007.1-2010.2	400
那曲	2006.10-2009.9	200
阿里	2006.9-2009.9	100

拉萨市此次购买的 600 个公益性岗位分为 3 类。其中，公共管理类岗位有 400 个，社区服务类有 100 个，公共事业有偿服务类 70 个。此外，还有 30 个其他适宜于安排就业的公益性岗位。

（2）第二批公益性岗位实施情况。2008 年 8 月到 2009 年 8 月，

① 李中锋、翁仕鹏：西藏公益性岗位包容效应研究 [J]，《西藏大学学报》（社会科学版），2012（2）。

② 李中锋、翁仕鹏：西藏公益性岗位包容效应研究 [J]，《西藏大学学报》（社会科学版），2012（2）。

开发3000个公益性岗位，安置就业困难居民2998人[①]。

从第二批公益性岗位安置情况看，拉萨市2008年6月至2011年6月共安置公益性岗位450人。

表7-23　西藏第二批公益岗位安置情况

地区	安置时间	安置岗位数
拉萨市	2008.6-2011.6	450
日喀则	2008.5-2011.5	450
山南	2008.6-2011.6	450
林芝	2008.7-2011.8	300
昌都	2008.8-2011.8	420
那曲	2008.9-2011.9	350
阿里	2008.10-2010.10	200

2010年至2014年拉萨市累计开发公益性岗位数分别为3650、3970、3970、6170和6170，为就业困难人员和弱势群体的提供了就业岗位。

① 李中锋、翁仕鹏：西藏公益性岗位包容效应研究[J]，《西藏大学学报》(社会科学版)，2012(2)。

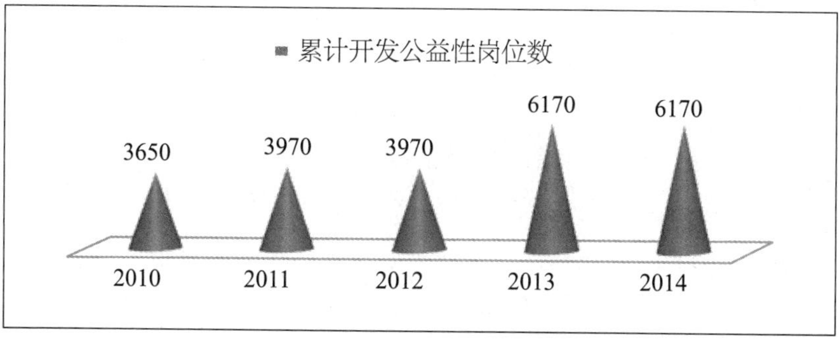

图 7-12　拉萨市累计开发公益性岗位数
资料来源：《拉萨市统计年鉴》，2015 年

（二）公益性岗位的共享效应

公益性岗位开发不仅直接解决了部分就业困难群众的就业问题，保障了他们的基本生活需求，而且对维护社会安定和谐有着重要的作用。

1. 保障了生活困难居民的基本生活需求

促进就业困难群众就业，保障其基本生活需求，是公益性岗位开发的初衷。在推进公益性岗位开发中，拉萨市通过建立健全就业困难群众的“动态管理制度”，有效促进了就业困难群众就业。

表 7-24　拉萨市消除零就业家庭情况

	2010		2011		2012		2013		2014	
	当年	累计	当年	累计	当年	累计	当年	累计	当年	累计
消除零就业家庭户数（人数）	12	145	9	154	19	173	2	175	14	189

资料来源：《拉萨市统计年鉴》，2015 年

从消除“零就业家庭”情况看，2010 年拉萨市消除“零就业家庭”12 户，累计消除“零就业家庭”达 145 户。2011 年消除“零

就业家庭”9户，累计消除“零就业家庭”达154户。到2014年累计消除“零就业家庭”达189户，有效地促进了“零就业家庭”生活状况的改善。

2. 照顾了新增就业困难群体的就业需求

在推进公益性岗位开发过程中，拉萨市不仅注重解决存量的就业困难群众的就业问题，而且注重解决新增就业困难群体的就业问题。比如针对高校毕业生的就业压力，拉萨市专门制定了高校毕业生公益性岗位的安置政策，促进高校毕业生通过公益性岗位实现就业。

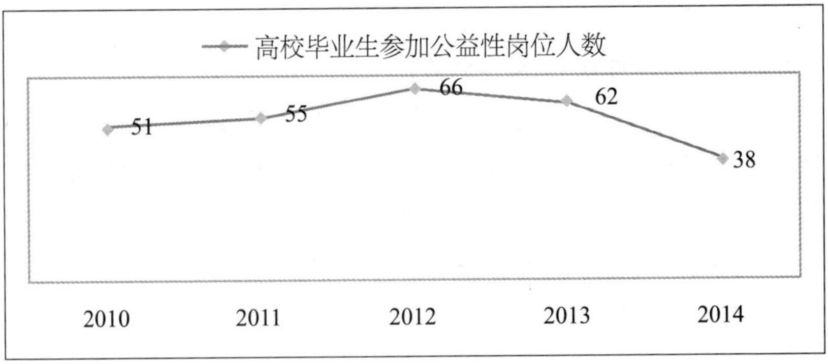

图7-13 拉萨市高校毕业生参加公益性岗位人数
资料来源：《拉萨市统计年鉴》，2015年

由图7-13可知，2010年至2014年间拉萨市共通过公益性岗位安置高校毕业生272人，保障了部分就业困难高校毕业生的就业需求，为他们的再就业提供了缓冲空间。

3. 促进了社会安定与和谐

就业是安定民生、稳定社会的重要途径。在市场竞争中，部分农牧民群众由于身体、教育水平、技能、年龄等方面的原因，不能实现就业意愿。针对这种情况，为解决这部分农牧民群众的就业问题，拉萨市通过开发公益性岗位，保障了部分就业困难农牧民群众的就业需求，使他们在参与经济活动的同时，能够分享经济社会发展的成果，减少了社会不稳定因素，有利于促进社会安定与和谐。

基于上述分析，除了旅游文化产业外，文化创意产业发展也是西藏 21 世纪最有前途的产业之一，其特殊的背景，必然蕴含着巨大的经济效益和社会效益。

第八章　成果共享与拉萨的实证分析

本章首先对成果共享的内涵及层次进行了理论分析；其次从宏观视角，基于“五位一体”协调发展的层面对拉萨市成果共享的实践进行分析；再次从微观视角，基于人民生活水平提升的层面对共享发展的成果进行分析；最后对拉萨公共服务的满意度进行了分析。

一、成果共享的内涵及层次

（一）成果共享的内涵

成果共享，关键是实现发展成果更多更公平惠及全体人民，使全体人民在共建共享发展中有更多获得感。成果共享是实现全面建成小康社会的基本要求，对于增强发展动力，增进人民团结具有重要意义。

1. 成果共享的主体是全体人民

人民是推动社会前进的主体，十八届五中全会明确提出：“坚持共享发展，必须坚持发展为了人民、发展依靠人民、发展成果由人民共享。”改革开放以来，中国经济取得了举世瞩目的巨大成就，人民是推动经济社会发展的动力和源泉，他们不仅是发展成果的创造者，更应该是发展成果的共享者。

2. 成果共享的内容是多方面的

成果共享的内涵十分丰富，不仅包括物质成果，而且包括非物质成果。从“五位一体”的角度看，成果共享应该是“经济成果、社会成果、政治成果、文化成果、生态成果”的协调统一。

3. 成果共享是一个持续动态的过程

成果共享的内容受经济社会发展程度的影响，是一个动态的变动过程。在社会生产力水平低下、经济发展落后、物质财富匮乏的时期，成果共享的内容主要表现为低水平的物质财富的分配上；随着经济的发展，物质财富不断丰富，政治、文化、社会等领域的不断发展，成果共享的内容会日益丰富，共享的层次和水平也随之不断提高。

（二）成果共享的层次

整体而言，可以将成果共享分为两大层面：一是从宏观发展的层面，着力推进经济建设、政治建设、文化建设、社会建设、生态文明建设“五位一体”协调发展。作为一种新的发展模式和理念，共享式发展强调经济与社会、经济与自然的协调发展。

二是从“以人为本”的层面，着力改善人民生活。“以人为本”是共享式发展的出发点和归宿，让人民共享经济社会发展的最终表现是人民的生活更加美好，这需要从增加收入、改善居住条件、丰富娱乐文化生活等多方面着手，使广大人民共享经济社会发展成果。

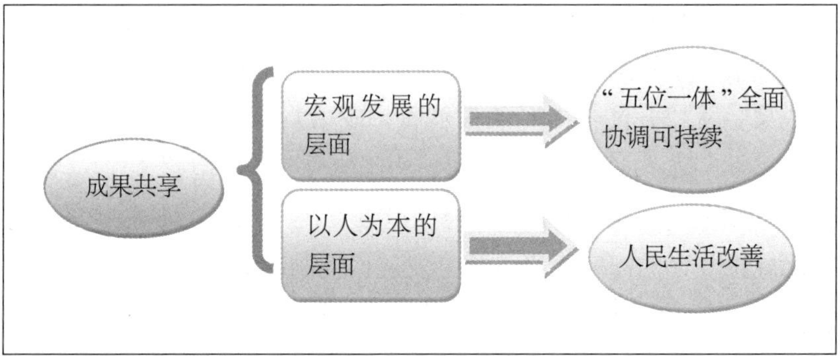

图 8-1　成果共享的层次

二、拉萨市成果共享的宏观层面：推进"五位一体"协调发展

西藏和平解放特别是改革开放以来，拉萨市经济、社会事业等各方面取得瞩目成就，城乡面貌日新月异，社会局势长期稳定，城乡居民收入水平大幅提高，消费结构日趋升级，住房条件明显改善，生活质量显著提高，农牧民生活蒸蒸日上，城镇居民生产生活方式焕然一新。

（一）经济迈上新台阶，成果共享的物质财富大幅度增加

西藏和平解放 60 年来，特别是改革开放三十多年来，拉萨市经济得到快速发展，在西藏的首位作用日益突出。

1. 经济总量快速增加，社会财富总量加大

由表 8-1 知，1951 年拉萨市 GDP 总量仅为 0.25 亿元，西藏 GDP 总量为 1.29 亿元，拉萨 GDP 总量占西藏的比例为 19.38%。2014 年拉萨 GDP 总量增长至 347.45 亿元，是 1951 年拉萨 GDP 总量的 1390 倍，占西藏 GDP 总量的比例也从 19.38% 上升至 37.73%，即拉萨 GDP 总量占据了西藏三分之一以上的份额，拉萨在

西藏的首位作用日益突出。

表 8-1　拉萨 GDP 增长与西藏的比较

	拉萨 GDP 总量（亿元）	西藏 GDP 总量（亿元）	拉萨 GDP 总量占西藏的比例（%）
1951	0.25	1.29	19.38
1959	0.41	1.74	23.56
1965	0.94	3.27	28.75
1978	2.32	6.65	34.89
1980	2.98	8.67	34.37
1981	3.16	10.40	30.38
1982	3.23	10.21	31.64
1983	3.25	10.29	31.58
1984	4.05	13.68	29.61
1985	4.76	17.76	26.80
1986	5.28	16.93	31.19
1987	5.84	17.71	32.98
1988	6.14	20.25	30.32
1989	6.82	21.86	31.20
1990	7.46	27.70	26.93
1991	8.65	30.53	28.33
1992	10.04	33.29	30.16
1993	12.02	37.42	32.12
1994	14.37	45.99	31.25
1995	21.32	56.11	38.00
1996	21.82	64.98	33.58

续表

	拉萨 GDP 总量（亿元）	西藏 GDP 总量（亿元）	拉萨 GDP 总量占西藏的比例（%）
1997	27.09	77.24	35.07
1998	32.82	91.50	35.87
1999	39.24	105.98	37.03
2000	44.90	117.80	38.12
2001	54.92	139.16	39.47
2002	61.91	162.04	38.21
2003	69.89	185.09	37.76
2004	76.14	220.34	34.56
2005	86.78	248.80	34.88
2006	102.39	290.76	35.21
2007	121.91	341.43	35.71
2008	138.79	394.85	35.15
2009	154.27	441.36	34.95
2010	178.91	507.46	35.26
2011	222.09	605.83	36.66
2012	260.04	701.03	37.09
2013	304.87	807.67	37.75
2014	347.45	920.85	37.73

资料来源：《拉萨市统计年鉴》，2015 年

从拉萨与西藏 GDP 增长率水平比较看，1990 年至 2014 年 25 年间，除了 1993 年和 1994 年拉萨市 GDP 增长率低于西藏平均水平外，2008 年拉萨市 GDP 增长率和西藏平均水平持平外，其余年份拉萨 GDP 增长率均高于西藏平均水平，显示了其作为西藏首府快

速发展的强劲态势。

表 8-2　拉萨 GDP 增长率与西藏的比较

	西藏 GDP 增长率（%）	拉萨 GDP 增长率（%）	拉萨 GDP 增长率高出西藏水平
1990	8.9	9.7	0.8
1991	0.4	2.2	1.8
1992	7.1	8.3	1.2
1993	15.5	12.8	-2.7
1994	15.7	12.7	-3
1995	17.9	20.2	2.3
1996	13.2	16.2	3
1997	11.8	18.8	7
1998	12.1	16.5	4.4
1999	12.3	15.9	3.6
2000	10.4	17.9	7.5
2001	12.7	16.5	3.8
2002	12.9	16.6	3.7
2003	12	16.8	4.8
2004	12.1	17.1	5
2005	12.1	14.0	1.9
2006	13.3	16.5	3.2
2007	14	15.8	1.8
2008	10.1	10.1	0
2009	12.4	12.7	0.3

续表

	西藏 GDP 增长率（%）	拉萨 GDP 增长率（%）	拉萨 GDP 增长率高出西藏水平
2010	12.3	13.0	0.7
2011	12.7	14.6	1.9
2012	11.8	12.2	0.4
2013	12.1	12.4	0.3
2014	10.8	10.9	0.1

资料来源 :《拉萨市统计年鉴》，2015 年

从拉萨和西藏 GDP 增长率的变动趋势看（见图 8-2），自 1993 年以来，西藏和拉萨的 GDP 增长率都保持在两位数的高速增长，除了 2008 年略高于 10%，为 10.1 以外，其余年份均在 12% 以上。

1990 年西藏 GDP 增长率为 8.9%，拉萨市 GDP 增长率为 9.7%，高出西藏平均水平 0.8 个百分点。1995 年拉萨 GDP 增长率达 20.2%，高出西藏平均水平 2.3 个百分点。2014 年拉萨市 GDP 增长率为 10.9%，高出西藏平均水平 0.1 个百分点，2000 年拉萨市 GDP 增长率高出西藏平均水平 7.3 个百分点。

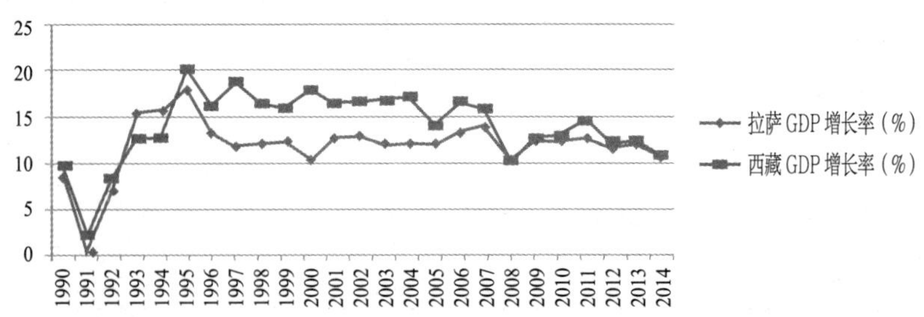

图 8-2　拉萨 GDP 增长率和西藏的对比

社会财富总量增加，提供了拉萨市成果共享的物质基础。

2. 交通设施建设飞跃发展，投资环境与生活环境大大改善

60 多年前，拉萨唯一的“公路”就是从罗布林卡到布达拉宫不到 1 公里的路，1954 年底，川藏和青藏公路在拉萨汇合通车，从此，拉萨基础设施建设全面起步。

“十二五”期间，拉萨市共实施项目 154 个，共计解决约 12 万农牧民群众出行难问题。拉萨市农村公路通车总里程、通达、通畅率均居全区第一位。截止目前，拉萨市综合交通运输体系基本成型。

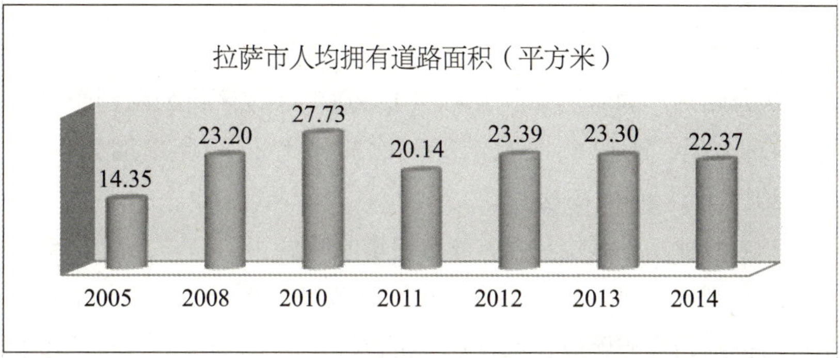

图 8-3　拉萨市人均拥有道路面积
资料来源：《拉萨市统计年鉴》，2015 年

由图 8-3 可知，2005 年拉萨市人均道路面积仅 14.35 平方米，2014 年增加至 22.37 平方米，比 1995 年增加人均增加 11.02 平方米。

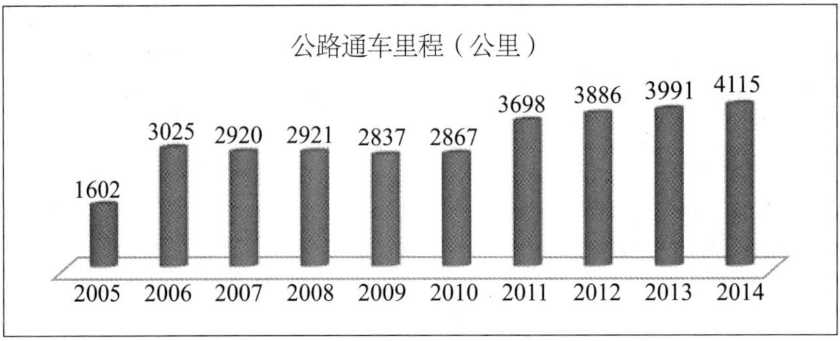

图 8-4 拉萨市公路通车里程

资料来源：《拉萨市统计年鉴》，2015 年

从公路通车里程看（见图 8-4），2005 年拉萨市公路通车里程为 1602 公里，2012 年增加至 3886 公里，比 2005 年增加 2284 公里，2014 年达到 4115 公里。

3. 农牧业基础地位加强，农牧民增收明显

改革开放以来，在一系列农村经济政策的指导下，拉萨市农业生产力得到一定的解放，农牧业经济快速发展。1960 年，拉萨市农林牧渔业总产值仅为 0.72 亿元，2014 年增长至 21.3 亿元，是 1960 年的 29.6 倍，农牧业经济规模逐步扩大，为拉萨国民经济的发展带来了勃勃生机。

从分行业情况看，1960 年拉萨市农业总产值仅为 0.31 亿元，2014 年增长至 9.44 亿元，是 1960 年的 30.5 倍；1965 年拉萨市林业总产值仅为 61.79 万元，到 2014 年增加至 3467.27 万元，增长 55.1 倍。

从牧业发展情况看，1960 年拉萨市牧业总产值为 0.39 亿元，2014 年增加至 11.3 亿元，增长 28.9 倍；1961 年至 2014 年间，拉萨市渔业的总产值则从 1.88 万元增加至 148.8 万元，增加了 79.1 倍。但是值得说明的是，2005 年以后拉萨市农林牧渔服务业发展较为滞

后，2005 年拉萨市农林牧渔服务业总产值为 2271.2 万元，2014 年降至 1142.66 万元。

表 8-3　拉萨市农林牧渔业总产值情况

	农林牧渔业总产值（万元）	农业（万元）	林业（万元）	牧业（万元）	渔业（万元）	农林牧渔服务业（万元）
1960	7192.84	3098.19	/	3928.73	/	/
1965	10131.17	4969.86	61.79	4850.43	1.88	/
1970	10799.67	4775.52	79.00	5197.92	3.84	/
1975	13801.67	6703.89	270.50	6028.16	30.37	/
1978	15858.26	8216.11	237.81	6360.87	7.77	/
1980	16715.25	8235.69	363.23	6758.97	7.46	/
1985	23448.43	9515.70	832.16	9414.95	10.85	/
1990	19755.21	12813.73	233.34	6699.32	8.82	/
1995	42984.42	26375.12	262.49	16326.51	20.36	/
1996	54936.30	35815.63	363.51	18740.45	16.68	/
1997	58087.08	38110.70	635.92	19321.52	18.93	/
1998	62133.67	42006.80	986.34	19127.66	12.87	/
1999	71864.10	45419.11	1077.81	25353.23	13.95	/
2000	85058.92	47713.07	2200.55	35124.32	20.98	/
2001	77235.04	49784.93	1109.88	26258.33	81.90	/
2002	83703.28	53109.74	1898.84	28639.00	55.70	/
2003	86547.59	50506.23	4215.36	31265.34	77.74	/
2004	94992.71	54768.16	3879.38	34843.42	80.58	/
2005	100255.01	50047.94	10087.95	37757.25	90.67	2271.20

续表

	农林牧渔业总产值（万元）	农业（万元）	林业（万元）	牧业（万元）	渔业（万元）	农林牧渔服务业（万元）
2006	110147.59	58850.46	2690.91	45982.36	59.32	2564.54
2007	116473.76	60761.15	4196.02	47566.15	67.11	3883.33
2008	128400.93	55207.37	4802.31	65588.94	189.40	2612.91
2009	135550.80	57536.79	5143.73	71126.02	57.30	1686.96
2010	149943.90	63030.07	5068.75	77411.59	146.20	4287.27
2011	163233.15	70249.76	3140.28	85761.97	180.54	3900.6
2012	177096.08	75155.88	3884.31	94017.28	130.00	3908.6
2013	192487.84	81443.8	4779.22	105275.29	147.54	842
2014	212909.99	94432.54	3467.27	113718.72	148.8	1142.66

资料来源：《拉萨市统计年鉴》，2015 年

农牧区“两个长期不变”政策的落实，极大地调动了农牧民群众的生产积极性，拉萨市农牧业的生产水平有了很大的提高。种植业取得了明显进步。粮食总产从 1992 年的 120416.40 吨上升到 2012 年的 174310.43 吨，增加了 53894 吨。

油菜总产从 1992 年的 2995.1 吨增长至 2012 年的 13224.69 吨，增长了 3.4 倍。蔬菜副食从无到有迅速发展壮大。过去，拉萨的蔬菜价格比肉贵，为了解决吃菜难问题，拉萨市实行了市长菜篮子负责制，引进技术、加大投入，使拉萨菜篮子迅速丰富起来，到 2012 年底，拉萨市蔬菜总产量达 228745.66 吨，比 1992 年增加 12 倍，同时还有部分反季节蔬菜返销内地，彻底结束了拉萨蔬菜完全靠内地引进的历史。同时，蔬菜业的发展也增加了群众的收入。

到 2014 年底，拉萨市粮食产量、油菜产量、蔬菜、青饲料分别为 178631.44 吨、11474.63 吨、244077.77 吨和 32143.30 吨。

表 8-4　拉萨市主要农产品产量

	粮食产量（吨）	油菜产量（吨）	蔬菜（吨）	青饲料（吨）
1992	120416.40	2995.10	17910.98	4714.47
1993	126497.40	4784.28	28687.76	6647.82
1994	123325.00	8451.28	23986.94	5783.32
1995	135317.30	9581.58	23282.03	15433.69
1996	142874.10	10173.76	34443.21	2419.66
1997	153020.40	9668.21	43148.77	8189.67
1998	165284.20	9341.29	45492.50	8668.62
1999	178506.00	10134.50	67822.30	11902.52
2000	192942.00	10854.40	62745.10	18311.20
2001	193704.14	11020.42	68707.60	15336.83
2002	193848.78	12458.18	95404.17	18633.89
2003	183500.00	14139.08	78142.00	22593.35
2004	179727.23	16538.45	54300.59	34662.60
2005	170180.77	18399.11	116000.01	32927.16
2006	172782.47	12778.92	116792.11	38154.62
2007	173959.88	11776.25	117074.68	35470.13
2008	175166.23	13031.98	125997.77	56375.14
2009	171600.72	12152.52	187520.93	47112.87
2010	171621.40	12449.43	188664.30	46260.70
2011	173919.6	13519.77	195629.95	36191.72
2012	174310.43	13224.69	228745.66	31578.48
2013	176110.29	11465.58	231411.3	31862.81

续表

	粮食产量（吨）	油菜产量（吨）	蔬菜（吨）	青饲料（吨）
2014	178631.44	11474.63	244077.77	32143.30

资料来源：《拉萨市统计年鉴》，2015 年

4. 工业生产体系逐步完善，就业机会增加

近年来，拉萨市工业生产取得了长足发展，工业生产体系不断完善，对经济增长的贡献率不断提升。不断完善“两区四园”（拉萨经济技术开发区、柳梧新区，中国西藏文化旅游创意园区、达孜县工业园、曲水县工业园和堆龙德庆县工业园）的园区载体功能，已成为推动拉萨市经济发展的重要力量。

从工业总产值增速看，整体呈现出波动向上的态势。按可比价格计算，2000 年拉萨市工业总产值增速为 13.1%，2014 年为 14.5%。2000 年至 2014 年 15 年间，工业总产值增速最高的是 2003 年，达 34.9%，增速最低的是 2013 年，为 3.6%。

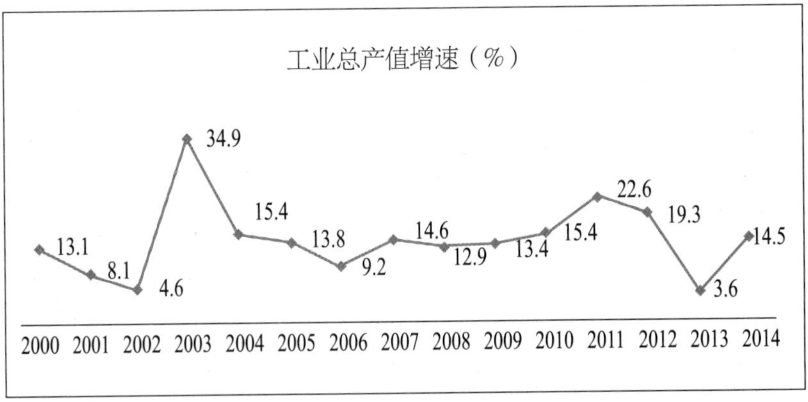

图 8-5　拉萨工业总产值增速（注：按可比价格计算）

从工业产品产量看，2004 年水泥产量为 59.42 万吨，2014 年

增加至 199 万吨，增长 3.35 倍。啤酒产量从 2004 年的 38206 吨增加至 2014 年的 130189 吨，增长 3.41 倍，矿泉水从 2004 年的 3252 吨增加至 2014 年的 114606 吨，增加 34 倍。

值得注意的是，部分传统产品的产量有所减少，例如地毯产量，2004 年拉萨市地毯产量为 27180 平方米，2012 年下降为 1235 平方米；此外，中成药的产量也略有降低，从 2004 年的 323 吨，下降至 2014 年的 198 吨。

表 8-5　拉萨市主要工业产品产量

	水泥（万吨）	啤酒（吨）	矿泉水（吨）	中成药（吨）	面粉（吨）	食用植物油（吨）	地毯（平方米）
2004	59.42	38206	3252	323	2900	500	27180
2005	91.73	41993	2976	342	3800	/	30696
2006	98.90	48280	5183	341	/	507	24849
2007	85.79	59156	9734	221	/	1962	18980
2008	88.80	66958	36212	259	/	892	22228
2009	112.49	87988	63427	242	13858	932	18085
2010	112.75	109195	82121	265	12977	791	11563
2011	126.12	152500	87821	195	14441	607	/
2012	136.42	143009	92107	225	11011	1172	1235
2013	149	140542	80144	221	22273	990	/
2014	199	130189	114606	198	22391	729	/

资料来源：《拉萨市统计年鉴》，2015 年

5. 财政预算收入稳步增加，公共服务能力加强

随着经济的发展，拉萨市公共财政预算收入稳步增长，1959 年拉萨市公共财政预算收入仅为 0.02 亿元，此后逐步增加，2000 年

为 1.85 亿元，2012 年达 34.36 亿元，是 1959 年财政预算收入的 1718 倍，是 1978 年的 114.5 倍。2011 年至 2014 年拉萨市一般预算收入呈现快速增加态势，2014 年拉萨市一般预算收入达 64.79 亿元，比 2011 年的 23.43 多出 41.36 亿元，是 2011 年的 2.77 倍。

从拉萨市公共财政预算收入占西藏自治区的比例看，呈现出不断上升的态势。1959 年拉萨市公共财政预算收入占西藏自治区的比例为 10.73%，2000 年上升至 34.37%，2011 年所占比例为 42.78%，2013 年和 2014 年所占比例高达 52.80% 和 52.14%，足见拉萨作为西藏首位城市的贡献度和重要性。

表 8-6　拉萨市公共财政预算收入情况

	拉萨公共财政预算收入（万元）	西藏公共财政预算收入（万元）	拉萨公共财政预算收入占西藏比例（%）
1959	235	2,190	10.73
2000	18,507	53,848	34.37
2005	32,187	120,312	26.75
2011	234291	547,647	42.78
2012	343567	865,827	39.68
2013	501616	950,010	52.80
2014	647891	1,242,695	52.14

资料来源：《拉萨市统计年鉴》，2015 年

从公共财政预算收入（一般预算收入）的年均增幅看，1960—2014 年年均增幅为 15.6%，1979—2014 年年均增幅为 15.8%，2001—2014 年年均增幅为 28.9%，2006 年至 2014 年年均增幅高达 40.9%。可见，2000 年以后，拉萨市公共财政预算收入（一般预算收入）的增幅大于 2000 年以前的增幅，其中 2006 年以后增幅更

大，这说明近年来拉萨的自我发展能力日益增强。

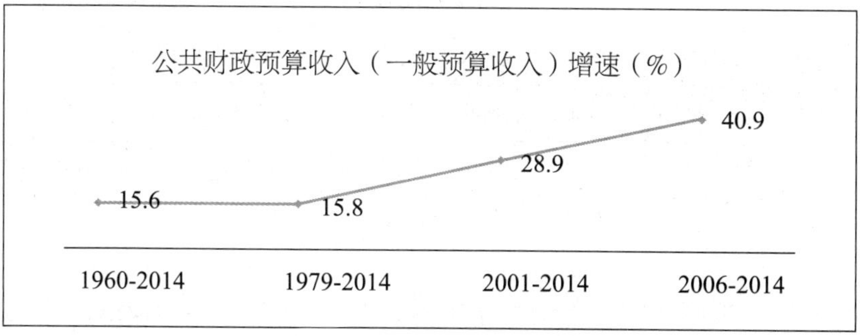

图 8-6　拉萨市财政预算收入增速

（二）文化事业不断发展，文化供给量日益增加

1. 公共文化服务实现全覆盖

建立健全公共文化服务体系是更好地满足农牧民群众基本文化生活需求的必然要求。近年来，拉萨市通过“文化信息资源共享工程”“县乡文化设施建设工程”广播电视“户户通”等文化工程建设，给农牧民提供了丰富多彩的文化服务。

（2）出版事业日益发展，2005 年拉萨市出版报纸 4042 万份，2014 年达 7948.96 万份，是 2005 年 1.97 倍。2005 年杂志出版 81 万册，到 2014 年增加至 223.89 万册，是 2005 年的 2.76 倍。图书出版由 2005 年的 805 万册增加到 2014 年的 1200 万册，增加 1.49 倍。

表 8-7　拉萨市出版事业发展情况

		2005	2010	2011	2012	2013	2014
报纸	（万份）	4042	6694	6163.27	7149.84	7948.96	7250.75
杂志	（万册）	81.00	159.90	167.19	185.53	223.89	229.64
图书	（万册）	805	1446	1616	1354	1200	1302.52

资料来源 :《拉萨市统计年鉴》，2015 年

从出版事业的年均增长率上看，2001—2014 年间报纸的年均增长速度为 8.7%，比 2006—2012 年间的平均增长速度高出 1.1 个百分点；2001—2014 年间杂志的年均增长速度为 8.9%，2006—2014 年间的平均增速为 13.9%，高出 2001—2014 年平均增速 5 个百分点；从图书的年均增速看，2001—2014 年增速为 7.3%，高出 2006—2014 年平均增速 1.1 个百分点。说明 2006 年以后杂志的增速较快。

表 8-8　拉萨市出版事业年均增长率

年均增长速度	2001—2014	2006—2014
报纸	8.7	7.6
杂志	8.9	13.9
图书	7.3	6.2

资料来源 :《拉萨市统计年鉴》，2015 年

3. 非物质文化得到大力弘扬

目前，拉萨市已有非物质文化遗产 128 项，其中国家级 20 项、

自治区级 44 项、市级 64 项，专职非遗技艺艺人 340 人[①]。为保护非物质文化遗产，拉萨市一方面大量组织人力对全市文化遗产进行全面、系统的调查，在摸清家底的基础上制定出具体的保护方案，同时加大对濒临灭绝的民族民间文化抢救和保护力度。

（三）生态环境保持良好，共享碧水绿树蓝天

生态文明是推进建设美丽中国的一个重要前提，近年来，拉萨市深入实施“环境立市”战略，全力推进国家生态园林城市和国家环保模范城市创建工作，努力建设天蓝、地绿、水静的美丽拉萨。

1. 实施污水、垃圾等环境综合整治

2008 年至 2013 年间，拉萨市财政累计用于环保投资方面的投入达到 130 亿元。一是大力实施给排水管网工程，建设污水处理厂，日污水处理能力 5 万吨，污水处理率达到“创模”要求。二是建设危废处置中心，焚烧处置规模 8 吨 / 日。三是建设垃圾处理场。这些工程的实施，大大改善了拉萨市环境基础设施落后的面貌。

2. 实施“河变湖”等生态保护和绿化恢复工程

2013 年 3 月，拉萨市启动实施“河变湖”工程，即拉萨河（城区段）综合整治工程，其目的是保持水土、治理河道、美化环境、提升品位，呈现绿色的山、清澈的水、靓丽的城，凸显地域特色、民族特色、城市特色，具有巨大的生态效益和社会效益，对发展国民经济、提高城市品位、改善市民生活居住环境具有重要而深远的意义，是推动和实现生态共享的典型案例。

“河变湖”工程的顺利实施，实现了主流归槽，有效改善拉萨河行洪条件、稳定河槽、缩小游荡范围、保障河道行洪能力，促进现有城区防洪工程的完善，有效减少甚至避免冬季风沙天气，提高空

① 杨正林：绚丽奇葩绽放古城，《西藏日报》（汉），2011-11-28。

气湿度 10% 以上。通过闸坝建设和河道整治，营造了宽阔的滨水景观和生态湿地长廊，增加了城市绿地面积和市民亲水休闲娱乐场所，改善了城市居民生产生活环境。同时，结合两岸景观打造，营造了更好的投资环境，促进了沿河旅游业发展，提高了沿河土地增值效益，进一步提升了城市品位。

3. 实施城市供暖工程，共享清新空气

拉萨市城市供暖工程是一项重大的生态工程、民生工程、民心工程。通过实施城市供暖工程，减少了传统取暖颗粒污染物的排放，极大降低了木材砍伐、牛粪捡拾等传统取暖方式对草原山体、草场生态的破坏，用实际行动牢牢守住了生态环境这条底线，用心血和汗水守护了这片圣洁的雪域净土、保护了拉萨的碧水蓝天。据统计，2014 年共减少煤炭使用量约 9.64 万吨，有效减少排放二氧化碳 18.04 万吨、二氧化硫 1652 吨、氮氧化物 510 吨、烟尘 2544 吨、炉渣 1.39 万吨。

4. 生态效应日益突显

2014 年拉萨市空气质量优良率在 97.5% 以上，优良天数达 356 天，全年 PM2.5 的平均浓度为 30mg/m^3，空气质量领跑全国。集中式饮用水水源地水质达标率常年保持 100%。

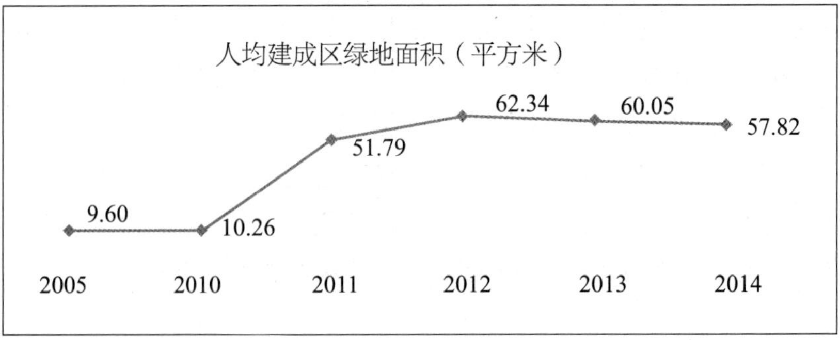

图 8-7　拉萨市人均建成区绿地面积（平方米）
资料来源：《拉萨市统计年鉴》，2015 年

随着拉萨市生态环境的不断改善，人均建成区绿地面积不断增加（图 8-7），2005 年，拉萨市人均建成区绿地面积为 9.6 平方米，2014 年上升至 57.82 平方米，是 1995 年的 6 倍。其中 2012 年和 2013 年的增加幅度最大，2012 年人均建成区绿地面积为 62.34 平方米，2013 年为 60.05 平方米。

表 8-9　拉萨市绿化面积

	2005	2008	2010	2011	2012	2013	2014
绿化覆盖面积（公顷）	1596	1963	2548	1434	1902.9	1903.0	1912.7
绿化面积（公顷）	1596	1838	2020	1372	1660	1660	1664.7

资料来源：《拉萨市统计年鉴》，2015 年

从绿化覆盖面积、绿化面积看，整体呈现上升的态势（仅 2010 年出现短暂下降，见表 8-9）。2005 年拉萨市绿化覆盖面积和绿化面积均为 1596 公顷，2008 年分别增加至 1963 公顷和 1838 公顷，到 2010 年分别达到 2528 公顷和 2020 公顷，尽管 2011 年有所下降，但是 2014 年又上升至 1912.7 公顷和 1664.7 公顷。

与此同时，拉萨市公园数量也呈现大幅增加态势。2005 年拉萨市有 2 个公园，2008 年增加至 17 个，2011 年增至 62 个，2014 年达到 74 个，见图 8-8。

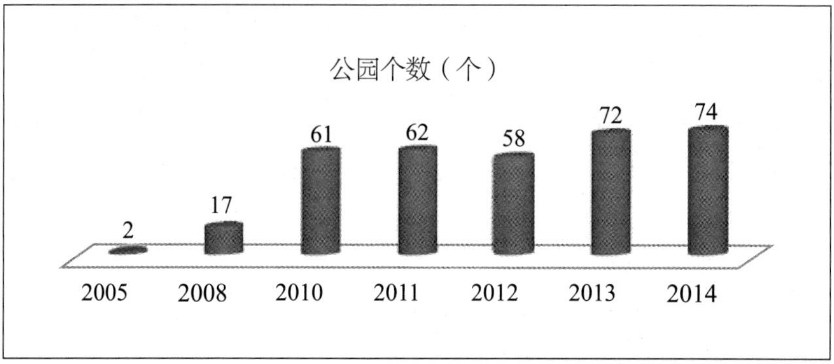

图 8-8　拉萨市公园个数（个）
资料来源：《拉萨市统计年鉴》，2015 年

从拉萨市绿化覆盖率看，2005 年拉萨市绿化覆盖率为 31.83%，此后绿化覆盖率一直增加，到 2010 年达到 43.13%，2011 年略有下降，为 26.27%，2014 年达到 37.8%。因此整体而言，拉萨市绿化覆盖率呈现出上升的态势（图 8-9）。

图 8-9　拉萨市绿化覆盖率
资料来源：《拉萨市统计年鉴》，2015 年

（四）社会事业全面发展，公平共享公共服务

1. 不断提高医疗卫生水平，实行城乡居民免费体检并建立健康档案，城乡居民健康体检率达 99.9%

拉萨市在全区率先开展“先诊疗、后结算”和农牧区医疗制度家庭账户“一卡通”试点工作并实现全覆盖[①]。基本实现县、乡、村、社区均有医疗卫生服务机构的目标。截至 2014 年底，拉萨市共有卫生机构 475 个（含村卫生室），医疗床位 2709 张，每千人拥有卫生技术人员 6.02 人，医疗床位 4.33 张。

2. 促进教育公平共享

近年来，拉萨市大幅增加教育投入，改善城乡办学条件，加快教育均衡发展。明确“市办职高和高中、县办初中和小学、乡办小学和学前班”的集中办学思路，全面落实“三包”政策，并实现幼儿园到高中的全覆盖，逐步提高补助标准，确保让每一名农牧民子女都能上得起学、上得好学。

教育城项目的建设使全市教育水平得到大幅提升，有效促进了教育公平共享，成立拉萨市第一、第二中等职业技术学校，为拉萨各项事业发展提供人力资源保障。

3. 积极促进就业

积极开展就业引导培训。拉萨市“四业工程”启动以来，共培训城乡劳动力 7 万余人，其中，实用技术培训合格率达 95% 以上，转移就业培训就业率达 90% 以上，创业培训创业成功率 75%。拉萨市实现转移就业近 3 万人，集中组织劳务输出 3.4 万人，成功创业 718 人，创业带动就业 2000 余人，就业规模和质量不断提高；近 4 万名农牧民普遍提高了收入，转移就业增收 2.6 亿元，劳务输出增收 2.5 亿元，农牧民人均纯收入增长 20.45%。

① 王珊：齐心编织幸福梦，《西藏日报》（汉），2014-12-17。

4. 不断完善社会保障体系

养老保险、医疗保险、失业保险、工伤保险覆盖率均达95%以上。“五保”（保吃、保穿、保医、保住、保葬）老人集中供养率达到76%以上，孤残儿童集中供养工作扎实推进。目前，拉萨的教育实现均衡发展，医疗卫生水平显著提高，社会保障体系逐步完善，社会事业全面发展。

（五）民主法治不断完善，共享平等法治环境

2014年，拉萨市全面贯彻党的十八大和十八届三中、四中全会精神，深入贯彻落实习近平总书记系列重要讲话精神，特别是“治国必治边、治边先稳藏”的重要战略思想和“努力实现西藏持续稳定、长期稳定、全面稳定”的重要指示，贯彻落实“依法治藏、富民兴藏、长期建藏、凝聚人心、夯实基础”的重要原则，深入实施“法治稳市”战略，充分发挥法治的调节功能和保障作用，着力加强经济、政治、文化、社会、生态文明等领域法治化建设，开创了科学发展、和谐稳定、民族团结、宗教和睦、民生改善、生态良好、党建加强、边疆稳固的好局面，为拉萨长足发展和长治久安提供了坚强有力的法制保障。

以法治建设为引领，共治共享法治拉萨。法律是治国之重器，良法是善治之前提。建设社会主义法治体系，必须坚持立法先行，恪守以民为本、立法为民理念。西藏和平解放后，拉萨经济社会发展取得长足发展，但宗教对世俗社会的影响仍然深刻，思想观念、市场发育、发展水平与内地城市相比差距较大。因此，2014年拉萨市在推进法治建设过程中，重点突出了规则培育，坚持用法律的准绳去衡量社会行为、规范社会关系、引导社会预期，推动全社会共同参与，让人民群众在参与中共治、在共治中共享，把公序良俗内化成人民的法律约束，把成文法律外化成人民的道德遵循。

一是强化法治思维，推进社会治理法治化。出台《关于创新社

会治理体制的意见》，着力构建维护稳定长效机制，有效防范和打击达赖集团的渗透破坏活动。依法严厉打击一切分裂祖国、危害国家安全、破坏社会稳定的违法犯罪分子。进一步健全流动人口服务管理机制，初步形成具有拉萨特色的城镇、寺庙和农牧区三大服务管理模式。以“联户平安、联户增收”为主要内容的“双联户”工作基本实现全覆盖，“双联户”信息数据管理系统进一步完善。反自焚、反暴恐取得重大胜利，确保了重大节庆、重要节点的绝对安全。查处资助或参与危害国家安全、参加境外“法会”国家公职人员 17 人，依法处理造谣传谣、为达赖集团提供情报公职人员 8 人。

二是寓管理于服务，积极推进寺庙治理方式转变。2014 年，拉萨市坚持把引导宗教与社会主义社会相适应和依法治理结合起来，把加强和创新寺庙治理与建立寺庙基本公共服务体系有机结合起来，依法管理宗教事务，从根本上夯实寺庙治理的僧尼基础、群众基础和法治基础。各项利寺惠僧政策全面落实，从根本上确保了宗教和睦、佛事和顺、寺庙和谐。

三是加强法治宣传教育，构建以人为本的社会治理环境。2014 年，拉萨市把法制宣传作为推进法治拉萨建设的长期基础性工作，全面推进法律“七进活动”（进社区、进农牧区、进机关、进学校、进寺庙、进企业、进军营），建成农牧区“法治书屋”、“法治图书角”332 个、寺庙书屋 286 个。建立政法机关、执法部门普法宣传制度，广泛开展“车载流动法庭”、以案释法等活动。在全区率先开展基层民主法制创建活动，坚持把“群众工作群众做”转化为制度设计，积极调动群众参与社会治理的热情，使广大人民群众在维护稳定中邻里守望、责任共担。

三、以人为本成果共享

坚持“以人为本”，使发展的成果最终为人民共享，是共享式发展的出发点和落脚点。拉萨市通过共享式发展，使广大农牧民得到了看得见、摸得着的实惠，共享了改革发展的成果。

（一）城乡居民收入显著提高

1. 城乡居民收入呈上升趋势

作为西藏的首府城市，拉萨市经济发展水平高于西藏的平均水平，为拉萨各族群众幸福指数不断实现新提高，奠定了坚实、雄厚的物质经济基础。

由表 8-10 可知，1990—2012 年间，拉萨市农牧民人均纯收入和城镇居民人均可支配收入都呈现出不断上升的态势。1990 年拉萨市农牧民的人均纯收入仅为 440 元，2014 年增加至 9258 元，比 1990 农牧民的人均纯收入高出 8818 元，是其 21.04 倍，

从城镇居民人均可支配收入看，1990 年城镇居民人均可支配收入为 1684 元，2014 年增加至 23057 元，比 1990 年城镇居民人均可支配收入高出 21373 元，是其 13.7 倍。

表 8-10　拉萨市城乡居民收入

	农牧民人均纯收入（元）	城镇居民人均可支配收入（元）
1990	440	1684
1991	474	2111
1992	510	2208
1993	529	2900
1994	830	4014
1995	935	5071
1996	1075	6556
1997	1224	5913

续表

	农牧民人均纯收入（元）	城镇居民人均可支配收入（元）
1998	1361	6262
1999	1498	6909
2000	1427	7426
2001	1559	7869
2002	1714	8079
2003	1896	8765
2004	2179	9106
2005	2402	9437
2006	2825	10348
2007	3250	12376
2008	3732	13941
2009	4149	15114
2010	5003	16567
2011	6019	17654
2012	7082	19545
2013	8265	21427
2014	9258	23057

资料来源：《拉萨市统计年鉴》，2015 年

从城镇居民收入构成上看，2005 年城镇居民平均每人每年的总收入为 10664 元，其中工薪收入为 10399 元，所占比例为 97.5%，经营净收入为 48 元，所占比例为 0.45%，转移性收入为 212 元，所占比例为 1.99%。2014 年城镇居民平均每人每年的总收入为 23527 元，其中工薪收入为 17298 元，所占比例为 75.02%，经营净收入

为404元，所占比例为1.75%，财产性收入为2238元，所占比例为9.7%，转移性收入为3117元，所占比例为13.5%。

表8-11　拉萨市城镇居民收入构成情况

	2005	2011	2012	2013	2014
平均每人每年可支配收入	9437	17654	19545	21427	23057
平均每人每年总收入	10664	20040	22258	23777	23527
工薪收入	10399	18577	20428	21156	17298
经营净收入	48	121	239	387	404
财产性收入	5	397	540	700	2238
转移性收入	212	945	1051	1534	3117

资料来源：《拉萨市统计年鉴》，2015年

注：本表为农村住户抽样调查资料

可见，随着经济的发展，城镇居民收入结构发生一定的变化，其中工薪收入所占的比例日益减少，经营净收入、财产性收入、转移性收入所占比例在日益提高。其中工薪收入从2005年97.5%下降到2014年的75.02%，经营净收入、财产性收入、转移性收入所占比例分别从2005年的0.45%、0.05%和1.99%上升到2014年的1.75%、9.7%和13.5%。

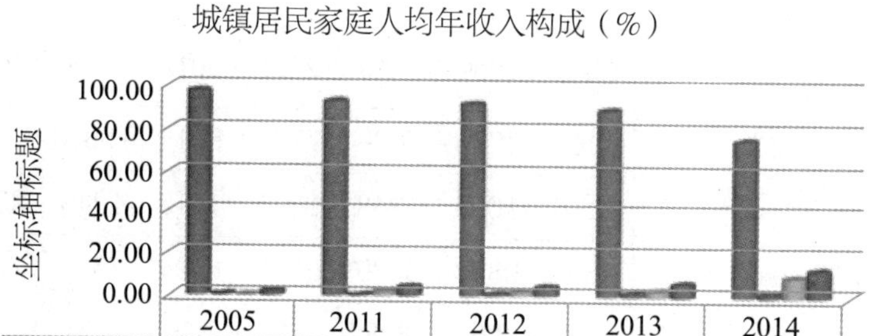

	2005	2011	2012	2013	2014
工薪收入	97.52	92.70	91.78	88.98	75.02
经营性收入	0.45	0.60	1.07	1.63	1.75
财产性收入	0.05	1.98	2.43	2.94	9.71
转移性收入	1.99	4.72	4.72	6.45	13.52

图 8-10　城镇居民家庭人均年收入构成

从农牧民收入的构成上看，2008 年农牧民平均每人每年的总收入为 4006 元，其中工资性收入为 1146 元，所占比例为 26.01%，家庭经营收入为 2345 元，所占比例为 53.22%，转移性和财产性收入为 915 元，所占比例为 20.77%。

2014 年农村居民平均每人每年的总收入为 11343 元，其中工资性收入为 2370 元，家庭经营收入为 7734 元、转移性和财产性收入为 1239 元。

表 8-12　拉萨市农村居民收入构成情况

年 收入	2008	2009	2010	2011	2012	2013	2014
总收入	4406	4764	5630	7770	8414	10376	11343
工资性收入	1146	1095	1253	1394	1515	1949	2370
家庭经营收入	2345	2820	3489	5056	6324	7597	7734
转移性和财产性收入	915	849	888	1320	575	830	1239

资料来源:《拉萨市统计年鉴》,2015 年

注:本表为农村住户抽样调查资料

可见，随着经济的发展，农村居民收入结构也有一定的变化，其中家庭经营性收入所占比例日益增加，从 2008 年的 53.22% 增加到 2014 年的 68.2%。尽管工资收入的绝对量呈不断增长的态势，但是工资性收入所占比例却日益减少，从 2008 年的 26.01% 下降到 2014 年的 20.9%。此外，转移性和财产性收入所占比重也有所下降，从 2008 年的 20.77% 下降到 2014 年 10.9%。

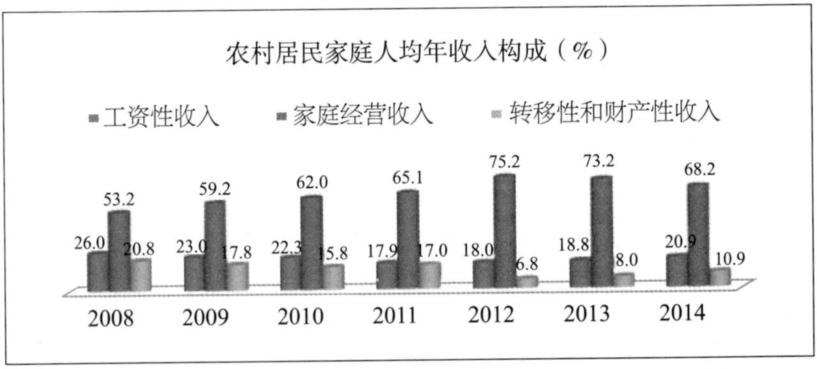

图 8-11　拉萨市农村居民家庭人均年收入构成

2. 农牧民收入增长快于城镇居民收入增长

从 1990—2014 年拉萨市农牧民人均纯收入年增长率看，除 2000 年增长率为负数外（-4.7%），其余年份均为正数，2003 以后更是连续 10 年保持超过两位数的高速增长，为农牧民收入的增加以及城乡差距的缩小奠定了基础。

从波动幅度看，2000 年以前农牧民人均纯收入增速的波动较大，其中 1994 农牧民人均纯收入增速达到 57%，与 2000 年的 -4.7% 增速相比，高出 61.7 个百分点。2001 以后波动幅度较为平稳，维持在 9.3%—20.6% 之间。

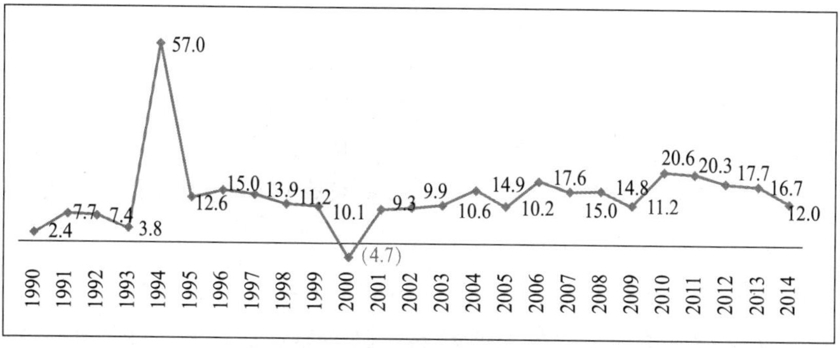

图 8-12　农牧民人均纯收入年增长率

从城镇居民人均可支配收入的增长率看，1990 年至 2014 年间，除了 1997 年增长率为负外（-9.8%），其余年份均为正数，其中增长速度最高的是 1994 年，为 38.54%，比 1997 年的 -9.8% 高出 48.74%。

1990—1997 年，城镇居民可支配收入增长率波动较大，范围从 -9.8%—38.4%，且 1990—1997 年间有 2 年的增长率达到了 30% 以上，有 5 年达到了 25% 以上，说明这个阶段拉萨市城镇居民可支配收入增速较快。

1998 年后，城镇居民可支配收入增长率的波动幅度较为稳定，维持在 2.7%—19.6% 之间。其中 1998 年至 2007 城镇居民可支配收入增长率呈现出波动向上的态势，2008 以后城镇居民可支配收入增速所有减缓，2014 年增长率为 8.1%（图 8–13）。

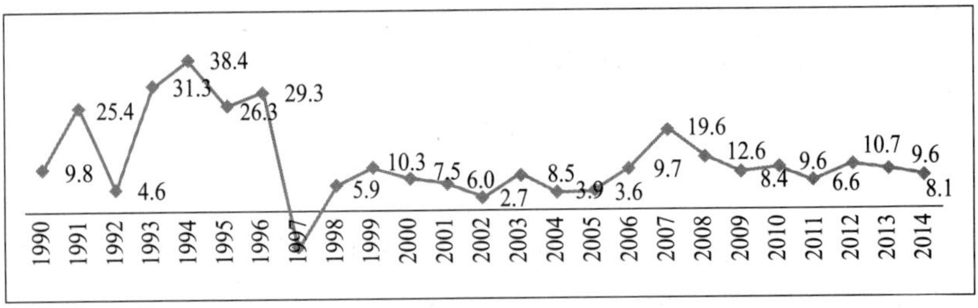

图 8–13 城镇居民可支配收入年增长率

（二）恩格尔系数呈下降态势

恩格尔系数（Engel's Coefficient）指居民家庭中食物支出占消费总支出的比重。恩格尔系数是用来衡量家庭富足程度的重要指标[①]，一般而言，家庭收入越高，食物支出占消费总支出的比重越小，家庭收入越低，食物支出占消费总支出的比重越大。

从拉萨城镇居民恩格尔系数看，随着城镇居民收入水平的不断提高，恩格尔系数呈现不断下降的态势。2007 年拉萨城镇居民恩格尔系数为 0.4414，2009 增加至 0.4717。此后恩格尔系数不断下降，2014 年恩格尔系数为 0.4090，说明随着收入的增加，居民用于食品以外的其他消费在不断增加，也在一定程度上说明了拉萨城镇居民生活水平的不断提升。

① 根据联合国粮农组织提出的标准，恩格尔系数在 59% 以上为贫困，50%–59% 为温饱，40%–50% 为小康，30%–40% 为富裕，低于 30% 为最富裕。

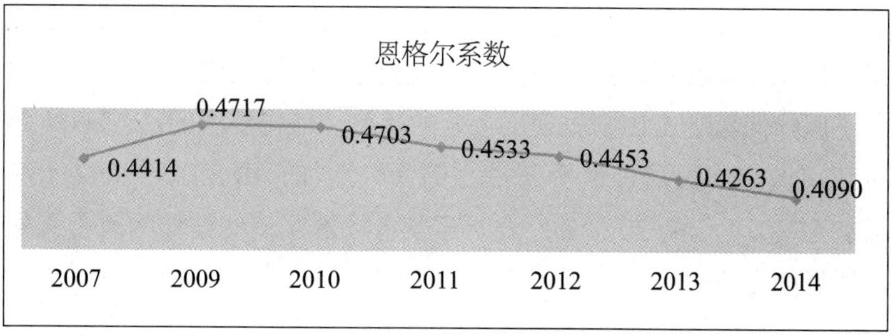

图 8-14　拉萨市恩格尔系数
资料来源 :《拉萨市统计年鉴》, 2015 年

从消费支出结构上看，支出额位列前三位的是食品、衣着、交通和通讯的支出。2000 年所占比例分别为 46.3%、15.8% 和 8%，2014 年支出金额位列前三位的分别是食品、居住、交通和通讯，所占比例分别为 40.9%、26.9% 和 8.8%。

表 8-13　拉萨市城镇居民消费支出情况

项目＼年	2000	2005	2011	2012	2013	2014
平均每人消费性支出	5554	8673	12787	13953	15203	16410
食品	2570	3828	5796	6213	6481	6712
衣着	876	1086	1778	1877	2109	1416
居住	340	516	769	835	978	4419
家庭设备用品及服务	275	480	737	840	976	662
医疗保健	265	333	569	654	694	382
交通和通讯	443	1320	1669	1849	2054	1450
教育文化娱乐服务	419	694	739	824	937	860
其他商品和服务	367	416	729	859	972	509

资料来源 :《拉萨市统计年鉴》, 2015 年

从各项支出的变化趋势上看，食品支出和衣着支出占消费总支出的比重呈现出不断减少的态势，交通和通讯、家庭设备用品及服务、医疗保健的支出则呈现出上升的趋势。值得注意的是，2014 年拉萨市城镇居民居住消费所占比例大幅增加，由 2013 年的 6.43% 增加至 2014 年的 26.93%，表明西藏各族群众消费结构的改善和生活质量的提高。

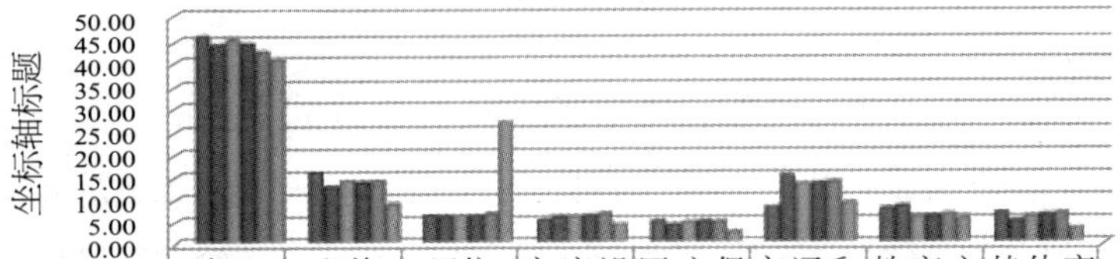

	食品	衣着	居住	家庭设备品及服务	医疗保健	交通和通讯	教育文化娱乐服务	其他商品和服务
2000	46.27	15.77	6.12	4.95	4.77	7.98	7.54	6.61
2005	44.14	12.52	5.95	5.53	3.84	15.22	8.00	4.80
2011	45.33	13.90	6.01	5.76	4.45	13.05	5.78	5.70
2012	44.53	13.45	5.98	6.02	4.69	13.25	5.91	6.16
2013	42.63	13.87	6.43	6.42	4.56	13.51	6.16	6.39
2014	40.90	8.63	26.93	4.03	2.33	8.84	5.24	3.10

图 8-15　拉萨市城镇居民消费支出构成

此外，随着收入水平的增加，年末储蓄存款余额和平均每人年末储蓄存款余额均呈现上升态势，2010 年平均每人年末储蓄存款余额为 26921 元，2014 年增加至 48395 元，增加了 1.8 倍。

表 8-14　储蓄存款情况

	2010	2011	2012	2013	2014
年末储蓄存款余额（亿元）	150.59	178.3	223.83	272.12	303.05
平均每人年末储蓄存款余额（元）	26921	31405	38751	45263	48395

资料来源 :《拉萨市统计年鉴》，2015 年

（三）居住条件不断改善

在西藏民主改革以前，90% 以上的农奴没有自己的住房，广大牧民“逐水草而居”。新世纪以来特别是安居工程建设以来，拉萨市城镇居民和农牧民群众的居住条件得到极大的改善。

由图 8-16 可知，拉萨市农村人均住房面积和城市人均住房面积都呈现出不断增加的态势。2010 年拉萨市农村人均住房面积为 22.62 平方米，2014 增加至 32.02 平方米，增加 9.4 平方米；2010 年拉萨市城市人均住房面积为 35.14 平方米，2014 年增加至 45.1 平方米，增加近 10 平方米，说明拉萨市农牧民和城市居民的居住条件都有所改善。

图 8-16　拉萨市农村人均住房面积和城市人均住房面积
资料来源 :《拉萨市统计年鉴》，2015 年

1. 安居工程改善农牧民居住条件

从 2006 年起西藏实施惠及全区农牧民群众的农牧民安居工程，“十一五”期间，拉萨市共完成农牧民安居工程 39510 户，其中扶贫搬迁 6760 户，因地方病搬迁 304 户，农房改造 30321 户；总建筑面积达 65.59 万平方米，户均建筑面积达 166 平方米，人均建筑面达 30 平方米。全市 80% 的农牧户 24.28 万农牧民群众住上了安全适用的新房，人畜混居的状况得到彻底改变。

告别了生活 10 多年的老房子，堆龙德庆县羊达乡羊达村郎仲组的次仁老人住进了高大气派的新居，过上了房前花草屋后菜园的幸福生活。“以前我们住的是小木房，房子里面黑乎乎的。我一直都想盖新房子，可就是没钱。多亏了政府的安居工程，让我们这些农奴的后代住上了比旧西藏庄园主还漂亮的房子，过上了以前想都不敢想的好日子。”69 岁的次仁一番朴实的话语，道出了拉萨广大农牧民共同的心声。

5 年前，拉萨超过 80% 的农牧民和次仁一样，生活在 10 多年前修建的房子里。受经济能力的限制，这些住房大多空间狭小、结构简单，不少房屋因年久失修，已出现漏雨、漏风等问题，甚至破损严重。

对新居的渴望是每一个农牧民的心愿，但因为没有能力，许多人只能默默却步。面临新形势、新目标、新任务和新要求，西藏自治区坚定地作出以安居工程为突破口，大力推进社会主义新农村建设的重大决定。作为首府城市，拉萨市积极响应，全力以赴。为最大程度尊重农牧民意愿，增强群众积极性和主动性，确保安居工程建设既能保持民族特色，又能舒适宜居。政府抽调干部深入广大农牧区，面对面给农牧民宣讲安居工程的具体政策措施，印发藏汉双语宣传册，广泛征求农牧民的意见和建议。

结合征集得到的意见，拉萨市充分考虑乡村经济、文化、交通、电力、水利设施等各项事业的长远发展，编制了科学系统的规划：

在房屋设计上，制作农牧民安居工程图文集，确定不同的户型，在保持民风、民俗的基础上，实现人畜分离、厨房与卧室分开，从根本上改善群众的生活环境；在规划设计上，把建设新房与村内发展治“散”、村内建设治“空”、基础设施治“缺”、村容环境治“乱”相结合，为日后发展预留空间；在环境保护上，严格按照规划执行，不占一分耕地，更不破坏一分草场，大力研发新型环保建材，确保实现安居工程建设与环境保护双赢；在建设技术上，聘请当地和国内专家，认真论证，明确技术标准，并及时为建房群众提供抗震防护技术，提升住房抗震能力。

在安居工程建设中，拉萨市通过资金倾斜、民政帮扶、扶贫贷款、社会捐助等渠道，想方设法帮助贫困户、“五保户”优先建造安居房。拉萨市个体工商户、企业等积极为安居工程的建设捐款捐物。“以前我住的是清一色的土坯房，如今在政府的帮助下建起了安居房，住上了两层藏式楼房，水、电、路、讯、卫生、绿化、太阳能等配备齐全。我要感谢党、感谢政府。”堆龙德庆县东嘎镇东嘎村罗布深有感触地说。安居工程是拉萨市推动共享改革开放的果实在广大农牧区特别是在农牧区弱势群体中的具体体现。

2. 改善城市人居环境

一是实施城市供暖工程。为改善拉萨市居民生产生活条件，提升居民生活质量和水平，提升城市整体形象，完善城市功能，保护拉萨生态环境，拉萨市供暖工程于 2012 年 4 月正式开工建设。截至 2014 年底，实施小区及单位庭院管网项目共计 664 个，除 122 个自主实施单位外，其余 542 个项目已建成并通气，供暖工程的实施，结束了西藏没有集中供暖的历史，进一步提升了居民的生活质量。

二是建设流浪犬收容中心。过去，拉萨流浪狗泛滥，至少有 2000 多条。夜幕降临后，连当地居民都不免为之胆寒。一方面，这些以垃圾为食、皮毛肮脏的流浪狗，会传播疾病、污染环境、影响交通——常有为避让流浪狗而发生的交通事故。另一方面，对这些命运悲惨的流浪狗来说，长年食不果腹、无处遮风避寒、癞病寄生虫缠身、随时可能丧身轮下，处境也着实可怜。因此，建设流浪狗收容站，让流浪狗有一个能温饱无忧、有人关爱的“家园”，不失为一个既让城市里的流浪狗绝迹，又让人们的爱心有所寄托的体现社会文明进步的好办法。

2013 年 8 月 5 日，西藏首座流浪犬收容站——拉萨市流浪犬收容中心正式开工建设。拉萨市流浪犬收养中心占地面积 13334 平方米，总投资 877.58 万元。建设内容包括犬舍、仓库拌料间、检疫诊疗室、取水泵房、配电房以及管理人员宿舍等。该中心共有犬舍 96 间，其中小型隔离犬舍 50 间，大型普通犬舍 46 间，可容纳 2000 余条流浪犬。

（四）文化娱乐生活日益丰富

为更好地满足农牧民群众的精神文化生活需要，拉萨市加大了群众艺术馆、县级文化馆、文化站的建设力度，2014 年拉萨市拥有群众艺术馆 2 个，县级文化馆 8 个，文化站 65 个，同时加大村级文化室、老年活动中心等机构建设，为满足农牧民群众多层面的文化需求。

表 8-15　群众文化事业发展

机构数	2012	2013	2014
群众艺术馆	2	2	2
县级文化馆	8	8	8
文化站	24	24	65

资料来源：《拉萨市统计年鉴》，2015 年

同时，为满足农牧民群众的娱乐文化需求，拉萨市积极推进相关演艺机构建设，2014 年拥有艺术事业机构 13 家，拥有专业表演团体 12 家，拥有艺术表演场所 1 座。

表 8-16　演艺机构建设情况

机构数	2012	2013	2014
艺术事业	11	13	13
专业艺术表演团体	10	12	12
艺术表演场所	1	1	1

资料来源：《拉萨市统计年鉴》，2015 年

为提高公共文化服务覆盖面，拉萨市积极培养城乡业余文艺演出队，丰富城乡群众的文化生活。目前拉萨市共有 78 支业余文艺演出队，活跃在各个村镇、大街小巷。与此同时，拉萨市还精心实施了“西新”工程、“村村通”工程、户户通、农村电影放映、农家书屋、乡村综合文化站（室）、文化信息资源共享等一系列文化惠民工程。

加大博物馆为群众服务力度，2005 年举办博物馆展览 8 次，参观人数达 4500 人次，2014 年举办展览 7 次，参观人数达 378038 人次。

表 8-17　拉萨市博物馆展览次数和参观人数

	2005	2010	2011	2012	2013	2014
展览次数（次）	8	5	7	7	7	7
参观人数（人次）	4500	151824	220000	1510000	317182	378038

此外，拉萨市积极开展先进文化进寺庙活动，丰富寺庙群众精

神文化生活。2009年，拉萨市先进文化进寺庙工作开始试点。截止2012年，拉萨市组织实施的广播电视、电影、报纸、书屋等先进文化进寺庙各项工作全面完成，在全区率先实现先进文化进寺庙全覆盖目标。先进文化进寺庙工作为提高寺庙的科学化管理，推动寺庙爱国主义教育发挥了重要作用。目前，读书、看报、听广播、看电影已成为僧尼生活中不可缺少的一部分，得到广大僧尼的普遍欢迎和一致好评。

“先进文化进寺庙工作太好了！解决了我们平时看电视电影、听广播和读书看报难的问题，极大丰富了我们的精神生活，提升了我们的生活品位。”嘎洛寺一位尼姑如是说。就在广播电视设备运送、安装调试和搬书架、书籍等过程中，无论是寺管会工作人员，还是普通僧尼，都远远地自发迎送，有的端茶送水，有的敬献哈达。

（五）精准脱贫成效显著

自中央扶贫开发工作会议召开以来，拉萨市围绕中央精准扶贫精准脱贫部署要求，认真学习贯彻习近平总书记系列重要讲话精神特别是关于扶贫开发的重要战略思想，贯彻落实自治区党委、政府各项决策部署，把脱贫攻坚工作作为重大政治任务来抓，全市建档立卡贫困户11237户44162人，贫困发生率14.2%。

案例之一：扶贫项目作用明显

索朗拥杰刚分家时，只有一处简陋的房子和一些简单的生活用具。之后的几年里他和爱人一直努力工作，但由于土地贫瘠，加之没有多少家畜，一年的收入微乎其微，只能养家糊口而已。他记得，需要用拖拉机时经常要向亲朋好友借。然而，2012年，情况开始有所好转。那年，全县扶贫项目给他家发放了两头奶牛。并且，经过从村到县的层层推选和调查后，他家被选入到全县安居工程，为他家盖了崭新的房子。次年，又发了一辆小四轮拖拉机。这给他家带来了很多变化，拖拉机既可开去参与打工，创造收入，也可用来做各种农活。几乎所有村民认为，当地人最需要的是拖拉机。2015年，政府开始扶持当地的木版经文雕刻。在当地有经文木板雕刻的传统，但是由于木材缺乏（是一种较特殊的木头），只能生产一些少量的产品。于是，政府考虑攻克这一困难，通过全区各种木材销售渠道，统一购买雕刻木材。然后，以扶贫项目形式发放到农民手中。索朗拥杰获得两立方米的木材。一般情况下，他们制造两种不同类型雕刻木版，大的出售价格为700元，而小的价格为280元。如此算下来，每月一个雕刻人的收入为3500—4000元。同时，扶贫项目中发放印经幡的布料，当地人印好经幡后，卖到拉萨和日喀则等地。总之，这几年里，在扶贫项目的帮扶下，索朗家的收入发生了巨大的变化。

加快脱贫攻坚，关乎全面小康社会的如期建成，尤其关乎中华民族伟大复兴中国梦的实现。作为边疆少数民族地区，近年来，在党中央、国务院的特殊关怀下，在区党委、政府的高度重视和强力推动下，拉萨市坚持上级扶持政策不变，项目资金管理权限不变，资金使用用途不变，将扶贫、发改、财政、农牧、林业、交通、水利、教育、卫生、国土、环保、旅游等部门的涉农资金进行有效整合，制定印发了《拉萨市扶贫开发项目管理办法的实施细则》，严格实行县级报账制的扶贫资金管理办法和项目公告公示制度，使扶贫开发项目的实施做到有章可循。重点开展基础设施建设，仅2014年一年改扩建水渠18公里，改扩建水塘21万立方米，改善灌溉面积1.4万余亩，极大地改善了贫困村生产生活条件，为贫困群众脱贫致富奠定了基础。在产业项目的实施中注重资源的整合力度，使项目的发展基础坚实稳固，支撑体系更加健全，进一步促进项目的规模化、专业化，切实达到做大做强的目标。城关区实施的油桃种植项目和净菜加工厂项目，财政扶贫资金投入600万元，整合资金3977万元，集中种植油桃1000余亩，建设净菜加工厂房，形成规模化发展，实现项目效应的提升。成立扶贫开发项目咨询论证专家库，中级职称以上占到专家库总人数的63%，进一步确保了扶贫开发项目的可行性和科学性。落实和配备了行政村第一书记扶贫责任和乡镇扶贫专干，为新常态下的扶贫工作提供了强有力的组织保障。

通过全市上下共同努力，“十二五”期间，拉萨市共投资10.4亿元，实施818项扶贫开发项目，完成投资任务的163%，是减少贫困人口最多、农牧区面貌变化最大、贫困群众增收最快的时期。农村居民人均可支配收入由2010年的5003元增至2015年预计的10646.7元，年均增长16.3%，贫困人口可支配收入增幅高于全市农牧民平均水平，共实现7.9万名贫困人口脱贫，贫困人口减少到5.5万人，贫困发生率下降到17.4%，保障了最弱势群体的成果共享。

2016年全市共35520人越过贫困线，占全市脱贫总任务的80.43%，超额完成自治区下达拉萨市2016年脱贫目标任务16110人的220%，脱贫攻坚工作成效显著。

拉萨精准脱贫做到了“六个精准”。扶贫对象精准。全面摸清全市11237户44162名贫困人口的基本情况、致贫原因，识别准确率达到了100%。项目安排精准。因户因人制宜，根据贫困户和贫困村实际精准安排产业项目，2016年，实施112个项目。资金使用精准。建立完善的资金管理制度，严把资金分配、使用、监管环节，确保每一分钱都用在刀刃上。2016年，扶贫产业项目资金14.66亿元，已投入9.46亿元；整合投入贫困群众技能培训资金2237.77万元；易地扶贫搬迁项目建设资金15.58亿元，完成投资5.21亿元；生态补偿补助资金9314万元，兑现岗位资金6748万元。措施到户精准。科学制定以业脱贫、以迁脱贫、以教脱贫、以补脱贫、以保脱贫、以助脱贫“六脱措施”，为扶贫对象“量身定做”个性化扶持措施。因村派人精准。选派269名优秀干部到贫困村担任第一书记，建立完善干部驻村帮扶工作制度。选派1378名乡镇干部下沉到村（居）工作。脱贫成效精准。建立退出机制，强化科学考核与评估，结合长效机制动态管理，确保脱贫成果真实可靠，脱贫工作具有可持续性。

拉萨精准脱贫实施的“六项措施”。以业脱贫，换穷业、促增收。2016 年，全市投入 9.46 亿元，开工建设产业项目 63 个，已投产项目 36 个，带动 6780 名贫困群众通过参与产业项目脱贫，共计增收 1780.07 万元。以迁脱贫，挪穷窝、拔穷根。大力实施易地扶贫搬迁和小康安居工程，2016 年，全市启动 19 个易地集中安置点及相关配套基础设施建设，产业项目实现全覆盖，完成投资 5.21 亿元，占年度计划的 86.83%；建成安置房 2083 套，占年度计划的 98.58%，实现 2083 户 8054 人入住。其中曲水县的四季吉祥村和三有村成为全区易地扶贫搬迁的范例模板。以教脱贫，育人才、断穷脉。2016 年，全市投入资金 18677 万元，新建及改扩建 31 所城乡幼儿园；投入 37176 万元，新建、改扩建义务教育学校 36 所，共落实“三包”及助学金 3 亿余元，受助学生 101609 人；累计向 8499 名贫困学生发放资助金 4580.7 万元，通过培训实现 257 名“两后生”转移就业。以补脱贫，重生态、利长远。2016 年，共落实生态补偿岗位 24732 个，兑现岗位资金 6760.86 万元。以保脱贫，补短板、兜底线。2016 年，共清退城乡低保 2405 户 7840 人，发放最低生活保障金及“两线合一”补助资金共计 1.243 亿元。以助脱贫，保健康、奔小康。2016 年，通过实施“农牧区医疗制度 + 农牧民大病商业保险 + 民政医疗救助 + 政府兜底”的医疗保障套餐，为 1100 名贫困群众报销住院及门诊费用 591.17 万元。

拉萨精准脱贫坚持“六个结合”。一是精准脱贫与基层组织建设相结合。深入开展“强党、固基、扶村”工作，积极发挥基层党组织在脱贫攻坚中的战斗堡垒作用。二是精准脱贫与新型城镇化建设相结合。2016 年向市区搬迁 331 户 1251 人、县城 300 户 1206 人、小城镇 1417 户 5543 人。三是精准脱贫与产业发展相结合。2016 年，19 个搬迁安置点都有配套产业、每个搬迁户有 1 人以上就近实现就业，带动搬迁贫困群众脱贫致富。四是精准脱贫与小微企业

“双创”相结合。大力推动小微企业“双创”工作，成功打造出了一批具有高原特色的休闲养生馆、禅修静心馆、净土健康餐饮馆、特色甜茶馆等小微企业，带动贫困群众就业增收。五是精准脱贫与生态保护相结合。对迁出区结合实施宅基地复垦、退耕还林、天然林、草场保护等生态工程，有效改善迁出区生态环境，实现脱贫致富与生态建设的“双赢”。六是精准脱贫与维护稳定相结合。结合“网格化”和“双联户”管理模式，全面发动、组织、教育、引导人民群众参与支持精准扶贫精准脱贫工作，极大地夯实了维护稳定的群众基础。

通过确保“六个精准”，实施“六项措施”，坚持“六个结合”，2016 年拉萨市精准脱贫攻坚工作任务圆满完成，在全区的脱贫攻坚工作中发挥了重要的引领带动作用。

案例之二：曲水县“三有村”，易地搬迁的成果

拉萨河畔“三有村”即曲水县达嘎易地扶贫搬迁安置点，该村因让搬迁贫困户有了“好的住房、好的就业、好的健康”而得名。该搬迁点共安置 3 个乡镇意愿搬迁贫困户 184 户、712 人。村庄坐落在 318 国道边、曲水县火车站附近，距离曲水县城 5 公里，周边区域产业发展快速，交通便利，区位优势明显。

“春天时，这里还是一片荒地。”索朗央吉说，为了让更多贫困群众了解党的易地搬迁扶贫政策，工作人员挨家挨户走访搬迁户，宣讲政策，动员贫困户参与搬迁工程建设，打消了他们的顾虑。

曲水县扶贫办副主任土登介绍，今年 3 月，拉萨市投入近 1 亿元，开工建设达嘎易地搬迁扶贫安置点。建设过程中，市里整合资源，配套建设了水、电、路、讯和村委会、幼儿园、商铺等公共设施，做到适度超前。

新村还配套了奶牛和藏鸡养殖、药材种植等产业，开发了商品房，让搬出来的群众有事干、能致富。索朗央吉说，奶牛养殖能带动 83 人就业，月工资可达 2500 元，今年每户还有 3000 多元的分红。

“这一切，就像是做梦。”村民尼玛次仁今年喜事连连：乔迁新居、结婚以及即将当爸爸，突如其来的幸福生活，让他黝黑的脸上始终洋溢着笑容。

尼玛次仁的新家，在城里人看来就是别墅。二层钢筋水泥楼房宽敞明亮，卧室、客厅、佛堂加起来有 140 多平方米，藏式家具整洁地摆放在客厅，藏柜上一盆菊花开得正艳。他住上了新房子，还担任了村奶牛养殖合作社副理事长，在家门口实现了就业。

“现在的生活这么幸福，一定要好好珍惜。”78 岁的父亲格桑经常叮嘱尼玛次仁。新村临时党支部成立了，被选为委员的尼玛次仁多次表示：“我一定尽心尽力带领大家一起致富，报答党的恩情。”[①]

为实现贫困户“搬得出、稳得住、能致富”目标，曲水县坚持扶贫开发与经济社会发展相促进，坚持“迁、业”同步推进和城乡协调发展，积极构建企业、致富能人、合作社与贫困户利益联动机制，群策群智，成功打造出村容整洁、管理有序、贫困户满意的新型农村安置区。实现了产业发展带动群众就业，职业教育促进群众敬业，思想动员引导群众感恩，自力更生双手致富，真正做到依靠政府，但不依赖政府的易地扶贫搬迁新模式，成为西藏首家易地扶贫搬迁安置点，广受赞誉。

案例之三：“四季吉祥村”，又一易地搬迁的样本

“四季吉祥村”位于曲水县才纳乡境内，距离拉萨市 24 公里，距离拉萨贡嘎机场 20 公里，机场高速、拉日铁路、318 国道、乡道 122 贯穿全乡。该村左面是享誉全国最大的尼姑寺——“雄色寺”，后面是历史悠久的“吾香拉康”，前面是“萨玛扎寺”和“五峰神山”（又被称为“藏地五台山”）。因其交通便利、气候宜人、土地肥沃、雨水充足、民风朴实，经多次实地调研，最终定名为“扎西堆

① 新华社，西藏 2016 年 10 月 18 日报道。http://tibet.news.cn/jujiao/20161018/3492702_c.html

喜”意为“四季吉祥”。

“四季吉祥村”是在借鉴“三有村”易地扶贫搬迁点特色的基础上，在选址、规划、建设过程中，融入了藏地风情、内地风格、传统与现代诸多元素，可以说是“三有村”易地扶贫搬迁工程的升级版。全村建设面积约303087.26平方米，规划建设500套，在解决365户贫困户住房的基础上，有偿提供135套产业工人、外来人员的公寓住房。

“四季吉祥”村搬迁点设计与净土健康产业、旅游产业相结合，以“一年四季”为主题，以简洁明快的四季元素（春到才纳、彩练之夏、秋满藏家、藏园暖冬）为主调，外观墙体以草绿和砖红为春夏两区主色调，以白色和优雅蓝为秋冬两区主色调，道路设计曲径通幽、房屋布局错落有致，分区打造出“四季吉祥”主题鲜明的旅游新村；以推进秀色才纳入国家AAA级旅游景区建设为抓手，着力打造“亦农亦旅”产业园区，实现净土健康产业与旅游产业深度融合。采取“企业+基地+农户”的经营模式，走出了一条“政府主导、市场化运行、企业化操作、群众参与（贫困人口）、分期打造”的路子，贫困户真正实现了“挪穷窝、断穷根、换穷业”，拿轻松钱，过干净健康生活，为共同致富奔小康打下坚实基础。

四、拉萨公共服务满意度评价

2007—2012年拉萨市连续6年在全国幸福城市评选活动中，进入全国城市居民幸福感前三名。

（一）总体评价

中国社科院发布的《中国城市基本公共服务评价（2014）》[①]显示，拉萨的基本公共服务在全国38个重点城市中，9项指标中有8项名列首位，超过北京、上海、南京、杭州等城市。这一结果，充分反映了拉萨市成果共享的成就。

基本公共服务评价，是选择群众最关心的交通拥堵、打车难、暴恐预防、食品安全、房价调控、计划生育、空气质量、政府作风、公共交通费和户籍制度等问题，通过24717份调查问卷，对全国38个主要城市进行深入调查的基础上得出的。

从2013—2014年度38个城市基本公共服务满意度排行榜看，2014年我国38个主要城市基本公共服务满意度评价排名前十的分别是：拉萨、青岛、上海、海口、宁波、太原、成都、厦门、重庆、珠海，其中得分最高的城市是拉萨，为66.11分，高出排名第二的青岛4.85分，比38个城市中排名最末的城市高出17.05分。

2013—2014年度，拉萨市有8项指标排名第一，分别是公共交通、公共安全、基础教育、社保就业、医疗卫生、城市环境、文化体育和公职服务。基本公共服务满意度、GDP对公共服务满意度杠杆指数也均位列38个城市之首。

与2012—2013年度38个城市基本公共服务满意度评价的对比情况看，2012—2013年拉萨位居全国38个主要城市基本公共服务满意度排行榜第一名，其中公共交通、公共安全、城市环境、文化体育、社保就业、GDP杠杆指数6项指标高居榜首，公共安全连续三年第一，公共交通、城市环境、社保就业、GDP杠杆指数4项指标连续两年第一，基础教育连续三年进入前3名。

① 钟君、吴正杲：中国城市基本公共服务力评价（《公共服务蓝皮书》），社会科学文献出版社，2014年。

表 8-18　2013—2014 年度 38 个城市基本公共服务满意度排行榜

城市	分值	名次
拉萨	66.11	1
青岛	61.26	2
上海	61.17	3
海口	60.63	4
宁波	60.23	5
太原	59.97	6
成都	59.46	7
厦门	59.4	8
重庆	59.38	9
珠海	59.33	10
银川	59.28	11
长沙	59.08	12
沈阳	59.03	13
南京	58.84	14
兰州	58.66	15

资料来源：《公共服务蓝皮书》，2014 年

拉萨市不断改善城市环境，使各族人民群众的幸福感不断增强，反映了各族人民对拉萨经济发展、社会进步的认同，这是对拉萨市坚持以人为本、建设幸福拉萨的生动诠释。在当前拉萨市长足发展的新形势下，全国主要城市环境排名第一的殊荣对于促进拉萨市民以更加积极的心态增强凝聚力、提升自信心有着深远的意义，必将进一步激发拉萨市人民立足岗位、建设家乡的信心和热情，有效促进幸福拉萨建设，使拉萨的城市环境变得越来越美。

（二）分指标评价

1. 人民共享平安拉萨，公共安全满意度全国第一

从 2013—2014 年度全国公共安全感排名看，排名前十位的分别是拉萨、宁波、上海、太原、厦门、海口、青岛、银川、南京、沈阳。其中排名第一的拉萨得分为 71.64 分，排名第十位的沈阳得分为 61.97 分。

表 8-19　公共安全满意度排行榜

城市	得分	排名
拉萨	71.64	1
宁波	64.14	2
上海	63.74	3
太原	62.91	4
厦门	62.67	5
海口	62.41	6
青岛	62.21	7
银川	62.06	8
南京	62.05	9
沈阳	61.97	10

资料来源：《公共服务蓝皮书》，2014 年

2. 公共交通满意度全国第一

公共交通是城市的重要基础设施，是关系国计民生的社会公益事业。城市优先发展公共交通，是践行执政为民理念、保障人民群众基本出行的迫切需要，是保障城市正常运转、保障人民共享交通发展成果，提升城市综合竞争力的迫切需要。

从 2013—2014 年度全国公共交通满意度排名看，排名前十位的分别是拉萨、上海、银川、宁波、天津、成都、珠海、厦门、太

原、沈阳。其中排名第一的拉萨得分为 67.75 分，排名第十位的沈阳得分为 58.93 分。

表 8-20　公共交通满意度排行榜

城市	得分	排名
拉萨	67.75	1
上海	61.73	2
银川	61.69	3
宁波	61.04	4
天津	60.98	5
成都	60.97	6
珠海	59.27	7
厦门	59.15	8
太原	58.98	9
沈阳	58.93	10

资料来源：《公共服务蓝皮书》，2014 年

3. 基础教育、社保就业、医疗卫生满意度全国第一

近年来，拉萨市促进群众更好地共享公共服务提高成果，着力基础教育、社保就业、医疗卫生等民生事业建设，人民群众幸福感显著增强。

从 2013—2014 年度全国基础教育满意度排名看，排名前十位的分别是拉萨、青岛、上海、宁波、厦门、杭州、长沙、兰州、重庆、珠海。其中排名第一的拉萨得分为 66.69 分，排名第十位的珠海得分为 58.72 分。

从 2013—2014 年度全国社会就业满意度排名看，排名前十位的分别是拉萨、青岛、上海、太原、长沙、南京、重庆、海口、厦

门、成都。其中排名第一的拉萨得分为 69.37 分，排名第十位的成都得分为 61.97 分。

从 2013—2014 年度全国医疗卫生满意度排名看，排名前十位的分别是拉萨、兰州、海口、上海、珠海、宁波、厦门、成都、青岛、沈阳。其中排名第一的拉萨得分为 65.92 分，排名第十位的沈阳得分为 60.34 分。

表 8-21 基础教育、社保就业、医疗卫生满意度排行榜

基础教育			社保就业			医疗卫生		
城市	得分	排名	城市	得分	排名	城市	得分	排名
拉萨	66.69	1	拉萨	69.37	1	拉萨	65.92	1
青岛	63.39	2	青岛	64.17	2	兰州	63.23	2
上海	60.77	3	上海	64.1	3	海口	61.85	3
宁波	60.6	4	太原	63.51	4	上海	61.8	4
厦门	60.02	5	长沙	63.07	5	珠海	61.68	5
杭州	59.83	6	南京	62.99	6	宁波	61.32	6
长沙	59.01	7	重庆	62.95	7	厦门	61.32	7
兰州	58.8	8	海口	62.48	8	成都	60.97	8
重庆	58.8	9	厦门	62.06	9	青岛	60.54	9
珠海	58.72	10	成都	61.97	10	沈阳	60.34	10

资料来源：《公共服务蓝皮书》，2014 年

4. 城市环境、文化体育、公职服务满意度较高

从 2013—2014 年度全国城市环境满意度排名看，排名前十位的分别是拉萨、海口、厦门、银川、珠海、贵阳、重庆、青岛、成都、太原。其中排名第一的拉萨得分为 74.26 分，排名第十位的太原得分为 62.73 分。

从 2013—2014 年度全国城市文化体育满意度排名看，排名前十位的分别是拉萨、珠海、海口、兰州、上海、重庆、银川、太原、青岛、杭州。其中排名第一的拉萨得分为 65.41 分，排名第十位的杭州得分为 60.5 分。

从 2013—2014 年度全国城市公职服务满意度排名看，排名前十位的分别是拉萨、海口、上海、兰州、青岛、长沙、厦门、珠海、杭州、南京。其中排名第一的拉萨得分为 64.01 分，排名第十位的南京得分为 59.42 分。

表 8-22　城市环境、文化体育、公职服务满意度排行榜

城市环境			文化体育			公职服务		
城市	得分	排名	城市	得分	排名	城市	得分	排名
拉萨	74.26	1	拉萨	65.41	1	拉萨	64.01	1
海口	65.51	2	珠海	63.75	2	海口	62.89	2
厦门	65.33	3	海口	63.57	3	上海	62.06	3
银川	64.78	4	兰州	63.02	4	兰州	61.88	4
珠海	64.63	5	上海	62.68	5	青岛	60.99	5
贵阳	63.82	6	重庆	62.24	6	长沙	60.52	6
重庆	63.48	7	银川	62.23	7	厦门	60.48	7
青岛	63.47	8	太原	61.19	8	珠海	60.31	8
成都	62.86	9	青岛	61.15	9	杭州	59.56	9
太原	62.73	10	杭州	60.5	10	南京	59.42	10

资料来源：《公共服务蓝皮书》，2014 年[①]

① 钟君、吴正杲：中国城市基本公共服务力评价（《公共服务蓝皮书》），社会科学文献出版社，2014 年。

第九章　拉萨市共享式发展水平度测

本章是在对拉萨市共享式发展的实践分析的基础上，构建拉萨市共享式发展的指标体系，并对拉萨市共享式发展的程度进行了度测。

一、拉萨共享式发展指标选取的原则

为有效地度测拉萨市共享式发展程度，需要根据共享式发展的内涵以及拉萨共享式发展的实际构建起一套科学的、客观的、可行的评价指标体系。在选择指标体系过程中，需要遵循以下原则：

1. 科学性与可操作性

评价指标的选择一方面要遵循共享式发展的基本内涵，切合基本内涵的需求，同时要与拉萨市实践相结合，明确指标的具体来源和计算方法，确保数据的可得性和可操作性。

2. 系统性与层次性

共享式发展是一个复杂的系统工程，涉及规则共享、机会共享、参与共享和成果共享多个层次，因此，评价指标的设计既要体现共享式发展的总体内涵要求，也要体现不同层次的逻辑关系，既要体现系统性，又要避免交叉重复。

3. 代表性与简明性

在共享式发展指标设计过程中，指标的含义必须准确明了，计算方法应该科学简明。指标要能科学合理地反映共享式发展的内涵，具有代表性，要避免含义模糊的指标。

4. 动态性与差别性

共享式发展是一个动态的发展过程，不同的历史时期共享式发展有着不同的内涵和外延，不同的区域共享式发展的内涵和需求也有所不同，特别是在各地经济、社会、历史、区位、自然条件存在巨大差异的情况下，共享式发展的指标要结合不同区域的实际，体现差别性的原则。

二、拉萨共享式发展指标体系的构建

根据共享式发展的内涵，基于上述的指标选取原则，在借鉴已有的研究成果以及考虑到数据可得性的基础上，本文确定了拉萨市共享式发展评价指标体系，其具体指标如表 9-1 所示。

表 9-1　拉萨市共享式发展的指标体系

一级指标	二级指标	具体指标	指标属性
规则共享	生存权利	男女人口之比	中
	教育权	高等学校老师负担学生数	正
	医疗权	每千人医疗卫生技术人员数	正
机会共享	收入公平	收入基尼系数	逆
	发展机会	本年新增固定资产投资占 GDP 比重	正
	自生能力	公共财政预算收入占 GDP 比重	正
	经济增长	人均 GDP 增长率	正

续表

一级指标	二级指标	具体指标	指标属性
参与共享	就业机会	产业结构	正
	人力资本	R&D 投入强度	正
	劳动力转移	城市化率	正
	参与就业	乡村从业人员占乡村人口比例	正
成果共享	社会保障	社保支出总额占 GDP 比重	正
	农牧民收入	农牧民人均纯收入	正
	城镇居民收入	城镇居民人均可支配收入	正

本文构建的拉萨市共享式发展评价指标体系是从共享式发展的基本要义方面展开的，具体来说是包括 4 个一级指标和 14 个二级指标。4 个一级指标分别是规则共享、机会共享、参与共享和成果共享，14 个二级指标主要是对规则共享、机会共享、参与共享和成果共享进行分解。

从规则共享一级指标看，包括生存权利、教育权、医疗权 3 个二级指标。规则共享的直接体现是基本权利的获得。这些基本权利包括 :（1）生存权。生存权首要的是生命安全权，考虑到数据可得性，本文用男女人口之比来度测生命权利的获取水平。（2）医疗权和教育权分别用每千人医疗卫生技术人员数和高等学校老师负担学生数来测算。

从机会共享一级指标看，包括经济增长、收入公平、发展机会、自生能力 4 个二级指标。（1）经济增长。经济增长是共享式发展的前提和基础，经济增长才能为机会共享创造条件。本文用人均 GDP 增长率来度测经济增长。（2）收入公平。机会共享的核心是公平，本文用收入基尼系数测算收入公平程度。（3）自生能力。主要是指拉萨市自生发展的内在能力，衡量的是拉萨自我发展的实力和水平，是机会共享的内在要求，本文用本年新增固定资产投资占 GDP 比重来测算。(4) 发展机会。机会共享离不开教育、医疗等方面的投入，用本年新增固定资产投资占 GDP 比重来测算。

从参与共享一级指标看，包括就业机会、人力资本、劳动力转移和参与就业 4 个二级指标。(1) 就业机会。创造和扩大就业机会是参与共享的前提，其中产业的发展是增加就业机会的重要载体，本文用第三产业和第一产业的结构来衡量总体的就业机会；(2) 人力资本。人力资本是影响参与能力的重要因素，其中 R&D 投入对人力资本素质具有重要影响。本文用 R&D 投入强度度量人力资本程度。(3) 劳动力转移。城市化为劳动力转移就业提供了巨大的推动力，本文用城市化率来衡量劳动力转移情况。(4) 参与就业。参与就业的情况直接代表城镇居民和农牧民参与共享的程度，本文用乡村从业人员占乡村人口比例来代替。

从成果共享一级指标看，包括社会保障、农牧民收入和城镇居民收入三个二级指标。共享式发展的成果共享最终体现在收入水平的提高、生活水平的改善、社会保障体系的健全以及公共服务的改善上，因此本文用社会保障支出占 GDP 比重、农牧民收入和城镇居民收入来分别衡量社会保障水平、生活水平的改善情况。(1) 社会保障，用社保支出总额占 GDP 的比重表示；(2) 农牧民收入，用农牧民人均纯收入来表示；(3) 城镇居民收入，用城镇居民人均可支配收入来表示。

三、拉萨共享式发展测度方法的选取

目前，学术界和理论界对共享式发展的度测研究较多，但由于针对的对象有差异，加之研究的出发点和视角的不同，衡量的方法也存在着较大差异。

（一）赋权方法的分析与选取

在学术界，赋权方法通常有这几类：客观赋权、主观赋权以及两者相结合的赋权。

客观赋权法是根据原始数据之间的关系通过一定的数学方法来确定权重，其判断结果不依赖于人的主观判断，有较强的数学理论依据。通常包括主成分分析法、离差及均方差法、多目标规划法等。主观赋权法是由根据各项指标的重要性而人为赋权的一种方法，如二项系数法、层次分析法、专家调查法、德尔斐法等。考虑到实际需要，本文采用主成分分析的客观赋权法对各指标进行赋权，以最大程度体现测评的客观性。

主成分分析也称主分量分析，是揭示大样本、多变量数据或样本之间内在关系的一种方法，旨在利用降维的思想，把多指标转化为少数几个综合指标，降低观测空间的维数，以获取最主要的信息。基于主成分分析的共享式发展指数计算步骤如下：

（1）指标数据标准化（SPSS 软件自动执行）；

（2）指标之间的相关性检验；

（3）确定主成分个数、特征根，累计方差贡献率、成分矩阵。

（4）确定权重，用主成分分析确定权重有：指标权重等于以主成分的方差贡献率为权重，对该指标在各主成分线性组合中的系数的加权平均的归一化。

（5）共享式发展指数测定。对原始数据标准化，再利用权重加权计算出得分。

（二）数据说明及来源

本文对拉萨市 1990—2014 年的共享式发展水平进行总体的测度，部分数据直接取自《拉萨市统计年鉴，2015》，部分数据通过笔者计算得到。

表 9-2 评价指标及计算方法

	评价指标	计算方法
规则共享	男女人口之比 X11	男性总人口 / 女性总人口
	高等学校老师负担学生数 X12	《拉萨市统计年鉴 2015》
	每千人医疗卫生技术人员数 X13	《拉萨市统计年鉴 2015》
机会共享	收入基尼系数 X21	作者计算
	本年新增固定资产投资占 GDP 比重 X22	新增固定资产投资 /GDP
	公共财政预算收入占 GDP 比重 X23	公共财政预算收入 /GDP
	人均 GDP 增长率 X24	GDP 增长量 / 总人口
参与共享	产业结构 X31	第三产业所占比重 / 第一产业所占比重
	R&D 投入强度 X32	R&D 经费 /GDP
	城市化率 X33	《拉萨市统计年鉴 2015》
	乡村从业人员占乡村人口比例 X34	乡村从业人员 / 乡村总人口
成果共享	社保支出总额占 GDP 比重 X41	社会保障支出总额 /GDP
	农牧民人均纯收入 X42	《拉萨市统计年鉴 2015》
	城镇居民人均可支配收入 X43	《拉萨市统计年鉴 2015》

根据表 9-2 的计算方法计算得出相应指标的数据，时间跨度从 1990 年至 2012 年共 23 个年份，具体指标包括男女人口之比、高等学校老师负担学生数、每千人卫生技术人员数、城乡居民收入基尼系数、本年新增固定资产投资占 GDP 比重、公共财政预算收入占 GDP 比重、人均 GDP 增长率、第三产业所占比重 / 第一产业所占比重、R&D 占 GDP 比重、城市化率、乡村从业人员占乡村总人口比例、社保支出总额占 GDP 比重、农牧民人均纯收入、城镇居民人均可支配收入。

表 9-3　拉萨市相应指标数据

	男女人口之比	高等学校老师负担学生数	每千人卫生技术人员数（人）	城乡居民收入基尼系数	本年新增固定资产投资占GDP比重（%）	公共财政预算收入占GDP比重（%）	人均GDP增长率（%）
	X11	X12	X13	X21	X22	X23	X24
1990	0.987737	2.81	6.77	0.450933	0.189772	0.090142	8.1
1991	0.962541	3.72	7.32	0.470853	0.245156	0.092127	0.5
1992	0.969909	3.89	6.91	0.466754	0.17001	0.083934	6.7
1993	0.992642	4	6.18	0.497671	0.249617	0.0899	7.9
1994	0.992637	3.95	6.24	0.478733	0.406152	0.045755	10.9
1995	0.992633	4.27	6.7	0.494088	0.426707	0.040605	18.3
1996	1.005157	4.01	5.85	0.508819	0.36132	0.048781	12.7
1997	1.034179	4.02	6.18	0.475139	0.337973	0.047217	16.5
1998	0.965977	3.79	5.87	0.474204	0.266679	0.045201	13.8
1999	0.969499	5.26	5.99	0.474311	0.276203	0.042123	13.4
2000	0.950879	5.82	6.11	0.488869	0.392136	0.041218	16.6
2001	0.957502	3.62	5.72	0.478969	0.783999	0.038469	11.8
2002	0.938018	3.58	4.93	0.466852	0.285573	0.035999	15.6
2003	0.982947	4.01	5.19	0.449679	0.262228	0.035108	12.6
2004	1.032487	5.63	5.35	0.424273	0.374836	0.036898	12.9
2005	1.077955	5.68	6.75	0.408229	0.486701	0.03709	10.9
2006	0.966653	7.16	6.29	0.387642	0.46293	0.038066	10.6
2007	0.968486	7.16	6.26	0.394723	0.626866	0.047138	8.1
2008	0.978608	7.31	5.94	0.37985	0.344722	0.057863	2.3

续表

	男女人口之比	高等学校老师负担学生数	每千人卫生技术人员数（人）	城乡居民收入基尼系数	本年新增固定资产投资占GDP比重（%）	公共财政预算收入占GDP比重（%）	人均GDP增长率（%）
	X11	X12	X13	X21	X22	X23	X24
2009	0.998205	7.32	5.75	0.374438	0.566858	0.065124	-1.9
2010	0.987658	13.99	5.54	0.357568	0.611137	0.08393	50.9
2011	0.98847	18.97	7.96	0.353117	0.852069	0.105494	8.6
2012	0.991602	19.77	6.13	0.329043	0.489668	0.135966	10.4
2013	0.979297	19.57	6.03	0.308388	0.858246	0.164534392	10.1
2014	0.982391	21.09	6.02	0.290631	0.959486	0.186470283	6.7

表9-4　拉萨市相应指标数据

	第三产业所占比重/第一产业所占比重	R&D占GDP比重（%）	城市化率（%）	乡村从业人员占乡村总人口比例（%）	社保支出总额占GDP比重（%）	农牧民人均纯收入（元）	城镇居民人均可支配收入（元）
	X31	X32	X33	X34	X41	X42	X43
1990	3.203046	/	34.2	0.471666	/	440	1684
1991	3.070707	/	34.6	0.469767	/	474	2111
1992	3.243523	/	34.6	0.466444	/	510	2208
1993	3.19898	/	34.8	0.485305	/	529	2900
1994	2.580488	/	35.0	0.456026	/	830	4014
1995	2.801136	3.75235E-05	35.0	0.462985	0.003044	935	5071

续表

	第三产业所占比重/第一产业所占比重	R&D 占 GDP 比重（%）	城市化率（%）	乡村从业人员占乡村总人口比例（%）	社保支出总额占 GDP 比重（%）	农牧民人均纯收入（元）	城镇居民人均可支配收入（元）
1996	3.521739	4.58295E-05	35.0	0.467933	0.002195	1075	6556
1997	3.666667	0.000693983	35.3	0.473228	0.00261	1224	5913
1998	4.484615	0.000335161	34.7	0.467136	0.004077	1361	6262
1999	5.241379	0.000400102	34.8	0.469534	0.00223	1498	6909
2000	5.8	0.000650334	35.0	0.465972	0.008245	1427	7426
2001	6.978947	0.000813911	35.6	0.474008	0.006728	1559	7869
2002	7.636364	0.000731707	35.8	0.487408	0.009774	1714	8079
2003	8.506173	0.000688224	37.2	0.485082	0.008051	1896	8765
2004	8.708861	0.000684266	38.3	0.4815	0.008811	2179	9106
2005	9.666667	0.000637244	38.9	0.501493	0.007641	2402	9437
2006	10.40909	0.00225022	39.8	0.505088	0.009389	2825	10348
2007	11.19672	0.002759413	39.7	0.518027	0.013371	3250	12376
2008	11.32759	0.000760862	40.9	0.485846	0.018334	3732	13941
2009	11.74545	0.001916121	41.0	0.485577	0.013745	4149	15114
2010	12.4902	0.00176178	41.0	0.471637	0.009778	5003	16567
2011	13.68889	0.001211671	39.3	0.497314	0.017502	6019	17654
2012	14.87805	0.001669359	40.5	0.510265	0.015404	7082	19545
2013	16.02632	0.00096992	41.3	0.520771	0.0209204	8265	21427
2014	16.08108	0.00180486	42.3	0.546787	0.0241197	9258	23057

（三）权重确定

本部分的各指标权重的计算是利用因子分析法进行计算的。首先对因子分析的适用性进行 KMO 检验，其次进行主成分提取，再次对成分矩阵进行分析，最后得出相应指标权重。

1.KMO 检验

首先利用 SPSS 进行 KMO 检验，以验证它进行因子分析的适用性。一般而言，KMO 大于 0.9 表示非常适合主成分分析，KMO 处于 0.8—0.9 之间，表示合适主成分分析，KMO 处于 0.7—0.8 之间，表示适合主成分分析的程度为一般，KMO 处于 0.6—0.7 之间，则表示不太适合主成分分析，KMO 小于 0.6，则表示不能用于主成分分析。

表 9-5　KMO 检验标准

适合主成分分析的程度	KMO 取值范围
非常适合	大于 0.9
适合	0.8——0.9
一般	0.7——0.8
不太适合	0.6——0.7
不适合	小于 0.6

检验结果显示（见表 9-6），KMO 检验值为 0.745，可知本例适合主成分分析的程度为“一般”，可以用主成分分析求权重。

表 9-6　KMO 和 Bartlett 的检验

取样足够度的 Kaiser-Meyer-Olkin 度量。		0.745
Bartlett 的球形度检验	近似卡方	495.900
	df	91
	Sig.	0.000

2. 主成分提取

表 9-7 是主成分分析的结果，表中第一列为 14 个成分；第二列为对应的“特征值”，表示所解释的方差的大小；第三列为对应的成分所包含的方差占总方差的百分比；第四列为累计的百分比。一般来说，选择“特征值”大于 1 的成分作为主成分，这也是 SPSS 默认的选择。

从表 9-7 可知，前 3 个主成分对应的特征根 >1，提取前 3 个主成分的累计方差贡献率达到 84.362%，超过 80%。因此前 3 个主成分基本可以反映全部指标的信息。

表 9-7　解释的总方差

成分	初始特征值			提取平方和载入			旋转平方和载入		
	合计	方差的 %	累积 %	合计	方差的 %	累积 %	合计	方差的 %	累积 %
1	8.459	60.421	60.421	8.459	60.421	60.421	7.603	54.309	54.309
2	1.952	13.945	74.366	1.952	13.945	74.366	2.623	18.735	73.044
3	1.399	9.996	84.362	1.399	9.996	84.362	1.584	11.318	84.362
4	.762	5.440	89.801						
5	.525	3.753	93.555						
6	.441	3.150	96.705						
7	.209	1.496	98.202						
8	.121	.864	99.065						

续表

成分	初始特征值			提取平方和载入			旋转平方和载入		
	合计	方差的 %	累积 %	合计	方差的 %	累积 %	合计	方差的 %	累积 %
9	.063	.447	99.512						
10	.035	.249	99.761						
11	.015	.110	99.871						
12	.009	.066	99.937						
13	.009	.061	99.998						
14	.000	.002	100.000						

提取方法：主成分分析

图 9-1 输出了碎石图效果，碎石图来源于地质学的概念。在岩层斜坡下方往往有很多小的碎石，其地质学意义不大。碎石图以特征值为纵轴，成分为横轴。前面陡峭的部分特征值大，包含的信息多，后面平坦的部分特征值小，包含的信息也小。

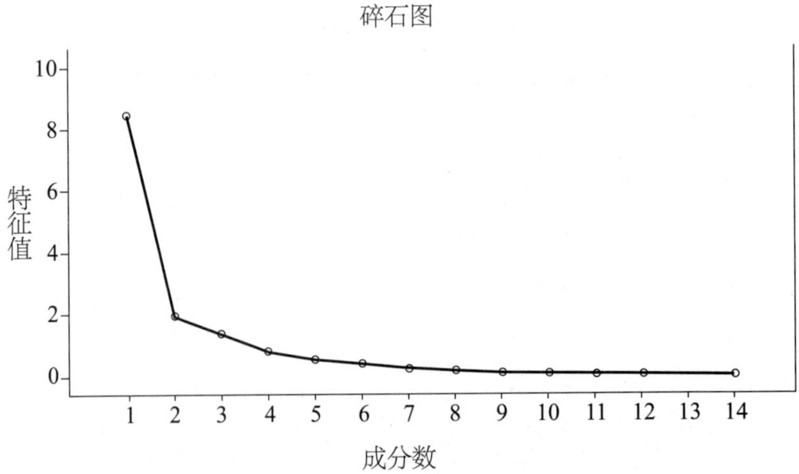

图 9-1　碎石图

由图 9-1 直观的看出，成分 1、2、3 包含了大部分信息，从 4 开始就进入平台了，因此可以提取 1、2、3 作为主成分，其余成分包含的信息较少，故弃去。

3. 成分矩阵

从表 9-8 可知第一主成分、第二主成分和第三主成分对原来指标的载荷数。

表 9-8　成分矩阵 [a]

	成分		
	1	2	3
VAR00001	.438	.749	−.022
VAR00002	.957	−.219	−.069
VAR00003	.772	−.424	−.159
VAR00004	.574	.396	.419
VAR00005	.083	.814	−.267
VAR00006	.915	.287	.162
VAR00007	.704	−.104	.081
VAR00008	.957	.236	.007
VAR00009	.872	−.299	−.197
VAR00010	.985	.016	.057
VAR00011	.963	−.179	.071
VAR00012	.988	.065	.022
VAR00013	.718	−.168	−.463
VAR00014	.138	−.198	.910
提取方法：主成分			
a. 已提取了 3 个成分			

根据 SPSS 输出结果，VAR00001—VAR00014 分别代表的具体指标如表 9-9 所示。

表 9-9　SPSS 中 VAR00001—VAR00014 代表的指标

VAR00001	公共财政预算收入占 GDP 比重
VAR00002	第三产业所占比重 / 第一产业所占比重
VAR00003	R&D 占 GDP 比重
VAR00004	男女人口之比
VAR00005	每千人卫生技术人员数
VAR00006	高等学校老师负担学生数
VAR00007	本年新增固定资产投资占 GDP 比重
VAR00008	城乡居民收入基尼系数
VAR00009	社保支出总额占 GDP 比重
VAR00010	农牧民人均纯收入
VAR00011	城镇居民人均可支配收入
VAR00012	城市化率
VAR00013	乡村从业人员占乡村人口数
VAR00014	GDP 增长率

因此，从表 9-8 成分矩阵和表 9-9 SPSS 中 VAR00001——VAR00014 代表的指标可知，除了公共财政预算收入占 GDP 比重和 GDP 增长率两个指标外，其余 12 个指标均在第一主成分上有较高载荷，对 12 指标的载荷数均大于 0.5，说明第一主成分基本反映了这些指标的信息；

VAR00001、VAR00004、VAR00005、VAR00006、VAR00008 在第二主成分上有较高载荷，说明第二主成分基本反映了公共财政预算收入占 GDP 比重、男女人口之比、每千人卫生技术人员数、高等学校老师负担学生数、城乡居民收入基尼系数指标的信息。

VAR00004 和 VAR000014 在第三主成分上有较高载荷，说明第三主成分基本反映了男女人口之比、GDP 增长率指标的信息。

4. 权重确定

用主成分载荷矩阵中的数据除以主成分相对应的特征根开平方根便得到三个主成分中每个指标所对应的系数，再利用贡献率，进行相应归一化处理，可得到各指标的权重大小，见表 9-10。

表 9-10　各指标权重值

	二级指标	评价指标	权重
规则共享	生存权	男女人口之比 X11	0.086851
	教育权	高等学校老师负担学生数 X12	0.104
	医疗权	每千人医疗卫生技术人员数 X13	0.034022
机会共享	收入公平	收入基尼系数 X21	0.099779
	发展机会	本年新增固定资产投资占 GDP 比重 X22	0.063843
	自生能力	公共财政预算收入占 GDP 比重 X23	0.073328
	经济增长	人均 GDP 增长率 X24	0.038382
参与共享	参与机会	产业结构 X31	0.076608
	人力资本	R&D 投入强度 X32	0.046849
	劳动力转移	城市化率 X33	0.095602
	参与就业	乡村从业人员占乡村人口比例 X34	0.041766
成果共享	社会保障	社保支出总额占 GDP 比重 X41	0.060304
	农牧民收入	农村居民收入占总收入比重 X42	0.094419
	城镇收入	城镇居民收入占总收入比重 X43	0.084248

四、拉萨市共享式发展指数测算

对数据进行标准化处理，再结合权重，得到1990—2014年拉萨市共享式发展指数，见表9-11。

表9-11 拉萨市共享式发展指数

年份	共享式发展指数
1990	0.114838
1991	0.109268
1992	0.106146
1993	0.127602
1994	0.119808
1995	0.14494
1996	0.144067
1997	0.193282
1998	0.132914
1999	0.150846
2000	0.175297
2001	0.211852
2002	0.17655
2003	0.230828
2004	0.310477
2005	0.390337
2006	0.388008
2007	0.441903
2008	0.420221

续表

年份	共享式发展指数
2009	0.471965
2010	0.560747
2011	0.64201
2012	0.676966
2013	0.767056
2014	0.87057

从1990年至2014年拉萨市共享式发展水平看，1990年拉萨市共享式发展水平为0.115，2014年上升至0.871，比1990年高出0.756，是1990年的共享式发展指数的7.58倍。1990年至2014年间，共享式发展水平最低的是1992年，共享式发展指数仅为0.106，比共享式发展水平最高的2014低0.765。

从拉萨市共享式发展指数的变化趋势看，尽管中间有小幅波动，但总体呈现出不断上升的态势，特别是2003年以来，共享式发展指数的上升幅度较大。说明拉萨市共享式发展的实践取得了较好的效果，发展呈现出共享、公平的特征。

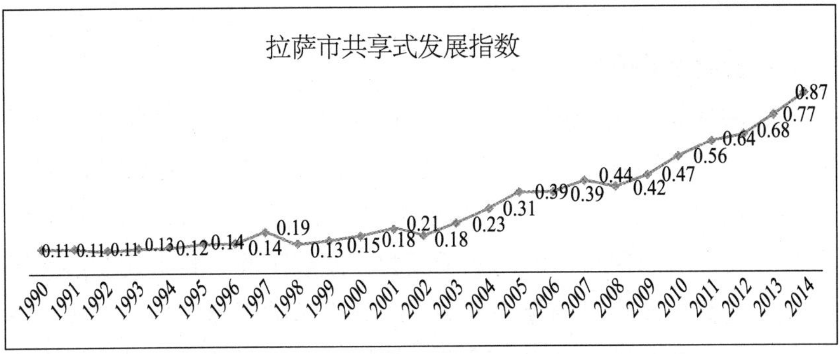

图9-2　拉萨市共享式发展指数变化态势

借鉴王蕾、李红玉、魏后凯（2012）的研究，本文将拉萨市共享式发展指数从 0-1 划分为五个阶段：0-0.2 为不共享阶段；0.2-0.45 为共享程度较低阶段；0.45-0.70 为共享程度中等阶段；0.70-0.85 为共享程度较高阶段，0.85-1 为共享阶段。

由此可知，拉萨式共享式发展经历了从不共享阶段——低共享阶段——中等共享阶段——较高共享阶段——共享阶段的演进过程。

1. 不共享阶段

不共享阶段主要是在 2002 年以前，1990—2002 年间，除了 2001 年共享式发展指数大于 0.2 以外，其余 12 年份共享式发展指数都小于 0.2，说明这个阶段的共享程度较低，主要体现在经济发展水平落后，医疗、教育条件差，机会供给少，农牧民参与水平低。

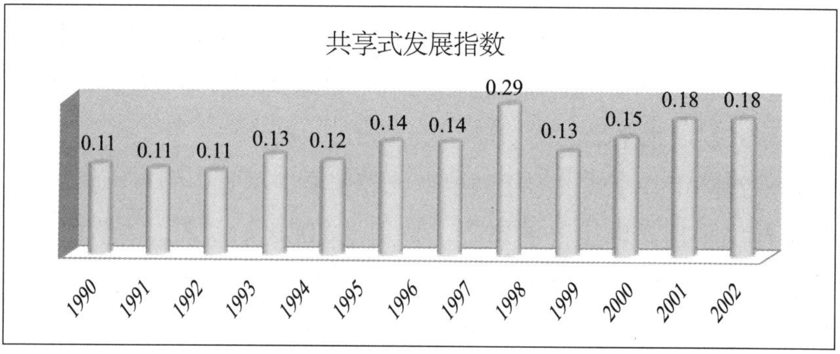

图 9-3　拉萨市不共享阶段共享指数

2. 低共享阶段

低共享发展阶段主要体现在 2001—2008 年（除 2002 年小于 0.2 属于不共享阶段）。其中 2001 年共享式发展指数为 0.21，2008 年共享式发展指数为 0.42。说明 2001 年以后拉萨市共享式发展水平有较大幅度的提升，但仍处于低共享发展阶段。共享式发展水平的提升主要与该阶段的经济发展，基础设施的不断完善，教育、医疗事业的不断发展，全国援藏带来的机会供给以及农牧民收入水平的提高有关。

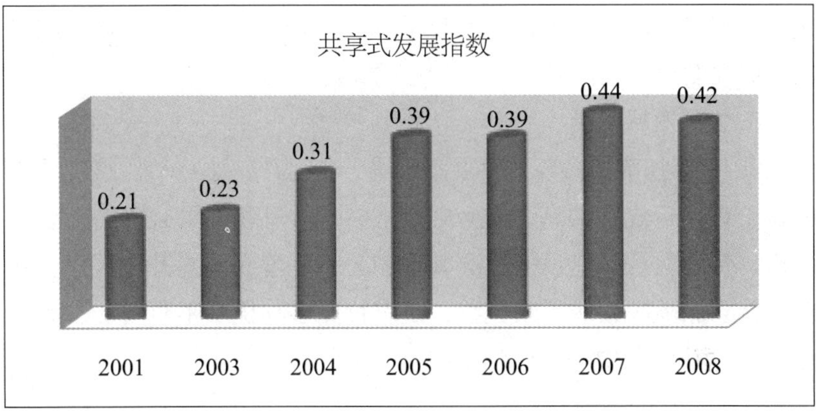

图 9-4　拉萨市低共享阶段共享指数

3. 中等共享程度阶段

中等共享发展程度阶段主要体现在 2009—2012 年。2009 年至 2012 年拉萨市共享式发展指数分别为 0.47、0.56、0.64、0.68。说明较之前两阶段，该阶段的共享式发展程度进一步提高，主要是由于 2005—2009 年间，拉萨市经济发展、民生事业得到了较大幅度的提升。

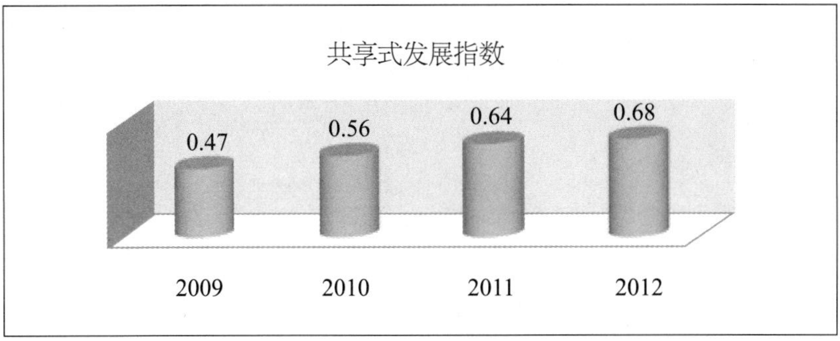

图 9-5　拉萨市中等共享阶段共享指数

4. 较高共享发展阶段

该阶段主要体现在 2013 年，2013 年拉萨市共享式发展指数为 0.77，较之 2012 年的 0.68 上升了 0.09。说明 2013 年拉萨市共享式发展程度有了大幅提升。

5. 共享发展阶段

2014 年拉萨市共享式发展水平进一步提升，达 0.87。这主要是得益于有利于规则共享、机会共享、参与共享和成果共享的一系列举措。例如教育城建设使机会共享和公平程度大幅提升，医疗、就业、社会保障等领域不断完善，使农牧民参与机会不断增加、参与能力不断提升，农牧民收入水平也大幅增加。

第十章　结论与思考

一、结论

通过前面的分析，可以得出以下结论：

1. 共享式发展是以经济可持续发展为前提，以增加机会供给、保障机会公平、促进机会获得为核心，以制度完善为保障，以推进协调、普惠、共享发展成果为目标的新的发展模式。其核心要义在于通过就业和增长促进机会创造，通过制度完善保障机会公平，通过能力提升促进机会获得，通过救助和保护给予弱势群体机会保障。

2. 西藏经济社会发展面临着不同于其他地区的特殊约束条件，特殊的经济社会发展环境，决定了西藏的共享式发展除了具有共享式发展的一般要义外，还具有特殊的内涵。西藏共享式发展是以经济可持续发展和社会稳定和谐为基础，以机会共享为核心，以参与共享为动力，以规则共享为保障，以成果共享为目标，推进经济、政治、文化、社会、生态五位一体全面协调可持续发展的新的发展模式。

西藏在推进共享式发展中应突出"夯实一个前提，避免两种倾向，突出四个注重"。一个前提是：以推进西藏经济可持续发展和社会稳定为前提，这是由西藏主要矛盾和特殊矛盾长期并存的现实决定的。避免两种倾向：一是避免只顾高速度的增长而忽视增长的共享性的倾向；二是避免过度依赖政府再分配手段来实现收入均等化的倾向。四个注重：一是注重为农牧民创造更多就业岗位，增加共享的机会供给，提高机会的充裕性；二是注重教育、医疗等民生事业的改善，提高农牧民参与共享的能力；三是注重制度完善，增强共享的公平性；四是注重经济社会生态文化政治“五位一体”的协调发展。

3. 构建西藏共享式发展的一般分析框架，对于澄清共享式发展的认识，推动西藏共享式发展具有积极意义。西藏共享式发展的理论架构包括四方面的维度：一是环境条件；二是核心内容；三是必备要素；四是促进机制。首先，从西藏共享式发展面临的内外条件看，全国援藏是西藏共享式发展的外在推动力，为西藏发展提供资金支持、技术支持和人才支持，西藏自我发展能力的提升则是共享式发展内生驱动力。其次，从西藏共享式发展的核心内容看，包括规则共享、机会共享、参与共享、成果共享四大方面。规则共享、机会共享、参与共享、成果共享之间相互影响，相互促进，共同推动西藏共享式发展。再次，从西藏共享式发展的必备要素看，包括制度要素、人力资本要素、物质资本要素和资源要素，它们是西藏共享式发展的必备条件。最后，从共享式发展的促进机制看，主要包括投入机制、分配机制、动力机制和保障机制，其中投入机制主要是资金、劳动力等各种要素的投入，分配机制主要是各种投入要素在不同区域之间、不同行业之间、不同人群之间的配置；动力机制主要是发挥参与者的积极性和创造性；保障机制主要是政策和机制体制的完善，社会保障体系的建设等。

4. 推进规则共享就是要通过打破垄断、放松管制、减轻税负和重视教育等措施减少社会排斥，增强各类经济主体自生能力。

从拉萨推进规则共享的实践看，拉萨市从加大财政投入，完善制度政策等方面推进行业之间、城乡之间、不同群体之间的规则共享，取得了明显成效：

一是非公有制经济作用日益突出。截止 2015 年 3 月，拉萨非公企业达到 5030 家，是 2011 年的 2.2 倍；雇工人数达到 82728 人，比 2011 年增长 66%；注册资金达 224.5 亿元，是 2011 年的 8.3 倍；个体工商户达 40335 户，比 2011 年增长 20%；从业人员 90024 人，比 2011 年增长 31.7%；资金数额 20.5 亿元，是 2011 年的 1.5 倍。2014 年，非公有制经济增加值占拉萨市工业增加值的 96%，上缴税金占拉萨市总税收的 96%，社会消费品零售总额占拉萨市的 62%，民间投资占到拉萨市固定资产投资的半壁江山，已成为经济发展的重要支撑、财政税收的重要来源、扩大就业的重要渠道，在繁荣经济、改善民生、增加就业、维护稳定等发面发挥了重要作用。

二是就业权利得到有效保障。就业权利共享突出表现在降低城镇登记失业率、开发就业岗位数、新增就业人数等方面。从城镇登记失业率的情况看，2010 年至 2014 年，拉萨城镇登记失业率的分别为 3.98%、2.8%、2.6%、2.2% 和 2.2%，完成情况均超出预定目标。

三是医疗服务和健康保障不断完善。获得医疗服务和健康保障，是群众最现实和最直接的需求。拉萨市 2014 年在继续保持农牧区基本医疗制度 100% 覆盖的基础上，将政府年人均补助标准提高到了 380 元，新提标准 40 元资金全部纳入大病统筹基金并落实到位。此外，拉萨市将基本公共卫生人均服务经费由 2013 年的 35 元提高了 45 元。在编僧尼和城乡居民免费健康体检建档率均达 100%，体检率分别达 100% 和 99.8%。先心病实现了“发现一例、救治一例”的工作常态化。

四是义务教育均衡发展取得成效。以建立和完善制度为保障在推动县域义务教育均衡发展过程中，为缩小城乡和校际之间的差距，实现区域内义务教育均衡发展，拉萨市把建立和完善促进义务教育均衡发展的各项制度，作为推进义务教育均衡发展的一项基础性工作常抓不懈。随着教育水平的提升，拉萨市 15 岁及以上人口文盲率呈现出不断下降的态势。2000 年拉萨市 15 岁及以上人口文盲率为 26.20%，2010 年下降至 20.07%，下降了 6.13 个百分点。同西藏平均水平的比较来看，2000 年西藏 15 岁及以上人口文盲率为 47.25%，比拉萨市高出 21.05 个百分点，2010 年西藏 15 岁及以上人口文盲率为 23.29%，比拉萨市高出 12.22 个百分点。

5. 机会共享的核心是机会公平。机会公平是指每一个社会成员，无论其家庭、出生、地位、社会财富如何，都有同等的获得机会的权利，公平参与竞争的机会以及发展的机会，每个人不因地位、身份、财产的不同而有不公正的际遇。

从拉萨机会共享的实践看，拉萨市注重从增加机会供给、推进教育公平、促进就业共享、推动医疗机会共享等方面推进机会共享，取得了显著成效。一是教育机会公平不断提升，2000 年到 2010 年间，拉萨市教育基尼系数呈现出逐渐缩小的态势，2000 年拉萨市教育基尼系数为 0.41373，2012 年降至 0.358798，比 2000 年下降 0.05493。二是拉萨市城乡居民收入差距呈现出明显的缩小态势，1991 年拉萨市城乡居民收入差距基尼系数为 0.470853，2014 年下降至 0.290631，下降幅度达 38.3%。农村居民收入增长快于城镇居民收入增长是这一时期城乡居民收入差距向缩小方向转变的主要原因，同时城镇化的加速发展使得城镇人口比例进一步增加，进一步促进了城乡居民收入差距的缩小。

6. “参与”是共享的基础，共享是“参与”的目标。对于个体而言，参与机会供给和自生能力是影响其参与的两大重要因素，其中参与机会供给是参与的前提和基础，自生能力为参与提供能力保障。

从拉萨市参与实践的情况看，拉萨市快速的经济发展促进了就业，2014 年拉萨市就业弹性系数为 0.48，说明 GDP 增长 1 个百分点，带动就业增长 0.48 个百分点。2006—2014 年间除了 2008 年低于 0.2 以外，其余年份都高于 0.2，甚至部分年份达到了 0.6 和 1.16。因此，整体而言，拉萨市经济增长对就业的带动作用较为明显。三次产业对就业的吸纳存在着较大的差异，其中第三产业的弹性系数最大，说明第三产业对就业的吸纳能力最强，特别 2014 年第三产业从业人员为 311823 人，是 2000 年的 3.41 倍。

为推动拉萨经济可持续发展，为农牧民和城市居民就业提供更多岗位，拉萨市确立了“产业强市”的发展战略。积极推进净土健康产业、旅游产业、文化产业等发展。

另一方面，拉萨市突出加大技能培训力度，不断提高劳动者素质；积极改善就业环境，实现劳动者充分就业。为推进困难人群就业，拉萨市积极推进公益性岗位就业，通过入户调查，及时掌握困难人群的技能水平、就业意愿和收入要求等，结合实际适时提供门卫、保洁、保绿、学校食宿管理、打字、设施设备维护等岗位，优先安置大龄就业困难人员。2010 年至 2014 年拉萨市累计开发公益性岗位数分别为 3650、3970、3970、6170 和 6170，为就业困难人员和弱势群体提供了就业岗位。

7. 成果共享，是指让全体社会成员能够公平地享受由社会改革发展而带来的政治经济文化等一系列成果。从拉萨市成果共享的情况看，西藏和平解放特别是改革开放以来，拉萨市经济、社会事业等各方面取得瞩目成就。经济建设、政治建设、文化建设、社会建设以及生态文明建设取得新的重大进展，城乡面貌日新月异，社会局势长期稳定，城乡居民收入水平大幅提高，消费结构日趋升级，通讯方式更加快捷，出行方式更加便利，住房条件明显改善，生活质量显著提高，农牧民生活蒸蒸日上，城镇居民生产生活方式焕然一新。

一是经济平稳较快发展，综合实力显著增强。全市地区生产总值由 2010 年 178.91 亿元增加到 2014 年的 347.45 亿元，年均增长 18.05%；社会固定资产投资由 2010 年的 176.46 亿元增加到 2014

年的455.39亿元，年均增长26.74%；公共财政预算收入由2010年15亿元增加到2014年的64.79亿元，年均增长44.16%。旅游事业磅礴发展。总收入由2010年的42.11亿元增加到2014年的111.67亿元，接待游客由2010年的413.42万人次增加到2014年的925.74万人次，四年时间翻了一番多。消费需求保持旺盛。社会消费品零售总额由2010年的88.45亿元增加到2014年的180.33亿元，年均增长19.49%。外贸形势持续向好。2014年，全市外贸进出口总额为20.76亿美元，是2010年的2.5倍。基础设施建设成效显著。拉林高等级公路、拉日铁路、旁多水利枢纽工程、迎亲大桥、慈觉林文化创意园区、拉萨教育城等一批重点项目稳步推进。特色产业磅礴发展。创新发展净土健康产业，2014年，产值近30亿元。

二是各族人民群众得到实惠，生活水平显著提高。全市城镇居民与农村居民人均可支配收入比由2010年的3.31 ∶ 1缩小到2014年的2.49 ∶ 1；农村居民人均可支配收入由2010年的5003元增加到2014年的9258元，年均增长16.63%；城镇居民人均可支配收入由2010年的16567元增加到2014年的23057元，年均增长8.61%。

三是城镇居民和农牧民的居住条件不断改善。2010年拉萨市农村人均住房面积为22.62平方米，2014年增加至32.02平方米，增加9.4平方米；2010年拉萨市城市人均住房面积为35.14平方米，2014年增加至45.1平方米，增加近10平方米。

四是社会事业全面进步，公共服务能力明显提升。不断提高医疗卫生水平，实行城乡居民免费体检并建立健康档案，城乡居民健康体检率达99.9%；全面落实“三包”政策，并实现幼儿园到高中的全覆盖，逐步提高补助标准，确保让每一名农牧民子女都能上得起学、上得好学。

五是是生态保护与建设整体推进，可持续发展能力不断提高。

人均建成区绿地面积不断增加，2005 年，拉萨市人均建成区绿地面积为 9.6 平方米，2014 年上升至 57.82 平方米，是 1995 年的 6 倍。其中 2012 年和 2013 年的增加幅度最大，2012 年人均建成区绿地面积为 62.34 平方米，2013 年为 60.05 平方米。

8. 设计了一套评价拉萨市共享式发展的评价指标体系，并根据此评价指标体系对 1990—2014 年拉萨市共享式发展的水平进行了度测。结果表明，20 世纪 90 年代以来，拉萨市经济社会发展呈现共享性不断增强的趋势，特别是 2011 年以来，共享式发展指数的上升幅度较大，2014 年达到共享发展阶段，共享式发展指数达 0.87，说明拉萨市共享式发展的实践取得了较好的效果，发展呈现出共享、公平的特征。

二、未来展望

在近年的实践中，拉萨始终坚持把共享式发展作为一个核心理念，通过规则共享、机会共享、参与共享、成果共享，初步探索出一条具有拉萨特色的发展之路。特别是在实践中，拉萨市充分发挥人在经济社会发展和社会治理中的主体作用，使全市各族人民广泛参与到建设美丽家园幸福拉萨的征程中，从而避免坏的“累积因果”和“社会排斥”，此举对于破解民族地区发展不平衡问题有着重要的广泛借鉴意义。当前，拉萨总体保持了经济健康快速发展、社会和谐稳定的良好局面，但与实现长足发展和长治久安、全面建成小康社会的目标任务相比，还面临着一些困难和问题。

从稳定方面看，拉萨社会局势仍面临严峻挑战，维护祖国统一、加强民族团结、确保国家安全和长治久安的任务依然艰巨。从发展方面看，拉萨经济发展的初级性、依赖性特征明显，与全国一道全面建成小康社会任重而道远。这就要求我们，一定要从发展实际和迫切需求出发，坚持走共享式发展之路，以精准扶贫为重点，以基层基础为中心，不断增强拉萨自我发展能力，加快转变经济发展方式。

一要实施好精准扶贫。对拉萨来说，实施好精准扶贫，就是要坚持精准扶贫同发展地方经济、新型城镇化建设、“双联户”工作、深化农村改革“四个相结合”，努力走出一条高原特色精准扶贫的新路子，让农牧民群众的腰包鼓起来、菜篮子满起来。一是坚持精准扶贫同发展地方经济相结合，抓好特色优势产业、多元富民产业、区域首位产业和战略新兴产业的发展壮大，继续大力推动净土健康产业和文化旅游产业的发展与扶贫攻坚的结合，以“一乡一业、一村一品”为基本模式，积极发展城郊农业、设施农业，发展生态观光、游园采摘、民俗体验、养生休闲度假等新业态，挖掘乡村文化旅游、健康养生增收潜力，帮助贫困户多栽一亩果、多养一头牛、多种一棚菜、多学一门技术、多输转一名劳务，让每一户扶贫对象都有一项增收技能。二是坚持精准扶贫同新型城镇化建设相结合，随着拉萨市县（区）行政区域调整，必须把精准扶贫与新型城镇化建设结合起来，既要确保在新型城镇化建设中不出现新的贫困人口，又要确保在新型城镇化建设中帮助现有贫困人口脱贫。同时，坚持易地搬迁同县城和小城镇建设统筹推进，引导有条件、有意愿的贫困群众在中心村镇落户定居。特别是对居住在“一方水土养不了一方人”地方的贫困人口，要实施易地搬迁，将这部分人搬迁到条件较好的地方，从根本上解决他们的生计问题。三是坚持精准扶贫同“双联户”工作相结合，围绕“联户增收”这个“双联户”工作的核心要义，充分发挥“双联户”在“联合维稳、联合平安、联合致富”方面的积极作用，不断加强政策扶持、项目引导、资金支持力度，依托净土健康产业项目规划，大力发展以联户为载体的规模化、集约化互助合作经济组织，切实让“双联户”成为增加群众收入的桥梁和纽带。四是坚持精准扶贫同深化农村改革相结合，稳妥推进全市深化农村改革试点工作，为扶贫、脱贫工作奠定良好基础；提高政策“含金量”，持续释放农村改革红利，用改革创新的方法增强扶贫改革的动力，在深化农村改革进程中提升精准扶贫。

二要夯实基层基础。结合当前开展的“强党、固基、扶村”工作，以健全完善岗位和机构设置为重点，以推进乡（镇、街道）干部下沉为抓手，促进基层干部提高改革创新意识和经济发展能力。一是建强基层组织，配齐配强村（居）“两委”班子，把致富带头人、经济能人、返乡农民工、复员退伍军人等能力较强的人选入村两委班子中。把“大学生村官”作为后备村干部重点培养，利用大学生的知识、年轻有冲劲来提升基层组织战斗力。二是提高发展能力，紧紧围绕在全区率先实现全面小康的目标，教育引导贫困群众克服等、靠、要的思想，激发困难群众的致富愿望，帮助群众寻求加快发展新路，帮助和支持困难群众发展生产，增加收入。三是形成良好作风，坚持尊重群众、贴近群众、依靠群众，积极拓宽与群众交流沟通的平台，搭建有利于群众参与决策的有效载体。以“三严三实”和“忠诚、干净、担当”专题教育为契机，形成“严”的自觉、“实”的习惯，坚决做到讲诚信、懂规矩、守纪律。

三要做强优势产业。一是以净土健康产业发展种养殖规划为引领，加快形成各具特色、优势互补的净土健康产业集群和优势区域。重点支持健康产业工程实验室、企业研发中心，提高科技成果转化率。开展实施蔬菜种植、特色花卉种植、食用菌种植和特色瓜果种植，扩大推广藏药材种植规模。引进有实力的企业，建设奶源生产标准化、规模化基地，带动农牧民群众奶牛养殖。以尼木县、堆龙德庆县雪山草鸡、藏黑鸡为主，扩大藏鸡规模养殖。加强冷链物流和仓储中心建设，引进第三方物流集团，利用现代信息技术，为产品营销提供物流保障。二是打造高端精品旅游业。立足西藏、面向国内外，积极融入陕甘青旅游圈、大香格里拉旅游圈和东南亚旅游圈，以建设国际旅游城市为目标，以“人间圣地·天上西藏”为主题，构建拉萨国际旅游文化中心，大力提升重要的世界旅游目的地品质，巩固旅游业战略性支柱产业地位，推动传统旅游业向现代旅游业转型。重点打造拉萨—当雄—墨竹—达孜—拉萨精品旅游环线和布达拉宫、大昭寺、罗布林卡、《文成公主》实景剧、中国西藏文化旅游创意园区、纳木错国家公园、热振国家森林公园、羊八井—羌塘草原等景区。进一步促进文化与旅游深度融合，大力开发文化体验、休闲郊游度假、特种旅游等高端旅游产品和冬季旅游产品。

Abstract

There are differences and gaps in available natural resources, economic status and development scale between Tibet Autonomous Region(TAR) and the inland provinces, TAR is one of less-developed minority areas in China in many spheres including in politics, economics or military and ecology. It has a very important strategic position. In consideration to this, a concept of shared development was brought up in the Fifth Plenary Session of the 18th CPC National Congress, emphasizing on social justice and referring to the starting point and foothold of the development of contemporary China. Enhancing the shared development is not only beneficial for development and stability of TAR, national integration and unity, but also is significant for building a comprehensively well-off society, protecting national security and promote common prosperity of all ethnic groups.

According to the Sixth Tibet Work Forum held by the Central Authorities, TAR should emphasize democracy, rather than GDP. Hence TAR should establish the concept of shared development, to avoid over-dependency on re-distribution of government realizing income equality. More emphasis needs be given to creating job opportunities for farmers and nomads, increasing shared opportunities; to improving education and medicine; to system perfection and to coordinated development of economy, society, ecology, culture and politics.

Recent years Lhasa has established a shared development model with the whole city's involvement. Through the shared development, Lhasa realized rapid economic development, social harmony livelihood improvement, cultural prosperity, and sound ecosystem. "Lhasa speed", "Lhasa miracle" and "Lhasa phenomena" were brought forward with the rapidly increasing happiness index. With Lhasa's case of shared development, the concept of shared development suits Chinese characteristics and TAR's actual conditions, Lhasa's regional economic development, and farmers' and nomads' fundamental interests. For further enhancing Lhasa's shared development and providing development experience for similar regions, an overview and summarization of Lhasa' shared development is urgently needed.

This paper adopts classic paradigm of mainstream economics as a basis for its structure, namely "proposing question-literature review-theoretical model-empirical model-suggestion-research prospect", combining theoretical research and empirical research, using both qualitative and quantitative methods. Based on TAR's realities, it constructs a general analytical framework for TAR's shared development, making systematic analysis on theories and practices of shared development in this particular area and measuring the extent of Lhasa's shared development. It not only adds new material to theory of shared development, but also provides empirical experiences for TAR and similar places. This paper is divided into ten chapters.

Chapter one elaborates this paper's research topic, research aims and meanings, technical route, research methods and creativities. In chapter two literature is reviewed based on international and domestic relevant studies analyzing the relationship between this paper and existing research, to provide references and inspiration for this paper. Chapter three devotes on theoretical analysis of shared development in TAR. Firstly, it defines the meaning and characteristics of shared development, and distinguishes the differences and similarities between the concept of shared development and other related concepts; secondly it analyses the constraints of TAR's shared development and further explores its special connotation; lastly expounds theoretical basis of shared development in TAR. Chapter four gives a general analytical framework of the shared development. It explores inner and outer conditions, core contents, essential elements and promotion mechanism. Chapter five brings the regulation sharing and an empirical analysis of Lhasa. Firstly, it analyses basic aspects of regulation sharing, such as its scale, content, levels and promotion mechanism. Following the empirical study on investment and policy aspects of regulation sharing in Lhasa, this chapter ends with effects of regulation sharing in Lhasa. Chapter six takes along the opportunity sharing and an empirical analysis of Lhasa. Firstly, it defines concepts of opportunity and opportunity equality, and analyses basic requirements of opportunity sharing. Then it empirically explores education opportunity sharing, job opportunity sharing and medicine opportunity sharing in Lhasa. Last but not least, it measures the extent of education opportunity equality and income opportunity equality in Lhasa. Chapter seven firstly analyses impact factors and impact mechanism of participated sharing. Secondly it expounds strategies of realizing participated opportunities in term of creating job opportunities, increasing participation ability and protecting job opportunities. Lastly it analyses provision of public job and protection of vulnerable groups' job opportunities. Chapter eight, starts with theoretical analysis of the definition and levels of outcome sharing. Then at the macro level, from the perspective of “Five in One” coordinated development Lhasa’s outcome sharing is analyzed. And micro-level analysis of the outcome of shared development is analyzed based on improving people’s living standard. At last it explores satisfaction of public services in Lhasa. Based on empirical analysis of Lhasa’s shared development, chapter nine constructs an evaluation system and specifically measures the extents of Lhasa’s shared development while chapter ten draws conclusions and makes recommendations’ for the future.

参考文献

[1] 厉以宁：依法治国和深化经济改革 [J],《经济研究》，2015（1）。

[2] 厉以宁：新一轮农村改革最重要的就是土地确权 [J],《理论学习》，2013（9）。

[3] 厉以宁：中国经济双重转型之路 [M]，北京：中国人民大学出版社，2013 年。

[4] 厉以宁：发展非公有制经济需要拆除“玻璃门”[N],《北京日报》，2006 年 12 月 4 日第 017 版。

[5] 厉以宁：国企在经济结构调整中应站得更高 [J],《企业观察家》，2011（3）。

[6] 厉以宁：城乡二元体制改革关键何在 [J],《经济研究导刊》，2008（4）。

[7] 林毅夫：论制度、技术与中国农业发展 [M]，上海：格致出版社，1992 年。

[8] 林毅夫：新结构经济学——反思经济发展与政策的理论框架 [M]，北京：北京大学出版社，2012 年。

[9] 林毅夫、庄巨忠、汤敏、林暾：以共享式增长促进社会和谐 [M]，北京：中国计划出版社，2008 年。

[10] 林毅夫：新结构经济学——重构发展经济学的框架 [J],《经济学（季刊）》, 2010（10）。

[11] 胡鞍钢、胡琳琳、常志霄：中国经济增长与减少贫困（1978—2004）[J],《清华大学学报（哲学社会科学版）》, 2006（5）。

[12] 习近平：致亚洲政党“发展与社会共享：让发展成果惠及民众”专题会议贺信，http://news.sohu.com/20110904/n318309251.shtml，2011 年 9 月 4 日。

[13] 蔡荣鑫：“包容性增长”理念的形成及其政策内涵 [J],《经济学家》, 2009（1）。

[14] 贝塔朗菲・冯：一般系统论：基础、发展和应用 [M]，北京：清华大学出版社，1987 年。

[15] 蔡昉、都阳、王美艳：户籍制度与劳动力保护 [J],《经济研究》, 2001（12）。

[16] 郭斌、刘曼路：民间金融与中小企业发展——对温州的实证分析 [J],《经济研究》, 2002（10）。

[17] 哈耶克：经济、科学与政治——哈耶克思想精粹 [M]，南京：江苏人民出版社，2000 年。

[18] 黄祖辉、张静、Kevin Chen：交易费用与农户契约选择——来自浙冀两省 15 县 30 个村梨农调查的经验证据 [J],《管理世界》, 2009（8）。

[19] 李怀祖：管理研究方法论 [M]，西安：西安交通大学出版社，2004 年。

[20] 杜志雄、肖卫东、詹琳：包容性增长理论的脉络、要义与政策内涵 [J],《中国农村经济》, 2010（11）。

[21] 胡锦涛：在第五届亚太经合组织人力资源开发部长级会议上的致辞 [N],《人民日报》, 2010 年 09 月 17 日。

[22] 冯海波：“包容性增长”理念的学理澄明及其现实意义 [J],《南昌大学学报》（人文社会科学版）, 2010（6）。

[23] 许广智：西藏地方现代史 [M]，拉萨：西藏人民出版社，2009 年。

[24] 黄乐平："包容性发展"与收入分配——智利案例研究 [D]，中国社会科学院，2014 年。

[25] 许广智：浅谈当今世界的民族、宗教问题及其对西藏政局的影响 [J]，《西藏大学学报》(社会科学版)，2010 (2)。

[26] 郭敬生：包容性增长视角下城乡居民收入差距扩大的原因与对策分析 [J]，《河北青年管理干部学院学报》，2011 (2)。

[27] 李震：从缩小城乡居民收入差距角度看包容性增长 [J]，《合作经济与科技》，2010 (24)。

[28] 盛斌：包容性增长 [J]，《中国海关》，2010 (1)。

[29] 陈家付：包容性增长与社会公平 [J]，《学术界》，2011 (1)。

[30] 庄巨忠：包容性增长的政策含义及对中国构建和谐社会的启示 [J]，《金融博览》，2010 (11)。

[31] 唐钧：包容性增长——参与和共享的发展才有意义 [J]，《上海人大月刊》，2010 (11)。

[32] 张梦涛："包容性增长"——科学内涵、时代价值与实践取向 [J]，《理论探索》，2011 (1)。

[33] 汤敏：包容性增长就是机会平等的增长 [N]，《华夏时报》，2010 年 10 月 12 日。

[34] 庄健："包容性增长"如何包容，http://www.xinhuanet.com/，2010 年 10 月 19 日。

[35] 李程骅："包容性增长"下的"中国新速度"[J]，《南京社会科学》，2010 (12)。

[36] 王茂侠：边疆民族地区发展和稳定的特殊工作机制——以五次中央西藏工作座谈会为中心 [J]，《民族研究》，2012 (6)。

[37] 马晓河：何谓包容性增长 [J]，《时事报告》，2010 (11)。

[38] 俞宪忠："包容"是民众发展的制度诉求 [J]，《党政干部参

考》，2010（1）。

[39] 陈杰人：中国“包容性增长”为民企带来机会？ http://www.ftchinese.com/，2010年10月8日。

[40] 孙锡良：“包容性增长”的“七层含意”，http://www.wyzxsx.com/，2010年10月13日。

[41] 丁一凡、史晋川：包容性增长——热词鲜为人知的一面 [N]，《钱江晚报》，2010年9月30日。

[42] 汝绪华：包容性增长——内涵、结构及功能 [J]，《学术界》，2011（1）。

[43] 范永忠：包容性增长理念及现实意义 [J]，《理论与改革》，2010（6）。

[44] 黄刚：中国与世界双重视域中的“包容性增长”理念 [J]，《理论与改革》，2011（1）。

[45] 张峰、冯海波：“包容性增长”的科学内涵及其世界历史意义 [J]，《吉首大学学报》，2011（1）。

[46] 王忠文：“包容性增长”理念的划时代意义 [J]，《观察与思考》，2010（11）。

[47] 蔡继明：调整分配关系的七个建议 [L]，《人民论坛》，2011（7）。

[48] 汪海霞：“包容性增长”的语义及其运行机理分析 [J]，《求是》，2011（4）。

[49] 葛笑如、孙亚忠：“包容性增长”的正义镜像与中国实践 [J]，《社会主义研究》，2011（1）。

[50] 陈洪娜：制度视域下的“包容性增长”[J]，《攀登》，2011（1）。

[51] 陈柳钦：包容性增长——中国经济从量变向质变切换 [J]，《南京财经大学学报》，2011（1）。

[52] 李中锋、杨明洪：共享型经济发展方式研究——以西藏为

例 [J],《中国藏学》，2009（2）。

[53] 李国政、彭红碧：对西藏共享型经济发展方式的路径选择进行分析——基于“全国援藏”的视角 [J],《当代经济管理》，2010（8）。

[54] 周兴维：西藏共享性发展理路述要——基于藏汉文明共同体的解读兼应安竹·费雪等作者 [J],《西藏研究》，2011（6）。

[55] 毛阳海：基于包容性增长理念下的西藏农牧区扶贫开发探析 [J],《西藏大学学报》（社会科学版），2011（10）。

[56] 尕藏才旦、图登克珠、汪丽：西藏包容性发展初探 [J],《西藏大学学报》（社会科学版），2012（1）。

[57] 郑长德：西藏民主改革以来经济的共享式发展 [J],《西南民族大学学报》（人文社科版），2009（4）。

[58] 李中锋、翁仕鹏：西藏公益性岗位包容效应研究 [J],《西藏大学学报》（社会科学版），2012（2）。

[59] 李中锋：共享型发展方式研究——以西藏教育事业为例 [J],《西南民族大学学报》（人文社会科学版），2011（2）。

[60] 李中锋：追叙西藏共享型发展方式的轨迹：以公共医疗卫生为例 [J],《中国藏学》，2011（2）。

[61] 梁爽、崔先维：包容性增长理念与西藏发展公共政策取向探讨 [J],《西藏大学学报》（社会科学版），2012（2）。

[62] 马克思：共产党宣言 [M]，人民出版社，1963 年 4 月第 1 版，第 51 页。

[63]《马克思恩格斯全集》第 23 卷 [M]，人民出版社，1972 年版，第 649 页。

[66] 拉萨法治发展报告（2015）[M]，社会科学文献出版社，2015 年 7 月，第 18 页。

[67] 拉萨市统计年鉴（2015）[M]，中国统计出版社，2015 年。

[68] 罗绒战堆、次仁央宗、达瓦次仁：机会的供给与把握——

构建和谐西藏的一个重要因素及相关经济学分析 [J],《中国藏学》2008（1）。

[69] 徐梦秋：机会的公平和权利的公平 [N]，光明日报，2014 年 12 月 17 日。

[70] 白雪梅、赵松山：关于基尼系数计算方法的改进 [J]，上海统计，1994（11）。

[71] 钟君、吴正杲：中国城市基本公共服务力评价（2014）[J]，社会科学文献出版社，2014 年 12 月。

[72] 毛阳海：试论西藏经济包容性发展的意义与路径 [J],《西藏民族学院学报》（哲学社会科学版），2011（7）。

[73] 彭剑鸣：中国语境下规则公平的建构 [J],《贵州师范大学学报》（社会科学版），2014（4）。

[74] 刘畅：中国益贫式增长中的经济政策研究 [D]，东北财经大学，2009 年。

[75] 韩秀兰：中国益贫式增长多维测度与形成机制研究 [D]，山西财经大学，2012 年。

[76] 阿马蒂亚·森：以自由看待发展 [M]，北京：中国人民大学出版社，2002。

[77] 王小鲁、樊纲、刘鹏：中国经济增长方式转换和增长可持续性 [J],《经济研究》，2009（1）。

[78] 魏婕、任保平：中国经济增长包容性的测度：1978—2009[J]，中国工业经济，2011（12）。

[79] 于敏、王小林：中国经济的包容性增长：测量与评价 [J],《经济评论》，2012（3）。

[80] 庞敏：中国经济包容性增长水平的测度及区域差异分析 [D]，湖南大学，2013 年。

[81] 张长征、郇志坚、李怀祖：中国教育公平程度实证研究：1978—2004——基于教育基尼系数的测算与分析 [J],《清华大学教

育研究》，2006（4）。

[82] 卢现祥、徐俊武：中国共享式经济增长实证研究——基于公共支出、部门效应和政府治理的分析 [J],《财经研究》，2012（1）。

[83] 吕立：长沙市包容性增长的测度及其促进策略 [D]，湖南师范大学，2009 年。

[84] 贾晓燕：云南经济增长与就业人数的相关性研究 [J],《云南电大学报》，2006（3）。

[85] 黄菊英、图登克珠、周晓阳：西藏劳动力就业现状及特征分析 [J],《西藏大学学报》（社会科学版），2014（6）。

[86] 龚晓珺、杨海龙：推进我国机会公平的现实理据和路径思考 [J],《领导科学》，2015（3）。

[87] 阮敬：亲贫困增长理论与测度方法研究 [D]，首都经济贸易大学，2008 年。

[88] 林毅夫、苏剑：论我国经济增长方式的转换 [J],《管理世界》，2007（11）。

[89] 孙一平、董晓倩：论机会公平的目标与原则 [J],《理论探讨》，2013（3）。

[90] 张艳：论包容性发展——转变经济发展方式的新理念 [D]，首都师范大学，2013 年。

[91] 刘琳娜：科学发展中的包容性增长研究 [D]，华中师范大学，2013 年。

[92] 李石新、奉湘梅、郭丹：经济增长的贫困变动效应：文献综述 [J],《当代经济研究》，2008（2）。

[93] 吴康宁：教育机会公平的三个层次 [N],《中国教育报》，2010 年 /5 月 /4 日 / 第 004 版。

[94] 姜雁斌：交易成本视角下的包容性发展促进机制及其对社会满意度的影响 [D]，浙江大学，2012 年。

[95] 王改艳：基于统筹城乡发展视角的包容性增长研究 [D]，四

川农业大学，2013 年。

[96] 谷体芳：基于区域经济学视角的山东省包容性增长研究 [D]，山东师范大学，2012 年。

[97] 白云龙：基于经济权力结构视角的包容性增长研究 [D]，南开大学，2013 年。

[98] 李涛、李炯：基于差值法的城乡收入差距分解研究：浙江的数据 [J]，《华东经济管理》，2007（1）

[99] 王国梁：基于包容性增长视角的基本公共服务受益均等化研究 [D]，浙江大学，2013 年。

[100] 叶琪：基于包容性发展视阈的我国区域产业转移研究 [D]，福建师范大学，2012 年。

[101] 张济珍、李冬妮：机会公平状况及其对社会稳定的影响 [J]，《河南社会科学》，2000（5）。

[102] 高国希：机会公平与政府责任 [J]，《上海财经大学学报》，2006（12）。

[103] 黄秀华：机会公平的影响因素及实现途径 [J]，《广西社会科学》，2011（4）。

[104] 王宏伟：机会公平——形式与内容的辩证统一 [J]，《理论导刊》，2008（3）。

[105] 刘铮：和谐社会呼唤机会公平的制度安排 [J]，《福建论坛（人文社会科学版）》，2006（2）。

[106] 郑长德：共享式增长理论研究进展 [J]，《山东经济》，2010（5）。

[107] 王蕾、李红玉、魏后凯：城乡共享发展评价体系的构建与评价 [J]，《经济纵横》，2012（7）。

[108] 范轶琳：产业集群背景下中小企业包容性增长的内在机理研究 [D]，浙江大学，2013 年。

[109] 杨红云：包容性增长国内外研究综述 [J]，《经济研究导

刊》，2012（32）。

[110] 陈华、张梅玲：包容性增长——理论、演进及中国的路径选择 [J],《管理现代化》，2011（1）。

[111] 张幼文：包容性发展——世界共享繁荣之道 [J],《求是》，2011（11）。

[112] 文雁兵：包容型政府行为逻辑、治理模式与经济绩效研究——来自中国的经验 [D]，浙江大学，2014 年。

[113] 蒋微青："以人为本"视角下的中国经济包容性增长水平测度研究 [D]，河北经贸大学，2014。

[114] 孙勇：西藏：非典型二元结构下的发展改革——新视角讨论与报告 [M]，中国藏学出版社，1991。

[115] 吴晓波：能力构建是实现包容性增长的核心 [J]，人民论坛，2011（12）。

[116] 郎维伟：二元视角下的西藏特点及其问题分析 [J],《西南民族大学学报》（人文社会科学版），2012（12）。

[117] 白玛朗杰、孙勇主编：学者视野下的西藏发展探讨 [M]，西藏藏文古籍出版社，2011 年。

[118] 贺能坤：教育在西藏发展稳定中的作用初探 [J],《贵州民族研究》，2013（2）。

[119] 旺希卓玛：拉萨市近 10 年旅游业的发展及广阔前景 [J],《西藏研究》，2007（1）。

[120] 钟君、吴正杲：中国城市基本公共服务力评价（《公共服务蓝皮书》)，社会科学文献出版社，2014（12）。

[121] Adams, J. S. Inequity in social exchange. Advances in experimental social psychology, 1966, 2, 267-299.

[122] Aiken, M., & Hage, J. Organizational interdependence and intraorganizational structure. American Sociological Review, 1968, 33(6), 912-930.

[123] Aitken, B.J., & Harrison, A.E. Do Domestic Firms Benefit from Direct Foreign Investment? Evidence from Venezuela. The American Economic Review, 1999,89(3), 605-618.

[124] Fields, G.S. Poverty and income distribution. Data for measuring poverty and inequality changes in the developing countries[J]. Journal of Development Economics.1994,44(1).

[125] Alan H.Goldman.The Justification of Equal Opportunity[M]. Equal Opportunity, Social Philosophy and Policy, 1987.

后　记

党的十八届五中全会提出，我国经济社会发展要坚持共享发展。必须坚持发展为了人民、发展依靠人民、发展成果由人民共享，作出更有效的制度安排，使全体人民在共建共享发展中有更多获得感，增强发展动力，增进人民团结，朝着共同富裕方向稳步前进。学习中央的政策，翻看面前的书稿，我不由得心潮澎湃，写作本文的初衷，写作中的困惑和思考，一一涌上心头。

我出生于滇西北高原，高原的山水养育了我，党的恩情哺育了我。在藏区工作 30 多年，我从最基层的公社干部做起，先后担任云南省迪庆州中甸县县委书记，迪庆州州长、州委书记。来到西藏以后，最初任西藏自治区党委常委、统战部长，如今担任自治区党委常委、拉萨市委书记，肩负着维护拉萨市的长治久安和经济社会发展的重任。这 30 多年，既是中国改革开放的黄金期，也是藏区经济社会发展道路的探索期。作为党培养的一位少数民族干部，我亲身参与和体验了藏区经济社会发展道路不断探索创新，不断调整完善的过程。正是在这不断探索实践的过程中，我越来越深入地认识到，共享式发展是解决西藏及四省藏区面临的各种问题的正确途径。

众所周知，西藏及四省藏区的经济社会发展道路选择，经历了一个曲折的过程。到本世纪前几年，让藏区群众分享改革开放红利的理念逐渐得到了大家的认可，但分享的路径却仍然处于讨论中。我在关注这一理念，思考相关路径的过程中，回顾了我们党制定的“共同团结进步、共同繁荣发展”的民族政策及相关理论，再度重温了新中国几代领导人共同创立的建设具有中国特色社会主义的相关理论，深切感受到中国共产党在设计国家的发展路径和治理国家的进程中，始终坚持“共同发展、共同繁荣、共同富裕”的共享式发展理念。此外，还读到了厉以宁先生关于改革创新与制度设计等方面的作品，多次有幸与厉以宁和林毅夫先生就共享式发展与和谐社会的关系问题进行了深入的讨论，聆听了他们的真知灼见，受到了很大启发。

在系统回顾总结迪庆和拉萨发展的成功经验后，我萌生了写作本文的想法，希望能够在文中总结拉萨市落实中央西藏工作精神和治藏方略，落实自治区制定的战略方针，探索共享式发展路径的实践经验，系统全面地研究和分析共享式发展的内涵、外延，讨论如何以要素配置为中心设计共享式发展制度，为下一步落实党的十八届五中全会精神和中央第六次西藏工作座谈会精神，实现西藏与全国同步全面建成小康社会做一点理论准备。2015 年 2 月，我在北京向中央政治局常委、全国政协主席俞正声同志汇报工作时，就如何以共享式发展为指导，做好拉萨市乃至四省藏区工作的一些体会和建议向俞主席做了汇报，得到了正声主席的肯定，这更加坚定了我用这一思维做好拉萨市改革发展稳定工作的决心和信心。

作为拉萨市委书记，我正与全市人民一道，致力于拉萨市的稳定、发展和繁荣，致力于书写美丽家园幸福拉萨的新篇章。位于青藏高原腹地的拉萨市，是西藏自治区首府城市和全区政治、经济、文化中心，是藏区稳定的“要城”，是历史文化的“名城”，是青藏高原的“净城”，是改革开放的“新城”，国际地位高、发展维稳任务重。然而，拉萨市的经济基础十分薄弱、条件艰苦、环境脆弱，再加之远离伟大祖国的中心城镇和中心城市，远离经济发达地区，远离优质生产要素和发展要素聚集地区。不仅如此，拉萨市的发展还长期受到达赖集团的严重干扰破坏。面对如此众多的挑战和困难，我们通过深入学习领会中央制定的治藏方略，特别是习近平总书记提出的“治国必治边、治边先稳藏”的重要战略思想，坚持依法治藏、富民兴藏、长期建藏、凝聚人心、夯实基础的重要原则，充分发挥首府城市首位度作用，提出党建统市、环境立市、文化兴市、产业强市、民生安市、依法治市“六大战略”。经过全市人民的共同努力，拉萨市的各项工作上了新台阶。据中国社科院2015年发布的《中国公共服务蓝皮书》显示，拉萨市基本公共服务满意度连续4年位列全国38个主要城市之首，公共安全连续5年排名第一，公共交通、社保就业、城市环境、GDP杠杆指数4项指标连续4年排名第一，文化体育、基础教育、医疗卫生3项指标连续4年进入前三名，公职服务指标连续3年进入前三名。

面对西藏自治区和拉萨市呈现出的辉煌成就，引发了我对许多问题特别是对一些重大理论问题的思考。越发感觉到我们中国共产党人为新中国设立的社会主义制度和这一制度下实行的中国特色的社会主义市场经济体制的伟大之处和强大生命力。正是这一制度的优越性，保证了全国的优质发展资源和生产要素可以通过制度设计配置到西藏和拉萨这样边远和相对落后的地区，使西藏各族人民能够与全国人民一道充分享受祖国改革开放取得的伟大成就，这就是中国式的共享式发展理论在西藏和拉萨的成功实践。

即将封笔之际，我的心中充满了感激：

首先，要感谢西藏自治区党委和人民政府，自我就任拉萨市委书记以来，组织上一直对拉萨市和我本人的工作给予正确指导、强大支持和亲切关怀，使我有了不断创新，努力实践的条件。

其次，我要感谢拉萨市各界对我工作给予的支持和关怀。本文中的成功经验，是拉萨市党委、政府协同全市人民奋发图强、艰苦奋斗的成就。共同奋斗的过程虽然艰辛，我们一起分担压力，共同探索，也共同分享快乐。

再次，我要感谢家人对我工作的支持。近几年由于工作原因，我很少有时间过问家庭事务，也很少有时间与家人分享天伦之乐。正是由于家人的默默支持，我才能全身心地投入工作。

最后，我要特别感谢我国经济学界泰斗厉以宁教授给予我的亲切指导。厉老虽已 86 岁高龄，仍精神矍铄，在百忙之中抽出宝贵时间，多次召我面谈，从写作的思路、结构等方面进行指导，在文字方面更是逐字逐句的审阅校对，其严谨的治学态度，精益求精的工作作风，诲人不倦的高尚师德令人敬佩。同时感谢林毅夫和胡鞍钢教授，他们对本文的写作提出了许多富有建设性的意见，在写作过程中也给予了许多点拨。写作过程中，也得到了过勇、朱晓明、李其、孙勇等区内外专家学者的建议，在此一并感谢。

2016 年 5 月于拉萨

图书在版编目(CIP)数据

共享式发展理论在拉萨的探索与实践 / 齐扎拉著 . —北京：中国藏学出版社，2018.1
ISBN 978-7-5211-0008-2

Ⅰ . ①共… Ⅱ . ①齐… Ⅲ . ①区域经济发展 – 研究 – 西藏 Ⅳ . ① F127.75

中国版本图书馆 CIP 数据核字（2017）第 309413 号

共享式发展理论在拉萨的探索与实践　　齐扎拉　著

责任编辑　洪涛　南加才让
封面设计　李建雄
出版发行　中国藏学出版社
印　　刷　中国电影出版社印刷厂
版　　次　2018 年 5 月第 1 版第 2 次印刷
开　　本　787 毫米 ×1092 毫米　1/16
印　　张　18.75
字　　数　243 千字
印　　数　2001—4000 册
定　　价　48.00 元
书　　号　978-7-5211-0008-2 / F · 43